2023 年河南省医学教育研究项目（WJLX2023164）

创新教育模式下高校教学改革研究

张 晖　著

中南大学出版社
www.csupress.com.cn
·长沙·

图书在版编目(CIP)数据

创新教育模式下高校教学改革研究 / 张晖著. 长沙：中南大学出版社，2024. 10.

ISBN 978-7-5487-6006-1

Ⅰ. G642.0

中国国家版本馆 CIP 数据核字第 20243300QT 号

创新教育模式下高校教学改革研究

CHUANGXIN JIAOYU MOSHI XIA GAOXIAO JIAOXUE GAIGE YANJIU

张晖　著

□出 版 人　林绵优

□责任编辑　沈常阳

□责任印制　李月腾

□出版发行　中南大学出版社

社址：长沙市麓山南路　　邮编：410083

发行科电话：0731-88876770　　传真：0731-88710482

□印　　装　河北万卷印刷有限公司

□开　　本　710 mm×1000 mm　1/16　□印张 16　□字数 242 千字

□版　　次　2024 年 10 月第 1 版　□印次 2024 年 10 月第 1 次印刷

□书　　号　ISBN 978-7-5487-6006-1

□定　　价　98.00 元

前言

随着时代的快速发展，教育已经成为国家竞争力的核心要素，高校更是培养人才、推动科技创新的重要基地。社会经济的快速转型、科技的瞬息万变和文化的跨界交融，给高校的教学模式、教育理念、课程内容、教育方法等方面都带来了深远的影响。在这样的背景下，传统的高校教学模式已经难以满足现代教育的需求。高校需要对教学过程、教学方法进行深入研究，探索新的教育模式，为学生提供更为高效、个性化和实践性更强的学习体验。

本书共包含十章内容。第一章主要探讨了高校教学改革的定义与意义，分析了目前我国高校教学改革取得的成就和创新教育模式的主要内容。第二至八章分别探讨了翻转课堂、慕课、微课、混合式学习、VR和AR、在线学习社区和协作学习、智能教室等在高校教学改革中的应用与实践，以期为教育者提供一种全新的教学改革视角。第九章主要探讨了数据驱动的教学、评估与反馈在高校教学改革中的应用，明确了相关概念的含义和其在教学改革中的关键作用。第十章对创新教育模式在高校教学改革中的发展前景进行了展望，旨在为教育者提供指导和启示，从而帮助教育者更好地应对未来的挑战。

由于作者水平有限，书中疏漏之处在所难免，敬请广大读者、同人批评指正。

目　录

第一章　概述

高等教育是培养专业人才的主阵地，对国家的经济、社会和文化的发展有着深远影响。高等教育水平是一个国家综合国力和文化影响力的重要体现。随着社会经济的快速发展，国家对人才的需求也在不断变化。因此，在不同时期、不同背景下，高校面临着不同的教育教学任务，需要及时调整和更新教学内容与教学方法，培养更多的优秀人才。高校教学改革并不是一个静态过程，而是一个不断变化、不断调整的动态过程。为了更有效地服务于学生、社会和国家，更好地适应和引领时代的发展，高校应积极创新教学模式，在教学理念、教学方法、课程结构、评估体系等方面实施教学改革，提高教学的质量和效果。

第一节　高校教学改革的定义

高校教学通常是指在大学或其他高等教育机构中进行的教学活动，它是高等教育活动的重要组成部分。高校教学的质量状况影响着国家的人力资源状况，因此，世界各国都高度重视高校教学的质量，并从政策、制度、资金等方面对高校教学予以保障。在当前的教育背景下，高校教学正在经历持续不断的适应、改进和变革过程。这一过程是多种因素共同作用和推动的结果，如社会经济的变迁、科技的进步、学生需求的多样化、国家和地区政策的导向等。纵观历史，世界上许多国家的高校教育都经历了深刻和多层次的变革。随着高等教育体制的创新和高等教育财政体制的完善，我国高校教学质量呈现出明显的改善趋势，教学质量不断提升。与此相适应，我国高等教育的教学环境和格局也正在经历深刻的变革。这些变革不仅体现在教学内容和形式上的创新，更关乎高校教学理念的更新、教师专业能力的提升和高校教学管理与服务体系的完善。在此背景下，我国高校教学改革旨在培养具有全球竞争力和创新能力的人才，更好地服务于国家战略发展和社会进步。

一、教学

《现代汉语词典》对教学的定义是：教师把知识、技能传授给学生的过程。[①] 不同学者，对教学也有不同的定义。王策三认为，所谓教学，乃是教师教、学生学的统一活动。在这个活动中，学生掌握一定的知识和技能，同时，身心获得一定的发展，形成一定的思想品德。[②] 李秉德认为，教学就是教的人指导学的人进行学习的活动。进一步说，它指的是教和学相结合或统一的活动。[③] 顾明远认为，教学是以课程内容为中介的师生双方教和学的共同活动。[④] 裴娣娜认为，教学是教师教学生学习文化知识的教育过程，是学生在教师的指导下，掌握文化知识和技能，进而发展能力、增强体质、形成思想品德的过程。[⑤] 马云鹏认为，从广义上讲，教学是指教育者指导学习者进行的一切有目的的学习活动。这里的教育者主要是教师，但也可以是教师以外的人。学习者主要是学生，但

① 中国社会科学院语言研究所词典编辑室．现代汉语词典[M].7版．北京：商务印书馆，2019：659.

② 王策三．教学论稿[M].2版．北京：人民教育出版社，2005：87.

③ 李秉德．教学论[M].北京：人民教育出版社，1991：2.

④ 顾明远．教育大辞典[M].增订合编本．上海：上海教育出版社，1998：711.

⑤ 裴娣娜．教学论[M].北京：教育科学出版社，2007：3-4.

也可以是另外一些人。从狭义上讲，教学是指在学校中教师引导学生进行的学习活动，虽然主要表现在课堂范围之内，但随着课程范围的扩展和教学组织形式的丰富，教学活动的范围也不只局限在课堂之内。[①]

在西方教育学术语境中，“教学”这一概念是由不同的词汇来表征的，如英语国家的“教”主要用“teaching”和“instruction”两个词来表示，而“学”的英语则是“learning”。尽管在语言表达上，“teaching”“instruction”与“learning”并未形成像汉语中“教”与“学”紧密结合的单一词汇，但它们在含义上却是紧密相连且互为补充的。为了准确而全面地表达这一复杂的教育活动，英语教育文献中常使用“teaching-learning”这一合成形式来表示“教学”。这种表达形式强调教学过程中教与学的相互依存和互动关系，即教学活动不仅包括教师的教授和指导，还涉及学生的学习和反应。这种英语表达方式与汉语中从“教”和“学”到“教—学”再到“教学”的词语演变颇具相似性。在汉语中，“教学”这一词语便深刻地反映了教与学的合一性和互动性，它主要强调教师通过各种方式与策略引导学生学习，又根据学生的反馈调整教学策略的动态、互动和整体性的过程。

综上，本书认为，教学是指教师或其他教育工作者采用一定的方法和策略，有计划、有组织地将知识、技能、价值观等传授给学生或学习者，并使学生或学习者能够理解、掌握和应用这些知识和技能，从而实现既定的教育目标的活动过程。

根据不同学者对“教学”的定义，可发现教学的本质主要包括以下三点。

（一）教学是教师和学生共同参与的双边活动

教学是一种典型的双边活动，它依赖于教师与学生之间的有效互动和深度合作。在这一过程中，教师和学生共同分享知识与信息，共同解

① 马云鹏．课程与教学论[M].3版．北京：中央广播电视大学出版社，2015：4-5.

决问题，共同创造知识，从而实现教学目标。这样的教学过程强调教与学的和谐统一，强调教师与学生的平等与尊重，强调教学活动的互动性与合作性，以及强调教与学的互为条件与互为结果的辩证关系。

在教学活动中，教师不仅是知识与技能的传递者和学习活动的组织者，也是学习者的引导者和合作伙伴。教师通过设计有效的教学策略和实施针对性的教学干预，激发学生的兴趣，引导学生自主探究，促进学生的深层次理解与能力的提升。同样，学生在教学过程中并非被动的知识接受者，而是积极主动地参与学习活动。他们通过与教师和同学的互动，对知识内容进行思考、质疑、整合与创新，从而构建自己的知识体系，形成自己的见解。这样的过程赋予学生以主体性，使他们能够在教学活动中实现自我价值，逐渐发展成独立自主、具有创新精神和批判性思维的个体。

（二）教学的最终目标是促进学生全面发展

每个学生都是具有无限潜能和独特价值的个体。教学的最终目标是激发学生的潜能，实现学生的价值，促进学生的全面发展，而不是单纯地培养学生的某种特定技能或传授给学生一定量的知识。教学是教育的核心活动，教师在教学活动中应以引导者的身份，创设充满关爱、支持和挑战的学习环境，关注每个学生的个体差异和潜能，激发学生的主动性和创造性，引导学生形成独立思考的学习习惯，培养学生对知识的热爱和对世界的好奇心。

（三）教学是有目标和计划的实践活动

教学是学生获得知识和技能的基本途径，具有一定的目的性和计划性。在开展教学活动之前，教师往往需要付出大量的心血和精力来系统设计各个教学环节。在教学活动中，教师不仅是知识和技能的传授者，更是学生价值观和世界观建构的引导者。教师应有意识地设计和组织教学过程，引领学生在特定的教育环境中实现预定的学习目标。由于明确的教学目标会为教学活动带来事半功倍的效果，教师应在知识、技能、态度和价值观等方面预先设定必要的教学目标。在教学过程中，教师有时不能完全严格按照原定的教学计划来实施教学活动，而是需要根据学生的学习情况和自己的教学实践经验，不断调整优化教学过程。也就是说，作为一种实践活动，教学具有明显的动态性和发展性。为适应学生不断变化的学习需求，教师必须在教学中不断观察、分析和反思，根据学生的反馈和自己的经验，不断调整和改进教学策略和方法。

作为学校教育活动的核心活动，教学不仅对促进人的全面发展具有显著作用，还是社会进步与可持续发展的关键驱动力。教学是连接社会与个体的重要纽带，是实现人类知识传播与文化传承的中间环节。个体可以通过教学活动获得更高层次的知识和技能，进而提高社会整体的生产力和生活质量。教学是培育和传承社会价值观与道德规范的主要途径，可以为社会的持续、和谐发展提供精神支柱和价值引领，并促进健康有序的社会结构和社会运行机制的形成。

二、高校教学

高等教育是建立在普通教育基础上的专业性教育，其培养对象是身心基本成熟，已经掌握部分普通文化知识，接受过基本思维训练的青年人。因此，在开展教学活动时，高校教师必须充分考虑高校青年学生的特点和需要，构建一套适合的教学理念和方法体系。

高校教学是高等教育体系的核心活动，它关乎知识的传授、创新能力的培养、思维方式的引导及个体综合素质的提升。作为现代社会科技、文化进步的重要推动力，高校教学的特征和使命早已超越了传统的“教”与“学”的界限，成为兼具传统与创新、理论与实践、普及与深入的复杂系统。在高校教学中，教师不仅是知识的传授者，更是学生学习路径的引导者和个性成长的助推者。通过设计科学合理的教学计划和方式，教师引导学生自主探索知识，激发学生内在的学习兴趣和潜能。这样的教学过程注重学生的主体性，强调学生自主探究与实践的能力，从而培养学生独立思考和解决问题的能力。同时，高校教学强调理论知识与实际应用的紧密结合。学生通过实验、实践、研究等形式，将理论知识应用到具体实践中，这样既能够检验和巩固理论知识，也能培养实践和创新能力。现代高校教学也强调跨学科的交叉与整合，倡导宽厚的基础教育和跨界的创新思维。此外，高校教学还承担着对学生进行素质教育的责任。高校教学除了注重专业知识技能的培训，还需注重对学生的人文素养、社会责任感、团队合作能力等综合素质的培养。这要求高校教学在内容和方式上进行创新，如引入人文教育、实施素质教育、开展社会服务和社会实践活动等。

随着社会科技的快速发展和全球化趋势的逐渐加强，高校教学也面临着不断更新和改革的任务，如何适应这些新的变化和挑战，提高教学质量和效果，更好地培养出适应未来社会需要的人才，是高校教学持续关注和努力的方向。

三、高校教学改革

目前，学术界尚未对高校教学改革做出明确的定义，但一般来看，高校教学改革通常是针对当前高等教育体系中存在的问题和挑战，以提高教学质量和培养更符合时代需求的人才为核心目标的一系列系统性、战略性的调整和优化。在知识更新速度越来越快、社会人才需求结构不断变化的大背景下，高校教学改革显得尤为重要。

随着技术和信息革命的不断推进，社会发展的步伐日益加快。新的技术手段不仅改变了人们生活的方方面面，更深刻地影响了人们关于知识的获得、积累和再造的方式，使之不断地被打破与重构。在这一背景下，高校作为人才培养的重要基地，自然地呈现出新的特点。教与学在当今的高校教育中，已经不再一成不变、故步自封。相反，它已成为一个充满活力、不断变化和自我更新的过程。在这一过程中，教学的参与者（包括教师和学生）不再是传统意义上的“教”与“被教”的角色，他们共同参与到教学过程中，共同探讨和实践新的知识与技能的融合与创新方式。为更有效地适应这一变化，高校应致力于通过淘汰过时的教学理念和方法，修正以往教学过程中存在的不足，逐渐构建新的、更符合当代教育规律和社会需求的教学模式。新的教学模式应强调尊重学生的个体差异，充分发挥学生主体性，将实践与理论紧密结合，进行学科的交叉与融合，开放和共享教学资源和环境。这一转变不仅是信息时代对高校教育提出的客观要求，也是高校教育自我革新、追求卓越的内在动力。它要求教师不仅是知识的传授者，更是学生成长的引导者和促进者，要求学生从被动接受知识转变为主动探索和创新的学习者。

具体来看，高校教学改革主要涉及以下几方面的内容。

（一）教学理念改革

教学理念是教育工作者对教学目的、教学内容、教学方法、教学过程和教学评价等方面的基本认识和价值取向，是教师进行教学活动时的核心信念和行为指导原则，深刻影响着教师的教学实践和教育决策。教学理念不仅指导着教师设计和实施教学，而且对教师如何看待学生、学习内容和自身职责有深远影响。随着知识更新速度的加快和社会需求的变化，教学理念也在不断地更新。

传统的教学理念常“以教师为中心”，强调教师应传授给学生知识，这样的理念往往会导致教学方式倾向于教师讲述、学生听讲的满堂灌模式。然而，社会的进步和发展要求我们重新审视和调整这一理念。这也是高校迫切需要改革教学理念的重要原因。现代教学理念强调教学不仅仅是知识的传授，更重要的是学生能力的培养；教学应该是一个互动和参与度极高的过程，旨在培养学生的批判性思维、解决问题的能力和终身学习的习惯。现代教学理念提倡教学活动应更多地关注学生的主体性，强调自主、合作和探究式学习。现代教学理念倡导教学民主，这是由教育规律和社会发展需求共同决定的。坚持教学民主的理念意味着，教师应尊重学生的主体地位，建立平等、公正的教学氛围。此外，教学理念中的教育目标同样重要。教育目标是教师努力追求的终极价值和具体期望，直接关系到教学活动的方向和效果。现代教育目标不仅强调知识的传授，更重视学生综合素质的提升，包括思维能力、实践能力、创新精神和社会责任感等。

在信息时代背景下，知识更新的速度远超过去，教育不再仅仅是知识的传递，更重视学生综合素质的培养，尤其是自主学习能力和创新思维的提升。因此，新的教学理念强调的是一个更加开放、灵活、以学生为中心的教育模式，它不仅是一种理论层面的转变，更是对实践教学活动进行引领和规范的重要观念。新的教学理念还强调实践和应用，这就要求教师在教学过程中不应局限于理论教学，要把知识与实践紧密结合起来，让学生通过实际操作、项目合作、实地考察等方式，将所学知识运用到实际生活和工作中，从而培养他们的实践能力和创新能力。在这一教学模式下，单纯的理论讲授不再是教学活动的全部，更重要的是引导学生深入实际应用场景中。这意味着，教学过程不仅涵盖对知识的传授，更关注如何将知识应用到实际操作、项目合作和实地考察等各种情境中。例如，教师可以组织学生参与真实或模拟的项目，从而让他们在项目中体验知识被转化为解决问题的工具的过程。这样的教学安排使得学生不仅能系统地掌握理论知识，更能通过亲身实践，深化对知识的理解和运用。通过实践活动培养，学生能在面对具体问题时具有思考、分析和解决问题的能力，这是单纯的理论学习难以实现的。实践活动鼓励学生创新思维，勇于尝试新的方法和策略，形成对问题的独立而深入的理解。

改革教学理念就是要让教学不再是封闭的、仅限于教室内的活动，使其可以通过网络、社区、跨学科的合作等多种途径，打破传统的教学边界，实现资源的共享和优化。通过这种方式，教学活动能够延伸到校园之外的社区和其他实际情境中，让学生在更宽广的场景中学习和实践，让学习成为一个更加开放、自主、合作与共享的过程。

（二）教学制度改革

教学制度是指高校或其他教育机构为保证教学活动有序、有效进行而设定的一系列规章、制度和标准。这些规章、制度和标准旨在规范教学活动，明确教育与教学的目标、内容、方法和标准，从而保证教育和教学的质量。教学制度是学校教学管理的重要组成部分，它为教学活动提供了清晰的指导和规范，既有助于确保教学质量，促进学生的全面发展，又有助于维护教师的权益，激发教师的教学热情。

教学制度在高等教育体系中占据着核心位置。它对于整个高校体系内的其他各类制度具有规范和引领的作用。教学计划管理、教材选用、教学过程监控和教学质量评估等都需要依照教学制度的框架来进行规划和实施。此外，教学制度的核心地位并不止于教学活动本身，它也影响着科学研究管理、图书资料管理、教育技术应用、教师队伍建设、学生个人发展、体育与健康教育、行政与财务运作及研究生教育与管理等方面。换言之，高校的教学制度决定着学校的教学文化和教学目标，它是高校运作模式和管理理念的明确指南。有了合适的教学制度，高校的各种资源和力量就可以得到有序、高效的整合和运用，从而确保高校的教学工作能够沿着清晰明确的方向有序推进。随着时代变迁和社会进步，教学制度本身也需要不断地更新和改革。例如，当今时代，科技进步迅速，知识更新周期不断缩短，这就要求高校教学制度能够更加灵活，更加注重培养学生的创新能力和终身学习能力。此外，随着社会对多元人才的需求日益增长，教学制度也应更加注重开拓个性化和多样化的培养路径。当教学制度发生改变时，为保证整个高校体系的协调和高效运作，其他与教学密切相关的各类制度也需要相应地进行调整和更新。这样的改革是相互依存、紧密联系的。缺乏灵活与时俱进的教学制度，就很难实现教学质量的持续提升和培养目标的有效实现。同时，如果没有与之相适应的配套改革，单独的教学制度改革可能导致整个学校运行机制的不稳定，影响教学秩序的正常进行，从而无法充分发挥出改革的积极效果。因此，高校教学制度改革需要以时代发展的最新需求为导向，更加科学地调整和优化教学内容和结构，推动教学方法和手段的创新，以期在满足社会和个体发展需要的同时，确保教育的质量和效益持续提升。

（三）教学内容与教学方法改革

教学内容与教学方法改革是高校教学改革的重要组成部分，其主要目的是使高校教学能更好地适应社会的发展需求，提升学生的核心素养，培养具有创新和实践能力的高质量人才。

随着科技进步和社会发展，一些传统的课程内容可能已不再适应当前社会和经济的需要，而新兴的学科和专业则需要得到更多的重视。因此，高校需要定期审视和更新课程体系，确保教学活动与时俱进，反映最新的学术发展水平和满足新的社会需求。通常来说，教学内容改革的核心是更新和优化课程体系。这意味着高校要系统地审视现有的课程内容，剔除过时或重复的知识点，增加与时代发展紧密相关的新知识和新技能。例如，高校可以加强与新兴技术、可持续发展、全球化等现代社会问题密切相关的课程设置，从而使学生更好地理解和适应复杂多变的现实世界。此外，课程内容的设置应更加注重跨学科的整合，鼓励学生从多角度和宽广视野去理解问题，培养学生综合运用知识解决实际问题的能力。进一步来说，高校的教学内容改革还涉及将社会热点和现实问题引入课堂当中。高校教育不是一个孤立的系统，而是紧密地与社会实践联系在一起。通过分析现实生活中的案例，学生可以更清晰地看到理论知识与实际应用之间的联系，从而更有动力去深入学习，并且能更好地理解自己所学知识对于社会和个人发展的重要性。高校可以通过改革教学内容，使教育更具前瞻性和针对性，培养既具有坚实的专业基础知识，又具有创新精神和实践能力的人才，满足社会不断升级和多元化发展的需求。

从教学方法上看，传统的教学方式，如单一的讲授式教学，已逐渐被证明在培养学生创新思维、批判能力和实践技能方面存在局限。高校教学方法改革应着力于推动教学方式的多样化，如项目制学习、翻转课堂、线上与线下混合学习等，以激发学生的学习兴趣，提高学生的主动参与度，从而更高效地促进学生知识和能力的深入融合。改革教学方法是顺应时代发展的必然要求。在数字化和网络技术飞速发展的今天，高校可以通过改革教学方法，充分利用现代科技手段，如多媒体、虚拟现实（virtual reality, VR）等技术，丰富教学手段和资源，打破传统教学在空间和时间上的局限，为学生提供更为个性化、灵活和富有吸引力的学习方式。此外，改革教学方法还可以培养学生的自主学习和团队合作能力，更加注重从学生的实际出发，鼓励学生主动参与，探索问题、解决问题。

改革教学方法，应从教师和学生两方面出发，推动教学从“以教师为中心”转向“以学生为中心”。教师的角色应从“知识的传递者”转变为“学习的引导者”，而学生角色则从“被动接受者”转变为“主动参与者”。具体到教学设计上，教师可以通过设置真实、复杂的问题情境，引导学生通过团队合作或独立研究、探究来解决问题。同时，教师应关注学生的学习过程，及时给予反馈和指导，帮助他们不断地调整和优化学习策略。

（四）教学评价改革

教学评价改革是提升高校教育质量的关键一环，它能够引导教学活动向更加有效和公正的方向发展。在传统的教学评价体系中，考试成绩往往是衡量学生学习效果的唯一或主要标准，这种情况容易导致学生追求分数而非真正的知识和能力。因此，教学评价改革首先需要重新审视评价的目的。教学评价不仅是对学生学习效果的衡量，更是一个引导学生学习、促进学生成长的过程。这就需要教学评价更加注重过程和发展，关注学生的进步与努力，而非仅仅关注结果。

教学评价改革还需要推动评价方式的多元化。除了传统的闭卷考试，还可以引入报告、论文、实验、实践活动、团队项目、学习反思等多种评价方式，以全面、准确地了解和评估学生的学习效果。多样化的评价方式不仅能更真实地反映学生的知识与能力水平，还能激发学生的学习兴趣和增强学生自主学习的积极性。此外，在教学评价改革的过程中，还需要引入学生互评和自评机制。学生间互相评价，可以让学生从更多的角度了解自己，有助于学生培养批判性思维和团队合作能力；学生自我评价则有助于学生养成反思和自我管理的习惯，更加明确自己的学习目标和进步方向。只有当评价真正成为推动学生全面发展、提高教学质量、优化教学过程的有效手段时，高校教育才能更好地适应社会的发展需求，更有效地培养适应社会发展的优秀人才。

第二节　高校教学改革的意义

高校教学改革的意义深远，它有助于适应社会与经济发展的需求，提高教学质量和效果，促进教育公平。高校教学改革不仅是教育系统内部的优化和升级，更是一种深刻的社会变革以及对发展需求的回应。

一、有助于适应社会与经济发展的需求

社会发展日新月异，产业结构和职业形态也在不断变化，这就要求教育能够与时俱进，及时调整和优化教育内容和培养模式，以满足社会对于各类人才的多元需求。高校只有通过教学改革，才能更加精准地对接社会需求，培养出既具有扎实专业知识又具备较强实践与创新能力的人才。

在不断发展和变化的社会背景下，产业升级和新兴行业的崛起需要更多具备新技能和新知识的人才。这时，高校作为人才培养的重要基地，有责任和义务调整和更新其教育内容和教学方法，使之更加顺应时代的潮流，满足社会的需求。高校可以通过教学改革及时更新课程体系，引入与社会发展紧密相关的新兴学科和课程，使学生在校期间能够

接触到前沿的知识和技术，从而更有针对性地培养出能够适应这些新兴行业的专业人才。同时，现代社会对人才的需求日益多元化和复杂化。未来人才需要掌握的不仅仅是专业技能，更是跨学科的综合能力、创新意识和国际化视野。高校教学改革通过推动课程的整合和优化，更加注重培养学生的综合素质和实践能力，如通过项目式学习、实践教学和社会实践等方式，让学生有更多的机会将理论知识与实际工作和生活相结合，培养学生分析和解决问题的能力。此外，高校教学改革还可以通过灵活和开放的教学体制，为学生提供更多的自主选择空间，如开设多样化的选修课程，推动交叉学科的教学与研究，以满足学生不同兴趣和职业发展的需要。这样的改革不仅能培养学生的自主学习和生涯规划能力，还能有效地促进学生的个性发展和社会适应能力提升。因此，高校教学改革有助于高等教育与社会经济发展更加紧密地联系起来，它是高校积极回应社会变革、满足人才市场新需求的重要手段，是教育与时代、与社会协调发展的体现，从而可以更好地为社会的持续健康发展服务。

二、有助于提高教学质量和效果

高校教学改革有助于提高教学质量和效果，这一意义可以从对教育方法和内容的更新以及对学生学习体验和能力培养的深化等方面加以分析。在快速变化的现代社会，知识更新速度之快，要求高校不能再单一依赖传统的、以教师为中心的教学模式。教学改革不仅意味着教学内容的更新，更代表了教学方式、评价机制和课程体系的全面优化。教学方式的优化，即教学模式从以教师为中心转变为以学生为中心，有助于激发学生的学习兴趣和主动性。这样的教学方式能鼓励学生积极参与到学习过程中，学生通过讨论、团队合作、项目实践等方式，不仅能吸收知识，更能培养独立思考和解决问题的能力。这一转变有助于形成更加活跃和更有互动性的学习氛围，从而有助于提高教学的实效。内容的更新则是高校教学改革迈向深入的关键一步。随着社会的发展和科技的进步，新的学科和专业不断涌现，知识体系也在不断完善和丰富。高校通过教学改革，定期对课程内容进行审查和更新，确保教材与时俱进、满足社会和行业的实际需求，这自然能够提高教学的质量和针对性。

对学生学习体验和能力培养的深化，是高校教学改革中至关重要的一环。高校教学改革的目的是更好地服务于学生的成长和发展。实施更加灵活和多元的教学模式，如线上与线下相结合的混合式教学、实践与理论并重的综合课程设计等，可以更加精准地满足不同学生的学习需求和兴趣，进而激发他们的学习热情和创新精神。此外，高校教学改革还可以通过优化教学评价机制，如引入多元化评价标准和方式，更全面、准确地了解和反映学生的学习情况，从而有针对性地进行教学调整和改进。这样的评价方式能够让教学更加符合教育的本质和目的，更有效地推动学生的全面发展。因此，高校教学改革，从教学方法到教学内容，从评价机制到学生体验，无不是为了提升教学的质量和效果。这种改革以学生为中心，旨在培养更加适应社会发展、具有较强创新能力和综合素质的人才，从而实现教育的更高层次追求。

三、有助于促进教育公平

高校教学改革有助于促进教育公平，这是因为它重新审视并调整了教育资源的分配和使用，以确保全体学生，无论其社会、经济背景如何，都能获得优质的教育资源和服务。这样的改革涉及课程设计、教学方法、学生支持服务和入学政策等多个方面，能形成一个更加包容和开放的教育环境。

在教学改革的推动下，高校逐渐认识到传统的教学模式和内容可能无法满足不同背景学生的需求。因此，教学内容和方式开始变得更加多元化和个性化。例如，通过引入更加灵活和开放的课程体系，高校能够允许学生根据自己的兴趣和未来职业规划，使学生拥有更大的自主选择权。这不仅能够激发学生的学习兴趣，也能为学生提供平等参与和发展的机会。此外，高校教学改革也在努力消除教育过程中可能存在的不公正现象。例如，通过改革教学评价体系，高校可以确保评价方法更加公正、透明和客观，从而减少因评价不公而导致的学生间的不平等现象。这种公正的评价方式能够让每个学生都得到真实、准确的反馈，并得到合适的教学支持。

高校教学改革还强调利用现代技术手段，如网络和远程教育资源，打破地域的限制，让更多地域和经济条件不同的学生能够享受到优质的教育资源。这样的举措，使教育不再是少数人的特权，而是每个人都能平等接触和享有的公共产品。高校教学改革还鼓励高校与社区、企业和其他教育机构建立紧密的合作关系，共同开发更加丰富和实用的教学资源和项目。这样的合作不仅能够丰富学生的学习经验，还能为学生提供更多的实践机会，使学生更好地将理论知识与实际工作相结合，更有效地为进入社会做准备。

整体来看，高校教学改革逐渐将重心转向满足学生的多样化需求，推动公平和包容的教育环境的形成，从而确保来自不同背景的学生都有平等、充分发展的机会。这样的改革方向不仅有助于提升整体教育质量，更是对社会公正与平等理念的深刻践行。

第三节　我国高校教学改革取得的成就

从宏观的角度上看，我国高校教学改革已经取得了显著的成就。这些改革举措旨在提升教育质量，促进教育公平，并更好地将教育与社会经济发展需求紧密结合，体现了我国对于提升高等教育水平、培养更多高质量人才的坚定决心和积极探索。

一、重视传授知识与发展能力的统一

传统的教育模式主要强调知识的传授，课堂教学往往以教师讲授为主导，学生处于较为被动的接受状态。在这种模式下，学生往往被视为

知识的接受者，教育的目的主要是使他们掌握一定的知识体系。但在新时代背景下，单一的知识传授已经难以满足社会的复杂需求与实现人才的全面培养。在这样的背景下，我国高校愈加重视将知识传授与能力发展紧密地结合，认识到知识不仅是要被学会，更重要的是要被理解和运用。这意味着教育不再是单向的传递，而是一个互动和发展的过程。在这个过程中，教师不仅是知识的传递者，更是学生思维能力培养的引导者。教师通过设计富有挑战性和启发性的教学活动，激发学生的创新思维和创新精神，引导学生主动地去探索和解决问题。

上述转变也在教学内容和策略上得到了体现。比如，课程设置更加注重实践和实验性质的内容，鼓励学生通过亲自做实验、参与项目、解决实际问题，培养实际操作能力和解决问题的能力。这样的课程不仅传授了知识，还培养了学生利用所学知识分析和解决问题的能力。同时，我国高校教学改革逐渐注重发挥学生的主体性，鼓励学生在学习过程中提出自己的见解和解决方案，这不仅锻炼了学生的思维和表达能力，还有助于培养学生的自信和责任感。通过这样的教学，学生不再是知识的被动接受者，而是积极参与到知识创造和应用的过程中，从而真正实现了知识与能力的有机结合。

目前，传授知识与发展能力是高校教学工作的基本任务之一，坚持两者的统一，有助于学生真正地领会和掌握基础知识和基本技能，充分发展自己的各种能力。知识与能力之间存在着辩证统一的关系，两者相互依存、相互制约，具有不可分割的有机联系。在教学过程中，知识的传授是基础。它是学生理解世界、分析问题的工具和武器，为学生提供观察和理解世界的基本框架。没有扎实的知识基础，能力的发展将缺乏支撑。因此，知识的掌握可以被视为发展能力的重要条件和中介。同时，知识的传授并不是教学的全部，教学更高层次的目标是引导学生将知识内化为自己分析和解决问题的能力。因此，能力的培养显得尤为关键。它不仅是知识传授的重要前提，使得知识能够更为深入和全面地被理解和运用，而且是知识传授的最终产出，体现为学生对知识的主动运用和创新。因此，在教学实践中，教师不能将传授知识与发展能力简单地对立起来。它们并非孤立或独立存在的两个方面，而是紧密相连的统一体。在这个统一体中，知识的传授是基础和起点，是培养学生智力和能力的重要准备；而能力的培养，则是知识教学的深化和延伸，是教学活动最终追求的目标。换言之，教学应当是一个知识与能力、理论与实践相互渗透、相互促进的过程。教师需要设计合适的教学活动和策略，以确保知识的有效传授和学生能力的全面发展。这样，知识和能力的辩证统一关系才能在教学实践中得到真实和生动的体现，从而更好地完成教育的使命，培养出既具有扎实知识基础又具备出色能力和智力的优秀人才。

在高校教学中坚持传授知识与发展能力相统一，具有深远的实践意义。教学不仅是知识传递的过程，更是能力培养和人格塑造的过程。坚持传授知识与发展能力相统一，首先要确保学生对现代科学的基础知识进行深入而透彻的理解。这种统一使得教学不是停留在对知识的表层传授，而是引导学生通过积极的智力活动，理解并掌握科学知识，从而真正成为知识的主人。这样的教学模式能让学生在理解和记忆知识的同时，更好地将知识内化，形成自己的思考和见解。此外，将知识传授与能力发展紧密结合，能有效激发学生的学习兴趣、求知欲和创造精神。当教学不再是单一的知识灌输，而是转化成一个引领学生主动思考、解决问题的过程时，学生自然会对学习产生更浓厚的兴趣。这种兴趣是学生持续深入学习的重要动力，也是培养自学能力、独立工作能力和科学研究能力的有效途径。更为重要的是，传授知识与发展能力的有机统一，为学生未来的职业生涯和个人发展铺平了道路。在这种教学模式下培养出来的学生，不仅具备扎实的专业知识基础，还拥有丰富的实践经验和较强的创新能力。他们能够灵活运用所学知识解决实际问题，更有可能在科学技术的发展、社会的进步和国家建设中发挥重要的作用。

二、正视教师主导与学生主体的关系

随着我国高等教学改革的持续推进，学生的主体作用被充分认识和重视。教学开始从过去更加关注教师的讲授，转向更加关注学生的参与和实践，积极发挥学生的主体作用。这样的改变有助于建立一种新型的师生关系，教师不仅是知识的传授者，更是学生学习过程中的引导者和促进者。在这样的关系中，教师能够与学生之间建立良好的信任关系，成为学生信赖的指导者。此外，高校还注重营造更加宽松和自由的学习氛围，给予学生更多的表现机会，让他们能够更好地发挥主观能动性。这种环境鼓励学生积极参与到学习中，主动去探索和解决问题，而不仅仅是被动地接受知识。与此同时，教师的角色也随之转变。在新的教学模式下，高校教师开始逐渐摒弃传统的教学方式。他们更注重指导学生如何学习，如何思考，而不是单纯地传授知识。这就要求教师具有更强的教学能力和更广阔的知识视野，为学生提供明确的学习方向，激发学生的兴趣和潜能，引领学生走向更深层次的认知。

三、由专才教育观转向大教育观

专才教育，又称专业人才教育或专业化教育，是以培养学生具体专业技能和知识为主要目标的一种教育方式。专才教育观，强调学生在一定的领域内获得专业、深入的知识和技能，以满足特定行业或领域的人才需求。专才教育明确培养学生在某一领域的专业能力，这有助于学生明确自己的职业方向和发展路径。然而，过分注重特定领域的知识和技能培训，可能导致学生的知识面相对较窄，缺乏广泛的文化素养和综合能力。而大教育观是一种更加宽泛和全面的教育理念，强调教育不仅仅是传授知识和技能的过程，更是一个更为复杂和多元的人的全面发展的过程。大教育观认为，教育应关注学生的个体差异和潜能，激发学生的兴趣和创造力，引导学生形成良好的价值观和人生观，培养学生全面而均衡的品德和能力。在大教育观的视野下，教育不再是单一、线性和封闭的体系，而是一个开放、交互和持续的生态系统。在这个系统中，教师、学生、家长和社会等各个角色都是互相联系、互相影响的重要参与者。每个人都在不断地学习和成长，而教育的目的也不再局限于追求学术成绩和职业成功，更注重培养学生的自我认知、自我管理和社会适应能力。大教育观还强调教育与生活、社会、自然的紧密联系。它主张把教育融入生活的各个层面，让学生在社会实践和自然体验中学习，在与他人的互动中成长。这样的教育方式更有助于学生建立起完整健康的世界观，能更好地引导学生关心社会现实，积极参与社会服务和创新创造，成为具有责任和担当的公民。

在过去的教育体制中，我国高校教育受专才教育观的影响，注重培养学生的专业技能和知识，强调对学科基础知识的传授和专业技能的训练。这种教育模式在一定程度上为我国培养了大量具有专业技能的人才，满足了社会和经济发展的需求。然而，随着时代的发展和社会需求的变化，人们越来越认识到教育的复杂性和多元性，开始意识到专才教育观已经难以满足当前和未来社会对人才的全面和多元化需求。因此，我国高校教育逐渐开始从专才教育观转向大教育观，这是我国高校教学改革取得的一项重要成就。在大教育观的指导下，我国高校教育开始关注学生的全面发展，强调全面教育和终身学习。教育不再是仅仅传授专业知识和技能，而是更加注重培养学生的综合素质，激发他们的创新能力和社会责任感。教师不再仅仅是知识的传授者，而更多地成为学生学习的引导者和促进者。这种转变同时体现在课程内容和教学方法的改革中。高校开始重视跨学科和综合性课程的设置，倡导学科交叉和协同学习，提倡将理论教学与实践教学、课堂教学与社会实践有机结合，旨在通过多元化的教学方式，培养学生的综合素质和创新能力。此外，高校教育还逐步关注与社会的紧密联系，更加注重培养学生的社会责任和公民意识，引导学生关注社会问题，参与社会服务，用所学知识和技能服务社会，成为具有责任感和使命感的公民。

第四节　创新教育模式简述

创新教育模式是一个动态和持续的过程，它旨在通过不断地实践和反思，找到更符合时代特征、更能满足学生和社会需求的教育方式，从而推动教育事业的健康、持续发展。教育被视为培养人才的重要社会工程。进入21世纪，世界发生了翻天覆地的变化，高校的生存和发展形势也变得越发严峻。在这样的背景下，时代对高校提出了明确而迫切的要求：创新教育模式，培养能适应知识经济需要和能推动知识、经济、社会发展的创新型人才。

一、教育模式的概念

教育模式，广泛来说，是指在一定社会历史条件下，教育体系中的各个要素如教育目标、教育内容、教育方法、教育组织形式、教育评价机制等，依照一定的逻辑和规律组合起来的稳定结构和运行方式。这种组合形成了一种相对稳定的、可复制的教育实践模式，它涵盖了教育的宗旨、理念、策略和实施途径等方面。简而言之，教育模式是一种系统性、整体性的教育实践和管理方案。教育模式有多种含义，其主要含义有三：一是教育在一定社会条件下形成的具体式样；二是反映某个国家教育制度上的特点的模式；三是某种教育和教学过程的模式。[①] 这里提到的教育模式，主要指第三种，它是在特定教育思想指导下形成的策略体系，是涵盖教育目标、内容、活动程序及实施方法的综合框架。这一框架不仅是理论性和抽象性的总结，更是对教育实践具有指导和参照作用的实践模型。在教育模式的结构中，教育目标起着核心和引领的作用。它决定了教育内容的选择、教学方法的采用、教育组织形式的构建和教

① 顾明远．教育大辞典：第1卷[M].上海：上海教育出版社，1990：23-24.

育评价机制的设计。在此基础上，教育内容的选择和安排则是为了实现这些目标所必须涵盖的知识、技能和价值观。而教育活动程序和实施方法，则是根据教育内容，通过科学和有序的组织，将教育目标具体化和实现化的过程。

教育模式具有明显的概括性和完整性。它是对教育活动全貌的一种宏观和整体的描述，包括教育的目的、内容、方法、组织形式和评价等多个方面。这种概括性和完整性使得教育模式具有较强的指导和规范作用，能够为教育实践提供清晰和连贯的指引。同时，教育模式具有具体性、简明性和操作性。它不仅停留在抽象和理论的层面，更关注如何将这些理论具体化、可行化，以便能够在实际的教育活动中得到有效的应用。因此，教育模式也是一种具有实用价值和可操作性的策略和方法。值得注意的是，教育模式作为沟通教育理论和教育实践的重要中介，它有助于将教育理念、原则和目标具体化和可行化，从而确保教育活动的有序、高效和目标导向。这样的特点使得教育模式在教育活动的开展和教育过程的组织中具有至关重要的意义。它不仅可以指导教育工作者更有效地进行教学设计、组织和评价，还可以帮助教育工作者更准确地理解和把握教育的本质和规律，从而更加有针对性地、科学地进行教育实践。

不同的社会背景、文化传统和教育理念会形成不同的教育模式。例如，传统的教育模式往往更注重知识的传授和熏陶，强调教师的权威和学生的服从，这种模式下的教学方式往往是“以教师为中心”的。而现代教育模式更强调学生的主体性和个体差异，注重学生的能力培养和全人发展，倡导“以学生为中心”的教学方式。随着社会的发展和科技的进步，教育模式也在不断地更新和演变。例如，在数字化和网络技术的影响下，远程和在线教育逐渐崭露头角，它打破了传统教育模式的时空限制，使得教育资源能够更加广泛、公平地分配给每一个需要的人。

二、创新教育模式的内涵与意义

（一）创新教育模式的内涵

创新教育模式是指在教育实践中不断探索和尝试新的教学方法、教学理念和组织方式，以适应社会、文化和技术变迁的需要，从而更有效地实现教育目标。这种模式强调对教育理念、教育内容、教育方法和教育评价等各个环节的整体性和系统性创新。创新教育模式的核心是以学生为本，它强调在进行全面素质教育的基础上，尊重和促进学生个性发展。在这样的模式下，教育不再是单一地传授知识，而是采取多种现代教育手段，旨在传递创新知识，激发学生的创新意识，培养学生的创新能力，并全方位提升学生的综合素质。这样的教育，能够将学生培养成为适应知识经济时代要求的高素质创新型人才。要想创新教育模式，关键的一步是改革旧有的教育思想和人才观。这意味着高校需要摒弃那些陈旧的应试导向观念，树立一种新的、现代的教育思想和人才观。这种新的人才观应当强调教育的人本精神，强调学生的主体地位，强调教育的实践性和创新性，从而确保教育能够真正培养出符合时代需求的人才。

（二）高校创新教育模式的意义

高校对教育模式进行创新的意义深远，具有个体层面、高校层面和社会层面等多个层面的影响，具体包括以下内容（图 1–1）。

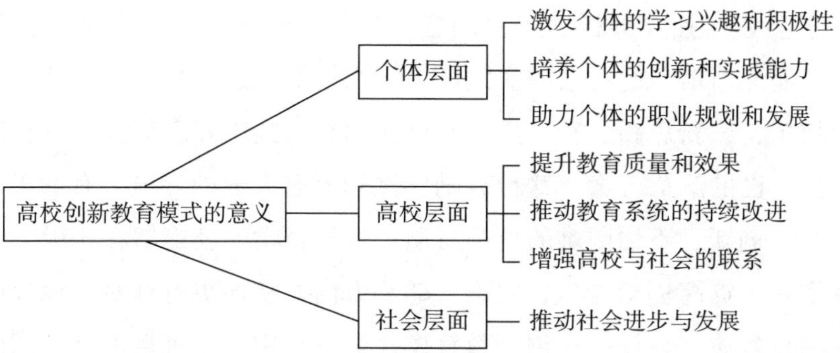

图 1-1　高校创新教育模式的意义

1. 个体层面

（1）激发个体的学习兴趣和积极性。创新教育模式更加注重培养学生的兴趣和激情，而非仅仅是对知识的机械性传授。这使得学生更容易找到自己真正感兴趣的领域，从而主动投入学习中，培养持续、自主的学习习惯。在创新教育模式下，课堂不再是学生被动接受知识的场所，而是他们主动参与、积极探索和自我表达的平台。教师的角色也从传统的知识传授者转变为学生学习的引导者和促进者。这样的教学环境有助于学生更自由地选择自己感兴趣的学习内容和方式，从而点燃他们学习的内在动力。高校如果能够注重创新教育模式，注重与学生建立更为紧密与平等的关系，充分尊重和理解每个学生的个体差异，关心他们的情感和需求，那么就会在一定程度上培养学生的自我认同感，在心理层面上激发他们对学习的热爱和追求。

（2）培养个体的创新和实践能力。在当今这个日新月异、充满激烈竞争的时代，创新和实践能力已经成为个体适应社会发展、实现自我价值的关键素质。高校创新教育模式，意在培养学生具备独立思考的能力和勇于尝试的精神，从而有效地培养学生的创新和实践能力。高校要突破传统的知识传授方式，将教学与实际问题紧密结合，使学生能够在解决具体问题的过程中，学会运用所学知识。这样的教学方式自然地将学生从被动的知识接受者转变为主动的知识应用者。在这样的过程中，学生将学会如何独立分析和解决问题，如何把理论知识与实际操作相结合，从而逐渐培养起自己的实践能力。高校要通过创新教育模式，鼓励学生敢于尝试新思路、新方法，允许他们在实践中发现问题、分析问题并提出自己的解决方案。这种鼓励尝试和容忍失败的环境，有助于学生养成敢于创新、不怕困难的精神特质。这样，学生就能够在积极尝试和不断实践中提高创新能力，明确兴趣和方向，从而更有针对性地提高自己的综合素质。高校应在创新教育模式的过程中，重视培养学生团队合作和交流的能力，使学生在合作与交流中懂得倾听他人的意见，学会与人沟通和合作，这既是社会实践能力的一部分，也是推动个体创新的重要途径。通过与不同背景、不同思想的人员交流，学生可以激发新的思维火花，拓宽自己的视野，这对于培养学生的创新能力至关重要。

（3）助力个体的职业规划和发展。高校对教育模式进行创新，关注学生的职业兴趣和未来发展，引导学生更早地进行职业规划，有针对性地发展相关技能和知识，可以为学生未来的职业生涯打下坚实的基础。高校在创新教育模式的过程中，鼓励学生从实际出发，关注自身兴趣和优势，进而有意识地选择适合自己发展方向的课程和项目。在这样的学习过程中，学生能更清晰地认识到自己的兴趣和擅长的领域，从而为未来职业生涯的规划和选择提供更为明确和科学的依据。这一点与传统教育模式下一味追求分数和应试的培训方式不同，它更注重引导学生通过深入实践和反思了解自己的真实兴趣和长期职业目标。此外，创新型的教育模式强调实践与实用，高校在这种模式下往往与企业和社会机构建立紧密的合作关系，为学生提供丰富的实践机会，如实习、项目研究等。这样的经历不仅使学生能提前接触到职场环境，理解所学知识在实际工作中的应用，还能让他们更早地建立起自己的社会网络和人际关系。这对于学生毕业后顺利进入职场，迅速适应并积极发展自己的职业生涯具有重要意义。同时，创新教育模式注重培养学生的终身学习能力。在这种模式下，学生被鼓励主动、持续地学习，这种学习能力是他们职业生涯中不可或缺的。因为，在今天这个知识更新速度极快的时代，仅仅依赖大学时期的知识储备是远远不够的。个体必须具备持续学习和自我更新的能力，才能在职场中保持与提升竞争力，不断地实现自我价值和职业晋升。

2. 高校层面

（1）提升教育质量和效果。高校可以通过创新教育模式，更科学地组织教学过程，更有效地实施教学策略，从而提高教育的质量和效果。项目式学习、案例分析、小组讨论和实践实习等创新型的教育模式，通常注重从学生的需求和经验出发，更能激发学生的学习兴趣和参与意愿，从而能够更好地提高学生的学习效果。此外，这些方法还强调对学生批判性思维和解决问题能力的培养，使学生能更深入和全面地理解知识，而不仅仅是机械地记忆和重复，进一步确保教育的质量和效果。

（2）推动教育系统的持续改进。创新教育模式往往伴随着对教育理念、教学方法、评估体系等各个层面的重新审视和改革，这将有力地推动整个教育系统向更加科学、有效和人性化的方向发展。教学方法的革新是教育系统持续改进的重要组成部分。创新教育模式强调实践、互动和以学生为中心，这将促使教育者摒弃传统的“注入式”教学方法，转向更加重视学生合作参与和实践体验的教学方式。这种转变有助于实现教学内容与学生的实际生活经验的紧密联系，进而提高学生的学习兴趣和教学的有效性。创新教育模式同时要求教师不断地学习新的知识和技能，更新自己的教学理念和方法，这样的专业成长将形成一种持续的自我更新和提升的良性循环。同时，对教育模式进行创新还有助于推动学校、教育部门和社会各界共同参与和支持教育的改进和创新，形成更加开放、协作和共享的教育生态系统。

（3）增强高校与社会的联系。通过与企业和社会机构的合作，鼓励实践教学和社区参与，这有助于高校更好地理解社会的需求，并调整教学内容和方式以满足这些需求。这样的合作不仅能为学生提供更丰富和实用的学习体验，还能使高校的研究和服务更直接地回应社会的实际问题。通过与企业和社会机构的合作，高校可以为学生提供更加丰富和实用的学习体验。例如，将实践教学和社区参与作为教学的重要组成部分，使学生能够在真实的工作环境中将理论知识与实践相结合，更全面地了解和适应未来的职业生涯。这种教育模式不仅能增强学生的实践能力和社会责任感，还有助于学生形成更为明确和现实的职业规划。通过与企业和社会机构的合作，高校可以将科研成果更快、更有效地转化为实际的产品和服务，从而推动社会经济的持续发展。这种合作模式不仅能提高高校科研工作的社会影响和应用价值，还能为高校自身带来更多的研究资金和合作机会。创新教育模式下高校与社会的紧密联系，是一种双赢的结果。它既有助于高校更好地履行其教育和科研职责，为社会的持续进步作出积极贡献，也为高校自身的持续创新和发展提供了强有力的支持和动力。这种教育模式的推广和实践，将有力地推动高校教育走向更为开放、合作和实用的新时代。

3. 社会层面

通过创新和改革教育模式，高校能够更精准地培养出符合社会需求的人才。在新的教育模式下，学生将以更加主动、探索和实践的方式接受教育，他们将更具创新精神和实践能力。当这些新一代的优秀人才走入社会，他们将用新的知识、技能和思维方式更有效地解决各种问题，推动经济的持续发展和社会的进步。创新教育模式强调与企业和社会机构的紧密合作，这不仅能够为学生提供更丰富的实践机会，而且有助于高校的科研成果得以快速应用到社会生产和服务中。这样的合作模式能够加速知识和技术的流通，将高校的研究成果更有效地转化为社会的生产力，从而推动社会经济的持续和健康发展。此外，创新教育模式将引导高校更加积极地回应社会问题和挑战。当高校紧密地与社会各方互动时，它们将更为敏锐地捕捉到社会的需求和问题，并通过教学和研究工作为解决这些问题提供智力和技术支持。这样，高校的角色就从单一的知识传播者转变成社会问题解决者和创新驱动者。更重要的是，高校教育模式的创新将深刻影响社会文化的形态和发展方向。以人为本、强调全面素质教育和创新能力培养的教育体系，将培养出具有独立思考、社会责任和全球视野的公民。他们将成为推动社会文明、道德和法治建设的重要力量，有助于形成更加公正、和谐和可持续发展的社会结构。

三、高校创新教育模式的基本要求

高校创新教育模式的基本要求主要包括符合教育规律、适应社会需求、注重实践验证、具有可持续性等（图 1–2）。

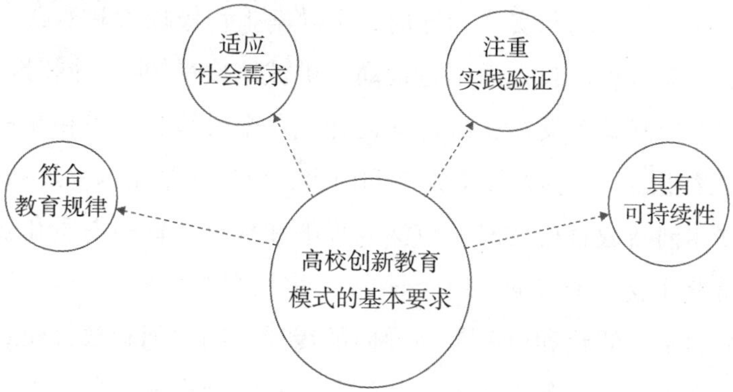

图 1–2 高校创新教育模式的基本要求

（一）符合教育规律

教育模式创新应基于对教育本质和规律的深入理解，确保教育活动遵循人的发展规律和学习规律进行。这是因为教育规律是教育活动的内在逻辑和固有规则，它揭示了人的发展和学习的普遍性规律。只有遵循教育规律，教育活动才能真正达到预期的效果，否则即便形式再新颖、方法再先进，也可能变成一种盲目和偏离目标的尝试。

教育模式的创新不是简单地追求新奇、不同，而是要基于对教育本质和规律的深入理解。教育的本质是人的发展和成长，是引导和帮助学生系统、主动地获取知识、提升能力、形成价值观的过程。因此，创新的教育模式必须聚焦学生的全面、长远发展，关注学生的认知、情感和行为三个维度，而不是仅仅关注短期的学科知识传授和考试成绩。高校在创新教育模式时，应当注意把握人的发展规律和学习规律。人的发展规律告诉我们，每个人都是独立和自主的个体，有自己独特的兴趣、潜能和发展节奏。因此，教育模式应该强调个性化和差异化，尊重每个学生的不同需求和发展路径，避免“一刀切”的教育方式。同时，教育应该关注学生的身心健康、情感和社会适应能力的培养，而不是仅仅关注学术知识的传授。学习规律则揭示了人们获取和处理信息、建构和运用知识的一般过程。遵循学习规律，教育模式创新应注重激发学生的主动性和积极性，以问题和实践为导向，引导学生积极探索和实践，鼓励学生从错误中学习和成长，而不是被动、机械地接受知识。同时，高校应注重教与学的互动和反馈，将教学设计成一个灵活、动态和互相适应的过程，以便能够及时调整教学策略和内容，以适应学生的发展和需要。

高校在创新教育模式时，应深入理解和尊重教育的本质和规律，将教育活动设计成一个有助于每个学生全面、健康和持续发展的过程，而不是一个固定、僵化和以分数为导向的传授机制。创新教育模式是真正从人的发展出发，服务于人发展的创新，是深刻理解和尊重人的成长和学习规律的创新。

（二）适应社会需求

创新的教育模式应充分考虑到当前和未来社会对人才的需求，并将这些需求融入教育的各个环节中。高校在创新教育模式的过程中，必须适应社会需求。因为高等教育不仅是一个孤立的知识传授过程，而且是一个与社会发展联系紧密的系统。高校的使命之一是培养能够适应社会、服务社会、引领社会发展的人才。因此，高校教育模式的设计与实施，需要与社会的实际需求紧密联系，这样才能确保高校培养出来的人才能够顺利地融入社会，将所学的专业知识和能力发挥出来。随着社会的不断发展和变化，社会对人才需求的不断更新和升级。在这样的背景下，如果高校仅仅依照过去的模式进行人才培养，那么学生所学到的知识和能力将可能与社会的实际需求产生严重的脱节，这样培养出的人才将难以适应社会的快速发展。同时，适应社会需求是衡量高校教育质量和效果的重要标准。好的教育模式应当能够培养出具有较强实践和创新能力、具有国际视野和社会责任感的人才。这样的人才不仅能够有效地解决社会实际问题，而且能够在全球化的背景下展示出较高的竞争力。因此，高校应与社会建立紧密的联系，通过各种方式，如实习、实践、项目合作、讲座、研讨会等，让学生能够更加直接和深入地了解社会，将所学的知识和技能应用到实际的工作和生活中。高校要建立一种开放和持续改进的教育文化，积极听取来自社会各方，特别是毕业生和用人单位的反馈，并根据这些反馈不断地调整和优化教育模式，确保教学始终保持与社会需求的高度契合。只有适应社会需求，高校才能培养出真正具有时代价值和社会价值的人才，为社会的持续、和谐发展作出积极的贡献。

（三）注重实践验证

任何创新的教育模式都需要在实践中不断地被检验和优化。教育是一项复杂的人类活动，涉及教师、学生、教学内容、教学环境等多个要素。因此，任何理论上看似完美的教育模式，都必须经过实践的检验，才能确定其真正的效果和价值。

教育模式创新本质上是一种尝试和探索的过程。与其他领域的创新活动一样，教育创新也需要基于现实，通过不断尝试和改进，来找到更适合当下情境的方法和路径。这就需要教育工作者以开放和批判的态度，将新的教育模式置于实践的大熔炉中，接受真实世界的检验。此外，教育活动的效果是多维度的、长期的，并且受到多种因素的影响。只有通过实践验证，才能全面、深入地了解新的教育模式在实际操作中的优点和不足，这为教育模式的进一步优化和完善提供了重要依据。这要求教育工作者应有意识地设计实验和研究，以收集有效的数据，对新的模式进行客观和科学的评价。具体来看，在教育创新的初期，高校可以设计一系列具有代表性和可操作性的实验或试点项目，这些项目应覆盖教育模式的各个关键环节，如课程设计、教学方法、评估体系等。通过这些试点项目，教育工作者可以在相对安全、可控的环境中，对新的教育模式进行初步的尝试和验证。在实施试点项目的过程中，高校需要设立明确的评价指标并收集有效的数据。评价包括对学生学习效果的评价，如对学习成绩、解决问题能力、创新和合作能力等的评价；也包括对学生学习体验的评价，如对学生的满意度、参与度、自主性等的评价。这些数据将为后续的分析和改进提供重要依据。在实践验证的后期，高校需要根据收集到的数据和反馈，对新的教育模式进行深入的分析和反思。这可能涉及对教育模式的某一部分或整体的调整和改进。这个过程应是持续的，即使新的教育模式已经在较大范围内推广和应用，教育工作者也需要保持敏感和警觉，随时准备对其进行进一步的优化和完善。

注重实践验证不仅是高校创新教育模式的基本要求，更是教育工作者负责的、专业的表现。通过实践验证，高校可以确保教育模式始终立足于科学和实效，真正为提高教育质量和效果，培养出更优秀的人才作出有力的贡献。

（四）具有可持续性

创新的教育模式应具有可持续性，其既能适应当前的实际情况，也能预见和应对未来可能出现的挑战。这一要求是对高校教育活动长期稳定发展的重视。在快速变化的现代社会，教育的目标、内容和方法都需要不断适应新的情况。因此，当高校试图创新教育模式时，可持续性就成了一个不可或缺的考量因素。教育是一个长期的过程，涉及人的整个成长周期。一个具有可持续性的教育模式意味着能够为学生提供持续、稳定和连贯的学习体验。这有助于学生建立长期和深入的学习习惯和能力，而不是仅仅追求短期的、表面的效果。此外，具有可持续性的教育模式还意味着对教育资源的有效和高效利用。在资源有限的情况下，可持续性要求教育模式能够做到经济高效，减少浪费，这对于保证教育质量和效果具有重要意义。

在设计和实施新的教育模式时，高校需要从长远的角度进行思考和规划。这包括对未来社会发展趋势的洞察和预见，以及对教育自身发展规律的深入理解。基于这些洞察和理解，高校可以设计出既符合当前实际情况，又能适应未来可能变化的新教育模式。具体来说，可持续性要求教育模式在设计之初就考虑到模式如何长期有效地运行。这可能涉及教育模式的灵活性和可适应性，即新的教育模式应能够在不同的情境和条件下被有效地执行和产生预期的效果。这样，当外部环境发生变化时，教育模式也能够做出相应的调整，而不是一种固定不变、僵化的框架。可持续性还要求教育模式具有一定的开放性和可扩展性。这意味着新的教育模式不仅应该是一个完整的系统，还应该能够与其他教育资源和机构有效地连接和互动。这样，教育模式就能够持续地吸收和融合新的教育理念、方法和技术，保持其活力和创新性。

具有可持续性的新教育模式是对教育长期稳定发展的保障，也是教育质量和效果提升的重要基础。它要求高校在创新教育模式时，从更宽广和深远的角度出发，设计出既符合当前实际情况，又能适应未来可能出现的挑战的新教育模式。

第二章　基于翻转课堂的高校教学改革

翻转课堂是一种强调学生主动参与和实践应用，以教师指导与促进为主的新型教学模式。在翻转课堂中，课堂的主要任务从传授知识转向指导和激发学生的主动学习，知识的传授则主要通过线上视频、阅读材料等方式在课前完成。基于翻转课堂的高校教学改革有助于构建一个更加灵活、互动和个性化的教学环境，这对于提高教育质量和效果、培养学生的综合能力和终身学习能力具有重要意义。

第一节　翻转课堂概述

翻转课堂，是将传统课堂教学的内容和过程进行重新组织和设计的一种创新型的教学模式。在传统的教学模式中，教师在课堂上讲授知识点，学生在课后完成相关的练习和作业。翻转课堂模式则将这一流程“翻转”过来，旨在通过改变课堂的教与学方式，提高学生的学习兴趣、动手能力和深层次思维能力，从而提升教学的实效性。

一、翻转课堂的起源与发展

（一）翻转课堂的起源

“翻转课堂”的理念最早出现在19世纪初的西点军校。西尔韦纳斯·塞耶（Sylvanus Thayer），提出了一套与翻转课堂理念相符的教学方法。在他的教学体系中，学生需要在课前通过教师发放的资料进行预习，这样课堂时间就能用于进行更加深入的批判性思考和小组间的协作。这种教学形式虽然在当时并未被特别命名，但实质上已经具备了翻转课堂教学模式的基本雏形。因此，西点军校也被认为是翻转课堂的起源。

1991年，哈佛大学物理学教授埃里克·马祖尔（Eric Mazur）提出了一种名为“同伴教学法”（peer instruction，PI）的教学方法。这种教学法重视学生的互动和讨论，目的是让学生在课堂内积极地参与到知识的消化和理解过程中。马祖尔的PI教学法明确了学习的两个重要步骤——知识的传递和知识的内化，强调让学生在课堂上积极互动，深入理解和应用知识。这一观点为翻转课堂的理论框架提供了重要的基础，因为翻转课堂正是在这样的理念基础上，将知识传递和知识内化的过程重新进行了有机的组织和安排。

2000年，美国迈阿密大学的莫琳·拉格（Maureen Lage）、格伦·普拉特（Glenn Platt）和迈克尔·特雷利亚（Michael Treglia）等人，发表了一篇名为《颠倒课堂：建立一个包容性学习环境的途径》的论文。论文中提到美国迈阿密大学在开设“经济学入门”课程时，尝试了一种新的教学形式：教师设计讲解视频，让学生在家或实验室自主观看，课堂时间则让学生以小组形式完成作业和项目。他们在文中着重谈到了为适应不同学生的学习风格，应如何使用翻转教学激活差异化教学，但是并未正式引出“翻转教学”和“差异化教学”这些概念。

在2000年的第十一届大学教与学国际会议上，J.韦斯利·贝克（J. Wesley Baker）提交了一篇题为《课堂翻转：使用网络课程管理工具（让教师）成为身边的指导者》的论文。贝克在文中提出了教师角色的重要转变，倡导将教师由“讲台上的圣人”转变为“学生身边的指导者”。这一理念迅速成为大学课堂翻转运动的核心口号。他提出的“翻转课堂模型”具体包括：教师使用网络工具和课程管理系统以在线形式呈现教学内容，并将这些内容作为家庭作业布置给学生；课堂时间则用于教师深入参与学生的主动学习活动和协作，促进学生之间的互动与合作。

2000年秋，美国威斯康星大学麦迪逊分校针对一门计算机课程实施了翻转教学改革。改革中采用了Eteach软件来生成流媒体视频，这些视频集教师讲解与PPT演示于一体，旨在取代教师的现场讲座。这些可以在线观看的讲座视频为学生提供了灵活的学习时间，使他们能够在精力最集中的时候学习。同时，这种教学模式可以让师生利用课堂时间来解决学生在学习过程中遇到的具体问题，从而加强了师生之间的互动，极大地提升了课程的应用性、便利性和价值。

林地公园高中被认为是最早对翻转课堂展开实验的学校，该校化学教师乔纳森·伯格曼（Jonathan Bergmann）和亚伦·萨姆斯（Aaron Sams）为了解决学生缺席而错过课程的问题，尝试使用录屏软件录制包含PPT演示文稿和讲课声音的视频，并将这些视频上传到网络。实际上，这种方式不仅能帮助缺课的学生，还可以让所有学生在家中通过观看这些教学视频来获取和理解课程内容。课堂时间因此被解放出来，可以被用于更加有效地完成作业，同时允许教师有更多的时间和空间来指导个别学生，特别是那些在学习中遇到困难的学生。这种新颖的教学模式逐渐受到学生和教育界的广泛欢迎和认可。

2007年，杰里米·斯特雷耶（Jeremy Streyer）在博士论文《翻转课堂在学习环境中的效果：传统课堂和翻转课堂使用智能辅导系统开展学习活动的比较研究》中，深入探讨了翻转课堂在大学教学环境中的应用。斯特雷耶在其讲授的统计和微积分课程中采取了翻转课堂的模式，将教学内容录制为视频，并将这些视频作为家庭作业分发给学生观看。而在课堂上，他则利用在线课程系统Blackboard的交互技术，组织学生参与到项目工作中。斯特雷耶在论文中特别指出，由于学生可以自主地控制所观看的视频，他们能够以更加灵活和机敏的方式接收和理解新的学术信息。

早期的翻转课堂实践主要是在高等教育阶段针对某一学科展开的初步尝试，其核心目的是借助视频教学资源，辅助学生更有效地学习知识内容。这一实践尝试可以被视为一种计算机辅助教学形式，它将教学内容以视频的方式呈现，使学生能够在自定的时间和地点进行学习。这一初步尝试，从本质上来说，强调了促进学生之间的互助与合作学习，以及增加师生之间的交流和互动。这种教育理念强调学生的主体地位和参与度，鼓励学生通过自主和协作的方式更深入地吸收和内化知识。因此，早期翻转课堂实践所蕴含的教育理念与后来翻转课堂的发展方向是一致的并得到了连续发展。

（二）翻转课堂的发展

在诞生初期，翻转课堂作为一种新型教学模式，在美国科罗拉多州的部分地区逐渐受到欢迎和推崇，然而，它在更广泛的范围内的推广与发展仍然面临一定的阻碍。2006 年，萨尔曼 · 可汗（Salman Khan）创立了“可汗学院”，这是一个以教学视频为主要内容的在线教育平台。可汗学院的成立极大地扩大了翻转课堂的普及范围。2012年，萨尔曼 · 可汗出版了一本名为《翻转课堂的可汗学院 : 互联时代的教育革命》的书籍，其中明确阐述了翻转课堂的核心理念：学生根据自身的学习情况和进度，在家中观看教学视频，而在课堂上则集中时间让教师与学生共同解决学生在自学过程中遇到的具体问题。可以说，翻转课堂的全球认知和接受度是伴随着可汗学院的崛起和推广逐渐扩展的。如今，包括中国在内的越来越多的国家和地区的教师已经开始尝试并实践翻转课堂教育模式，这一教学理念正在逐步走向全球，影响越来越多的教育工作者和学习者。

自 2011 年起，我国开始引入“翻转课堂”。我国在基础教育阶段最早采用翻转课堂模式的学校是位于重庆市的聚奎中学。通过长达四年的不断探索和实践，聚奎中学对翻转课堂模式进行了调整和改良，使其更加符合自身的教学特色和实际情况。在聚奎中学的实践中，翻转课堂被理解为一种特殊的教学形态：在课程开始之前，教师将各类数字化教学材料分发给学生，引导学生依据这些材料进行自主学习；而在正式的课堂里，教师与学生进行互动与探讨，以更有效地完成既定的教学目标。可见，翻转课堂实际上是对“在家”与“在课堂”两个学习场景的重新定义和组织，即将原本在课堂中由教师完成的教学内容转移到家中由学生通过看视频等方式自主学习，而课堂时间则用于解决学生在自学过程中遇到的问题。在我国本土化的翻转课堂实践中，翻转的焦点更多地集中在“课前”与“课中”的学习环节，即学生在课前通过预习材料进行自主学习，课堂时间则集中于教师与学生的互动探讨。这也表明，翻转课堂模式在不同文化和教育体系中的灵活性和可塑性，即它可以根据不同的教育环境和需要被适当调整和本土化改良。

高校对翻转课堂教学模式的实践，主要集中在一些从事翻转课堂研究的高校教师自己所教授的科目上，如北京师范大学教育技术学院马秀麟老师的“大学信息技术”公共课、华东师范大学未来教育研究中心的教育技术学专业英语课等。

二、翻转课堂的定义与特征

（一）翻转课堂的定义

翻转课堂，也被称为“颠倒课堂”或“反转课堂”。目前翻转课堂尚无科学系统的定义，国内外学者从不同角度深入探讨和研究了翻转课堂的概念。

金陵先生从教学活动的顺序出发定义翻转课堂。他认为，所谓“翻转课堂”，是指把“老师白天在教室上课，学生晚上回家做作业”的教学结构翻转过来，构建“学生白天在教室完成知识吸收与内化的过程，晚上回家学习新知识”的教学结构。①

马秀麟等人则从课内外学习空间转变的角度对翻转课堂进行定义。他们认为翻转课堂的基本思路是：把传统的学习过程翻转过来，让学习者在课外时间完成针对知识点和概念的自主学习，课堂则变成了教师与学生之间互动的场所，主要用于解答疑惑、汇报讨论，从而达到更好的教学效果。②

拉格（Lage）等人从课内外不同教学活动整合的角度进行了分析。他们认为，在翻转课堂上，教师要为学习者提供网页、PPT 和微视频等形式的学习资源，并利用知识地图提供导航体系，以便不同认知风格的学习者选用。学习者则应针对导读和实践性任务中的疑问，在课外自主探究，解决“导读”中的疑问，找到完成实践性任务的有效方法。③ 钟晓流等人也认为翻转课堂就是在信息化环境中，课程教师提供以教学视频为主要形式的学习资源，学生在上课前完成对教学视频等学习资源的观看和学习，师生在课堂上一起完成作业答疑、协作探究和互动交流等活动的一种新型的教学模式。④

张莉靖、曹殿波从教学理论角度出发，认为翻转课堂教学模式是在“掌握学习”教学理论指导下，运用现代信息技术再造教学时空，实现传统教学环节的翻转，从而发挥班级授课制中学习者主体作用的一种新型信息化教学模式。⑤

可见，国内外学者从不同角度对翻转课堂进行了定义，无论是学习空间的转变、教学顺序的变化，还是教学活动的整合、教学理论的变化

① 金陵．“翻转课堂”翻转了什么？[J]. 中国信息技术教育，2012（9）：18.

② 马秀麟，赵国庆，邬彤．大学信息技术公共课翻转课堂教学的实证研究 [J]. 远程教育杂志，2013，31（1）：79-85.

③ LAGE J M,PLATT J G, TREGLIA M.Inverting the classroom: A gateway to creating an inclusive learning environment [J]The Journal of Economic Education, 2010, 31（1）: 30-43.

④ 钟晓流，宋述强，焦丽珍．信息化环境中基于翻转课堂理念的教学设计研究 [J]. 开放教育研究，2013，19（1）：58-64.

⑤ 张莉靖，曹殿波．“翻转课堂”教学模式研究 [J]. 陕西教育（高教），2014（Z1）：91-92.

等，均体现了翻转课堂的一些特征。

（二）翻转课堂的特征

综合国内外相关研究，笔者认为目前翻转课堂的特征主要体现在以下三个方面（图 2-1）。

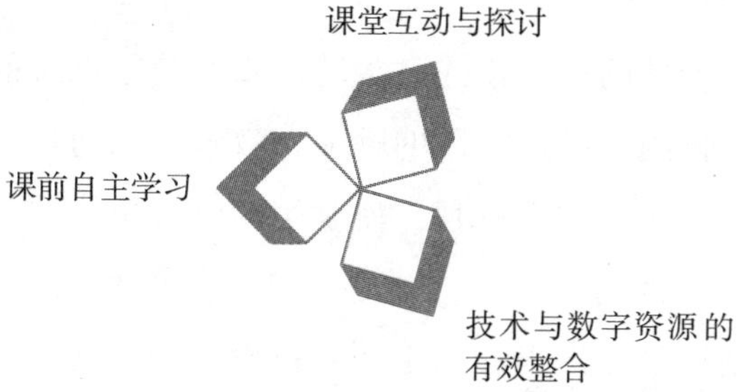

图 2-1　翻转课堂的特征

1. 课前自主学习

在翻转课堂的模式下，学生需要在课前通过观看教学视频、阅读教材和参考资料等方式，对即将在课堂上讨论的内容进行预先学习和准备。这种课前自主学习的方式允许学生根据自己的学习节奏和方式来吸收知识，有助于培养学生的自主学习和自我管理能力。

2. 课堂互动与探讨

翻转课堂强调课堂时间的重要性，并主张通过互动和探讨的方式提高课堂效率。在这种模式下，教师不再是课堂的唯一主导者，而是学生学习的引导者和辅导者。课堂时间被用来讨论学生在课前学习过程中遇到的问题，进行小组合作项目，或者深入探讨更为复杂的主题和问题。这种方法有助于增加学生的参与度，激发学生的学习兴趣，促进学生之间的互助和合作。

3. 技术与数字资源的有效整合

翻转课堂模式充分利用了现代信息技术，特别是互联网和数字化资源，以支持学生的课前自主学习和课堂互动与探讨。教师可以通过各种平台和工具，如教学视频、在线测验、数字教材等，为学生提供丰富和多样化的学习资源。这不仅使学生可以更灵活、更个性化地进行学习，还可以让教师更准确地了解学生的学习进度和需求，从而更有效地进行教学设计和教学调整。

三、翻转课堂的核心要素

作为一种革新性的教学模式，翻转课堂颠覆了传统的教学模式中知识传授与知识内化两个学习阶段的顺序，教师可以通过调整传统的课堂知识传授与知识内化的教学过程，使学生的学习更为主动和高效。在这种模式下，学生在课前就可以通过各种资源对课程内容进行自主学习，而课堂的时间则被释放出来，用于深入讨论、解决问题和团队合作，而非进行单纯的知识传授。为了充分发挥翻转课堂的优势，教师应把握其核心要素，精心设计和准备丰富且具有创造性的教学资源。这些资源可以是教学视频、实验指南、案例分析与互动式网络课程等，教师应鼓励学生主动探索，激发学生对知识的兴趣和好奇心。

翻转课堂的核心要素主要包括以下几点（图 2–2）。

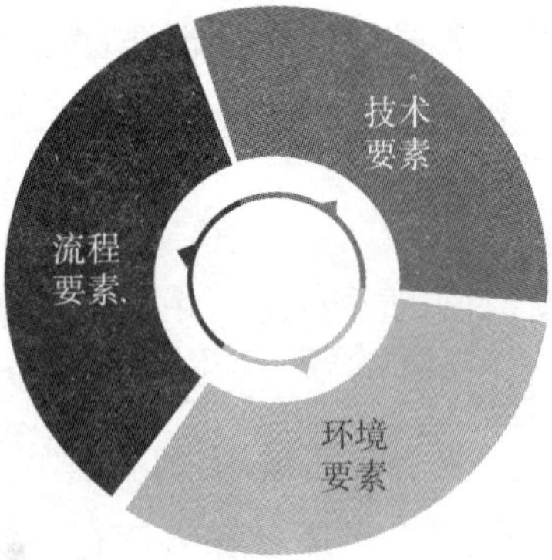

图 2–2　翻转课堂的核心要素

（一）技术要素

在翻转课堂模式中，技术要素不仅是一种辅助工具，更是翻转课堂有效实施的关键。

在教学资源的准备上，翻转课堂强调利用数字化技术来创建、整合和分享教学内容。例如，教师可以使用录屏软件和编辑工具来制作教学视频，这样的视频能够清晰地展示教学概念和步骤，允许学生按照自己的节奏进行重复观看和理解。同时，这些数字资源通过云存储和在线平台的方式，可以迅速且广泛地分发给学生，确保每个学生都能在任何时间和地点访问到这些教学材料。技术还在教学互动和沟通上发挥至关重要的作用。诸如在线讨论、协作文档和实时聊天工具等，它们让课前、课中和课后的学生与教师、学生与学生之间的互动变得更为便捷和深入。例如，学生可以在观看教学视频后，通过在线讨论提出自己的疑问和看法，教师和其他学生可以实时地回应和互动，形成一种持续和深入的学习对话。此外，技术还支持教师对学生学习过程的监控和分析。通过学习管理系统（learning management system, LMS）等工具，教师可以追踪学生的学习进度、参与度和成绩表现，然后根据这些数据分析结果，及时地调整教学策略，为每个学生提供更精细和个性化的指导和支持。同时，信息技术能优化翻转课堂的评估和反馈环节。数字化评估工具可以自动地收集和分析学生的作答情况，迅速给出反馈，这不仅大大减轻了教师的工作负担，还能确保学生能够在短时间内了解自己的表现，从而及时地调整自己的学习策略。

（二）流程要素

在翻转课堂中，流程要素主要是教学活动的组织和实施，确保学生能充分利用课前、课中和课后的时间进行高效的学习。这一要素的核心目标是优化教学活动的逻辑和节奏，以支持学生的自主学习和深层次的知识理解。

在翻转课堂模式下，课前的准备至关重要。在这一阶段，教师需要精心设计和分发一系列数字化的学习资源，如录制的视频讲解、阅读材料和在线小测试等。这些材料不仅需要涵盖课程的核心概念和知识点，还要具有一定的启发性和引导性，从而激发学生的学习兴趣，引领学生主动地进行预习。这种设计思路使得课前阶段不再仅是对课堂知识的被动接收，而是成为学生自主、主动探索和建构知识的重要起点。

进入课堂后，翻转课堂的教学活动主要集中在深化和拓展学生的知识理解上，以及促进学生的实践和创新能力的培养上。教师在这一阶段的角色转变为学生学习的引导者和辅导者，而不再是传统意义上的知识的传授者。通过组织丰富多样的教学活动，如小组讨论、案例分析、项目设计等，教师引导学生将课前自主获取的知识用于解决实际问题，使学生能够在互动和合作的过程中，将知识内化为自己的思维和技能。

课后阶段则强调对学习过程和结果的反思和评估。在翻转课堂的环境下，课后作业和评估活动不仅关注学生对知识的掌握程度，更重要的是，它们需要能够帮助学生认识自己的学习策略和思维习惯，从而促进他们对自身学习过程的反思和调整。同时，教师要根据学生的表现和反馈情况，不断地调整和完善教学设计，以更有效地满足不同学生的学习需求。

（三）环境要素

在翻转课堂中，环境要素关乎教学活动的背景和基础设施，如物理环境、社交环境等。这一要素的核心目标是创造一个支持性强、鼓励探究和促进互动的学习氛围，以帮助学生更有效地参与到学习过程中。物理环境指的是课堂的布局和设计，该环境应能够鼓励学生参与和互动。翻转课堂不再依赖传统的“讲台中心”的布局，而是倾向于更加灵活和开放的设置。课堂空间可以配置成方便小组讨论和合作学习的区域，或是可以自由移动的桌椅，以适应各种不同类型的教学活动。物理环境的设计致力于促进学生之间和师生之间的交流和互动，使学习成为一个社会化的过程。

社交环境是指课堂文化和氛围，它强调的是一种鼓励尊重、合作和共享的精神。在翻转课堂中，教师需要努力营造一个开放和包容的学习社交环境，鼓励学生提问、表达自己的观点和分享学习经验。在这样的环境中，错误和失败被视为学习的一部分，而不是被严厉地批评和惩罚的对象。这样的社交环境有助于学生建立自信和自主学习的意愿，也有助于促进学生发展合作和沟通的能力。在实施翻转课堂时，教师应考虑如何通过优化学习的物理空间、技术支持和社交文化，来营造有助于学生深入参与和积极探究的学习场景，以满足学生多样化的学习需求。

四、翻转课堂的优势与局限性

翻转课堂作为一种创新的教学模式，重塑了教师与学生的角色以及课前和课堂的关系。它的优势体现在能够激发学生的学习主动性，优化课堂内外学习资源的配置，并为师生互动提供更加宽裕的时间和空间。然而，这种模式也存在一定的局限性，如对技术资源的依赖、对学生自律性的高要求，以及给教师带来的额外负担等。因此，翻转课堂并非一种普适性的教学模式，而是只有在特定的教育环境和条件下，经过精心设计和实施，才能充分发挥其潜在优势，同时有效地规避或缓解可能出现的问题的教学模式。因此，教师在追求教育创新与效果提升的同时，也要全面地审视和权衡其可能带来的挑战与代价。

（一）翻转课堂的优势

翻转课堂作为一种将传统教学结构重新设计的模式，在教育界引起了深入探索与广泛关注。这种教学模式通过将课前内容预习与课堂内深入讨论和应用相结合，转变了传统的教学流程，更加突出了学生在学习过程中的主体地位。这种方法不仅能促进学生的自主学习和批判性思维能力的培养，还能为教师提供更多的空间和机会，以灵活和个性化的方式回应学生的需求。具体来看，翻转课堂的优势主要包括以下内容（图2–3）。

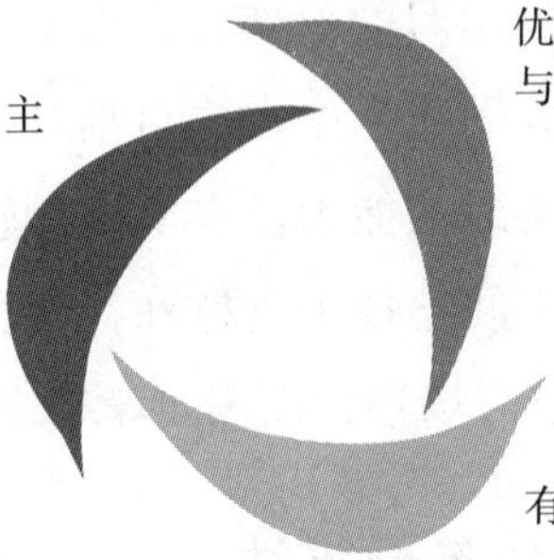

图 2-3　翻转课堂的优势

1.提高学生学习的主动性与自主性

翻转课堂教学模式将课程内容的初步学习移到课堂外，学生可以在自己适宜的时间与环境中通过观看视频、阅读材料等方式进行预习或自我探索知识，从而锻炼自主学习和解决问题的能力。这样的安排使得学生在课堂中不再是被动地接受知识，而是能够主动参与到课堂互动中。此外，自主预习允许学生根据自己的理解程度调整学习的节奏，学生能够更加关注自己在学习过程中遇到的问题和兴趣，形成更加主动、自觉的学习行为。

2.优化课堂互动与参与的质量

传统的教学模式中，教师在课堂上讲解新知识点占据了大部分时间，而学生的实际操作和讨论时间相对较少。翻转课堂模式下，基础知识的传递已经在课前通过网络资源完成，这为课堂腾出了更多的时间。因此，课堂变得更加生动，学生可以在课堂上与同伴进行讨论、解决实际问题、参与项目合作等，而教师则从“舞台中心”转变为“学生学习的引导者和助手”。这样的角色转变使得教师能更精准地针对学生的需求进行有效的引导和即时的反馈。

3.有助于实现个性化学习

在传统教学模式中，所有学生基本上遵循相同的学习进度和方式。而在翻转课堂中，学生可以根据自己的需求和进度，自主选择学习资源和完成任务。这种方式尊重了学生的差异，允许他们按照自己的节奏和方式进行学习。教师则可以根据学生的具体情况，提供更为个性化和精准的指导。这样，教学不再是“一刀切”的模式，能够更好地适应不同学生的需求，让每一个学生都能得到有效的学习。

整体来看，翻转课堂与传统课堂相比，在学习内容的获取、课堂的主要活动、学生与教师角色定位、学习节奏、学生间互动、课后活动和教学资源等方面的存在明显区别，详见表 2–1。

表 2–1　翻转课堂与传统课堂的对比

对比维度	翻转课堂	传统课堂
学习内容的获取	课前通过网络资源自主学习	课堂中通过教师讲解获取
课堂的主要活动	讨论、实践、项目合作、解决问题	主要为教师讲解、学生听讲
学生的角色	主动学习者、知识创造者	知识的被动接受者
教师的角色	学习引导者、协助者	知识传授者、教学主导者
学习节奏	个性化，学生根据自己的进度学习	一般由教师设定，整体同步
学生间互动	相互鼓励、相互促进	一般较少，或在特定时间和环境下进行
课后活动	巩固练习、项目完成、探究拓展	通常为完成作业、复习课堂内容
教学资源	多样化，包括视频、网络资料等	主要是教科书和教师提供的辅助材料

（二）翻转课堂的局限性

虽然翻转课堂能够在一定程度上提高教学效果和效率，但它也存在如实施的条件、学生的接受度、教育资源的分配等方面的局限。了解和分析翻转课堂的局限性，可以帮助教师更好地改进和优化这一教学模式，并根据实践反馈不断改进，构建一种更为可靠而有效的模式。

1. 受资源和技术的约束

翻转课堂依赖于学生课前通过网络资源自主学习，这要求学生有稳定的网络环境和足够的数字设备。然而，在一些地区或家庭，网络资源和数字设备并不普及或容易获取。这样的情况可能造成部分学生无法有效地参与翻转课堂，从而导致教学效果和教育机会的不平等。

2. 对学生自律要求较高

翻转课堂强调学生课前自主学习，课堂时间主要用于讨论和实践。这就要求学生具有较强的自律性和管理自己学习进度的能力。但现实中，不是所有学生都具备这样的自律性，如果学生未能按时完成课前学习，那么他们在课堂上可能难以跟上教师的教学进度和其他同学的学习进度，从而影响学习效果。

3. 对教师能力的要求较高

实施翻转课堂需要教师具备一定的信息技术能力，要能够制作和使用多媒体教学资源。此外，教师还需要重新设计课程，将课程内容和活动有机地融合在一起，以引导和促进学生的深度学习。这不仅对教师的教学设计和组织能力提出了较高的要求，而且需要教师愿意花费更多的时间和精力在课程准备上。因此，教师可能面临更大的工作压力和职业挑战。

五、翻转课堂的发展趋势

翻转课堂突破了传统教学的时空限制，将课堂的学习内容和进程交给学生自主掌控，而教师则转型为学生学习过程中的引导者和协助者。随着科技的不断进步，特别是数字化和互联网技术的快速发展，翻转课堂的实施手段和资源变得更加丰富。此外，社会对于教育个性化、自主化需求的日益增强，使得翻转课堂更符合未来教育的发展趋势。从现有的情况来看，翻转课堂不仅是一种教学改革的尝试，更是一种符合时代潮流、具有深远影响的教学变革运动。

（一）翻转课堂实践模式趋向本土化

本土化是指将外来事物与本地文化和条件相结合的过程。在翻转课堂的实践中，本土化主要表现在对教学内容、教学方式和评价体系等方面的适应和优化。每个国家和地区的学生都具有自己独特的学习习惯和文化背景，这些因素对学生的学习方式和效果会产生重大影响。因此，对翻转课堂模式的本土化改进，实质上是为了让这一教学模式更符合本地学生的实际情况和需求。例如，不同文化背景下的学生对于自主学习和集体互动的接受程度是不同的。在某些文化中，学生可能更习惯于独立学习，而在其他文化中，集体互动和合作学习可能更受青睐。因此，在实施翻转课堂时，教师需要充分考虑这些文化差异，灵活地调整课前自学和课堂互动的比重和方式，以确保教学方法与学生的学习习惯和文化背景相匹配。此外，翻转课堂的本土化还意味着需要紧密结合本地的教育资源和条件。例如，一些地区可能缺乏完善的网络和技术设备，这就需要教师寻找更适合本地条件的教学资源和方法，如利用传统的图书和实物材料进行教学，而不是完全依赖于在线视频和电子教材。对翻转课堂的评价体系也需要进行本土化的改进。不同的文化和教育体系对学生的评价标准和方式有不同的期待。因此，在实施翻转课堂时，需要重新设计和调整评价体系，确保它既能准确地反映学生的学习效果，又能与本地的教育目标和标准相一致。

目前，翻转课堂的实践模式呈现出本土化发展的趋势，这是一个持续和深入的过程。它要求教师具有敏锐的文化意识和创新精神，以便能够灵活地将翻转课堂与本地的文化、资源和教育目标相结合，进而更有效地促进学生的学习和发展。这不仅是翻转课堂模式在不同文化和地区的成功应用的关键，也是其持续发展和完善的重要动力。

（二）翻转课堂技术支持趋向智能化

随着科技的不断进步，特别是人工智能技术的迅猛发展，翻转课堂的技术支持已经呈现出明显的智能化趋势。这种趋势是教育与科技融合的必然表现，它为教学模式提供了新的机遇，也改变了教与学的方式。

在之前的翻转课堂模式中，教师需要花费大量的时间准备课前学习材料，监控学生的预习进度，并根据学生的实际情况，调整课堂教学策略。而在智能化技术的支持下，这些工作将变得更加高效和精准。例如，智能分析系统可以根据学生的学习行为和成绩，自动地为学生生成个性化的学习路径和学习资源。这不仅可以减轻教师的负担，而且使学生可以根据自身的实际情况和需求进行更有效的自主学习。同时，智能化技术能为教师提供更加精准和实时的数据反馈。这些数据涵盖学生的学习进度、问题点和潜在需求，有助于教师更准确地把握学生的学习状态，从而能有针对性地设计和调整教学活动，更精准地满足不同学生的学习需求。此外，智能化技术也能为翻转课堂的互动环节注入新的活力。比如，智能问答系统可以自动回应学生的疑问，解决学生在课前自学阶段遇到的问题，这样可以确保学生在课堂上能够集中精力与教师和同学进行深入互动，而不是被基本的知识问题困扰。这不仅提升了课堂的效率，还有助于营造更加关注高阶思维和深度学习的教学环境。

翻转课堂技术智能化，是教育与最新技术紧密结合的产物。智能化技术的应用，可以使翻转课堂模式更加个性化、精准化和高效化，从而进一步优化教学过程，更好地满足教师和学生的需求，提升整体的教育质量。

（三）翻转课堂推广应用服务于人才培养

当前，翻转课堂的研究和应用逐渐从单纯服务于教学本身，转向更宽广的领域——服务于创新人才的培养。具体来说，这种转变主要体现在对学生综合能力和学科素养培养的关注上。例如，翻转课堂更加注重激发和培养学生的创新能力、批判性思维能力和问题解决能力。它也促进学生的自主学习能力，以及培养与提升学生对学习的兴趣和激情。此外，翻转课堂还强调培养学生的多元读写能力。这一点对于培养具有全球视野和跨文化交流能力的现代人才具有重要意义。

与此同时，信息技术的迅猛发展和社会的快速变化对人才的要求也在提升。现代社会对人才的需求已经从简单的知识储备转向对高智能和创新能力的追求。在这种背景下，翻转课堂融合新兴的教学理念和依托先进的智能化技术显得尤为重要。它不仅为教育提供了新的方法论支持，更为培养学生全方位的能力与素养开拓了新的途径。

第二节　高校教学改革应用翻转课堂的可行性分析

在当前的教育环境中，高校面临着培养更具创新能力和实践能力的人才的紧迫需求。为了应对这一挑战，越来越多的高校开始探索新的教学模式和方法。翻转课堂作为一种将传统教学模式进行颠覆和重构的教学模式，正逐渐成为高校教学改革的重要选择之一。这一模式能够更好地适应和满足不同学生的学习需求，发挥学生的主动性和创新性。鉴于高校已具备相对完善的教育资源和技术平台，高校教师具有较高素质与专业能力且大学生自身具备较高的学习和适应能力，将翻转课堂应用于高校教学改革之中，不仅具有明显的可行性，而且具有巨大的潜力和价值。这将有助于推动高校教学形式从以教师为中心转向以学生为中心，从而更有效地培养出适应社会需求的高素质人才。

一、高校具备较为优质的公共资源和技术平台

在现代科技高度发展的背景下，互联网技术已经渗透到各个领域，包括教育领域。高校作为教育的重要场所，不仅具备丰富的教育资源，还拥有先进的技术平台，这些条件为翻转课堂的实施提供了便利。在现

代社会中，信息传播迅速而广泛，互联网的普及使得高校学生能够随时随地获取大量的学习资源。高校在这方面有着显著的优势。各大高校普遍建立了自己的校园网，并且持续投入资源开发与学科相关的精品网络课程。这些课程不仅内容丰富、形式多样，而且通常配备了一套完整的教学设计和辅助材料，可以说是一套完善的自主学习体系。这种独特的资源优势，使得高校有能力将传统课堂教学转变为翻转课堂模式，让学生在课前就能完成基础知识的学习和理解，释放课堂时间并将之用于更深入的探讨和实践。此外，网络公开课的兴起，也让优质的教学资源得以在更广泛的范围内共享。这种资源共享对于翻转课堂的实施也具有重要意义。高校可以充分利用这些公开的优质资源，为学生提供更丰富和多元的自主学习选择。这也进一步丰富了翻转课堂的内容，增强了其吸引力和实效性。

二、高校教师具有较高的教学水平与职业素养

高校教师作为专业的知识传授者和教育工作者，具有较高的教学水平和职业素养。这不仅为翻转课堂的成功实施奠定了基础，还为其广泛推广和深入应用提供了有力支持。

高校教师对所教授的学科有着深厚的理解和全面的把握。这样的背景知识使得教师在准备翻转课堂的材料时，能够精准地选取和组织内容，确保这些材料既能充分覆盖课程要求，又能激发学生的兴趣和思考。例如，教师在制作学习视频时，可以根据自己的教学经验和理解，将复杂的理论用更易于理解的语言和例子呈现出来，从而增加学生在自主学习过程中的趣味性。高校教师的职业素养表现在他们对教育的热爱和责任感以及与学生互动交流中展示的专业态度上。在翻转课堂模式下，课堂时间更多地被用来进行深入的讨论和实践。这要求教师不仅是知识的传授者，更是学生学习过程中的引导者和辅导者。因此，教师的职业素养就体现在如何有效地引导课堂讨论，如何鼓励每一个学生积极参与以及如何根据学生的反馈调整教学策略等方面上。

现代高校教师普遍具备较强的技术应用能力，对于网络平台和教学工具的运用可以说是游刃有余。这一点对于翻转课堂的实施尤为重要，因为翻转课堂要求教师能够熟练地利用网络平台发布相关课程材料，收集和分析学生的学习数据以及与学生在线上进行有效的互动和沟通。

三、大学生的自身素质也有利于翻转课堂的实施

在翻转课堂模式下，学生需要在课前独立完成对某一主题的学习，通常是观看教学视频或阅读相关材料。对于大学生而言，他们普遍具备较高的自学能力和理解能力，能够主动地接触和掌握新知识，对课前预习的内容进行融合与理解。这个过程并非单纯的信息接收，更包括对知识的分析和内化。例如，大学生可以通过网络资源，独立地寻找和筛选相关的文献或案例，为课堂讨论做充分的准备。进一步来看，大学生的探究学习和主动学习能力使得他们能够不满足于表面的知识，而是能够深入问题的本质，积极地寻找答案或解决问题的方案。在翻转课堂中，课堂的时间主要用于讨论和实践，这时，大学生的自学与理解能力便能得到充分的发挥。他们能够积极地参与到课堂讨论中，与其他同学共同探讨问题，发表自己的见解，充分展示自己的逻辑思维能力。此外，大学生通常具备较强的团队协作能力。在翻转课堂的环境下，这种能力尤为重要。因为翻转课堂往往鼓励高校学生通过小组合作的方式共同解决一系列实际问题。在这样的过程中，大学生能够学会如何更有效地与他人进行沟通，如何协调团队内的不同意见，如何共同完成一个项目等。因此，大学生的这些自身素质与翻转课堂所追求的教学目标高度契合。这种契合不仅是翻转课堂能够在高校得以推广的重要条件，更是翻转课堂能够充分发挥其优势，提升教学效果的核心因素。这样的人才培养环境和教学模式更有利于培养学生的综合素质和能力，满足社会对于高素质人才的需求。

四、高校具备实施翻转课堂的资源环境

高校大都拥有完善的教学设施和科研平台。如今，智能教室、多媒体教室和网络平台已成为大多数高校的标配。这些设施和平台不仅可以支持传统的课堂教学，更便于与翻转课堂相结合。例如，教师可以通过网络平台提前发布课前需要学习的材料，学生则可以通过平台自行获取这些材料并进行预习。这种情况下，技术平台起到了桥梁的作用，它将教师与大学生、课堂内与课堂外有效地联系起来。此外，高校内部具有丰富的学科资源和跨学科交流的机会。翻转课堂模式鼓励教师从跨学科的角度去设计课程，这可以引导学生从更宽广的视野去理解知识。高校的学科交叉和资源共享环境为这样的教学设计提供了实践场地。高校与社会企业和研究机构的紧密联系，也为翻转课堂的实施提供了丰富的外部资源。通过与企业和研究机构的合作，学生可以有机会亲身参与实际项目，将在课堂上学到的知识应用到实践中，这无疑是对翻转课堂“以学生为中心”理念最好的实践和验证。

第三节　基于翻转课堂的高校教学模式改革分析

在高校教学模式改革中，翻转课堂要求教师将知识传授的重心从课堂内转移到课堂外，以便释放课堂时间用于更多的实践、小组讨论和问题解决等深层次学习活动，同时鼓励教师根据学生的特点和需求，灵活设计教学活动和评估策略。在具体的翻转课堂实践应用中，教师需要遵循一定的原则，并根据具体情况进行合理调整和创新。

一、基于翻转课堂的高校教学模式改革原则

在高等教育领域，翻转课堂模式被视为一种创新和有效的教学策略，它致力于重新定义教师与学生的互动方式和学习空间。这种教学模

式倡导将课堂从"以教师为中心"的讲授方式转变为"以学生为中心"的学习方式，强调课前课后紧密联系以及小组合作学习与教学活动的多元化。它要求教师根据不同的课程内容和学生需求灵活运用"翻转"的原则，设计富有创意和互动性的教学活动，从而激发学生的学习积极性、自主性和合作精神。因此，基于翻转课堂的高校教学模式改革原则呼唤教师具有前瞻性和创新精神，重塑课堂教学的格局，优化教学资源配置，并深化教与学的互动，从而提升学生的综合素质和能力，为培养未来社会所需的高素质人才奠定坚实基础。

具体来看，基于翻转课堂的高校教学模式改革原则主要包括以下几点（图 2-4）。

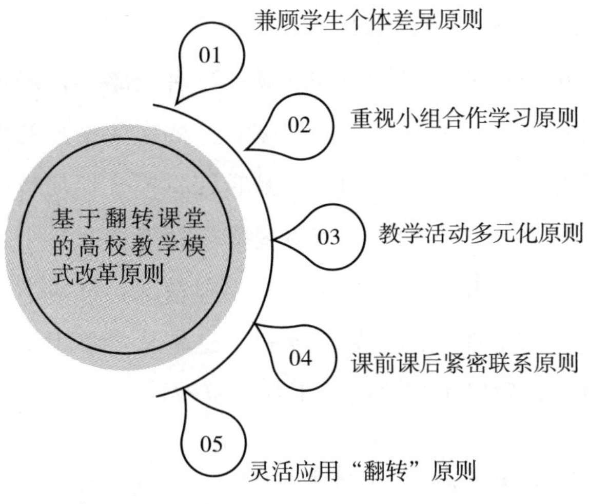

图 2-4　基于翻转课堂的高校教学模式改革原则

（一）兼顾学生个体差异原则

基于翻转课堂的高校教学模式改革，旨在提高教学模式的灵活性和个性化，有效地解决传统教学中"一刀切"现象，它更注重从学生的个体差异出发，以更符合学生自身需求和特点的方式开展教学活动。这种改革强调激发学生的主体性，赋予学生更多的自主学习的空间和权利，从而实现每个学生的全面发展。

兼顾学生个体差异原则是翻转课堂教学模式改革的核心和基础。这一原则首先体现在给予学生在学习节奏上的自主权。在翻转课堂的教学模式下，学生可以根据自己的理解能力和进度，在课下独立安排学习时间，自主决定学习的进度。这对于“高、精、深”的知识点尤为重要，因为它需要学生投入更多的时间和精力去深入理解和消化。通过这种方式，每个学生都有机会在自己舒适的节奏下，全面而深入地掌握课程内容，避免了因跟不上教学进度而产生知识盲点。此外，兼顾学生个体差异原则还强调为学生提供丰富而多样的学习资源和学习方式。学生的学习风格和认知特点各异，有的学生更适合通过观看视频进行学习，有的则更倾向于阅读文本资料，还有的学生可能更喜欢通过教师面对面的讲授来理解知识。在翻转课堂的模式下，教师可以根据学生的不同需要，设计和提供各种形式的学习资源和活动。这种策略不仅增加了学生的学习兴趣和积极性，而且使学生能够根据自己的实际情况和偏好，找到最适合自己的学习路径。最重要的是，翻转课堂模式促使教师角色从传统的知识传授者转变为学生学习的引导者和支持者。在这个过程中，教师的职责更多的是观察和了解每个学生的学习情况，针对学生的不同特点和需求，为其提供个性化的指导和支持。这种从学生出发，关注每一个学生的教学模式，确保了教育的公平性和有效性。

（二）重视小组合作学习原则

基于翻转课堂的高校教学模式改革原则鼓励并重视小组合作学习。它能够改变高校教学中学生单独学习、缺少合作的问题，强调通过小组合作的方式激发学生的学习热情，促进学生知识的内化与能力的提升。小组形式的学习共同体，成为实现翻转课堂学习的重要基本单位。

要遵循这一原则，首先教师需要安排组建学习小组，使学生形成学习共同体。学生可通过自行组合或教师指导，组建学习合作小组。此外，合作小组人数一般控制在 4 ～ 6 人，这是为了保证小组成员之间的有效交流与合作。不同小组的人员构成可以根据不同学习内容作出相应的调整。在小组合作学习方式上，主要有协作学习和合作学习两种。协作学习意味着每个学生在项目创建过程中扮演独立和具体的角色，共同创建一个具体项目；合作学习则是每个学生作为小组的一分子，理解一个具体内容，并且有义务学习其他成员负责的内容，也有责任帮助其他成员理解和掌握小组学习的内容。为了保证小组合作学习的顺利进行，创建学习社区是一种有效的方法。学习社区旨在吸纳和展示不同学生的思想与观点。这样的社区可以通过利用 QQ 或微信等社交软件搭建，使教师能够通过这些社交平台上即时推送信息，了解每个学习小组学习活动的开展情况，并在课上和课下都能及时为学生提供帮助和指导。此外，教师应考虑到在小组活动中不同的学生可能会产生观点冲突。因此，教师需要在活动的设计与组织中预留空间，对这些可能产生的冲突进行协调和解决，保证小组合作学习活动有条不紊地展开。

（三）教学活动多元化原则

教学活动多元化原则强调，为适应不同学生的学习风格和节奏，教学活动应当呈现出丰富和多样的特点。实施这一原则，有助于激发学生的学习兴趣和积极性，更有效地推动学生对知识的深层理解与应用。

实施多元的教学活动关键在于创设丰富多彩、形式各异的学习场景。这意味着，教学不再仅仅局限于传统的讲授模式，而是将讨论、小组合作、实验、实践、项目设计等多种活动形式融合。例如，教师可以设计情景模拟或角色扮演活动，让学生在更接近实际的情境中运用所学知识解决问题。这样的设计不仅可以拉近学生与知识的距离，还能增强学生的实践和创新能力。要实现教学活动的多元化，教师需要从学生的需求出发，精心设计与课程内容紧密相关的活动。这就要求教师具备较高的教学设计能力和创新精神。例如，对于一门实践性较强的课程，教师可以组织学生动手实践，让学生通过亲身体验，更加深刻地理解理论知识，通过实验活动引导学生通过观察、实验来验证理论，实现在“做中学”。此外，教师还需要灵活运用现代教育技术，如数字媒体资源、在线平台等，以支持和丰富教学活动的实施。比如，教师可以利用教学平台发布不同类型的学习资源，如视频、图表、模拟软件等，使学生可以根据自己的喜好和学习状态选择合适的资源进行学习。

（四）课前课后紧密联系原则

在基于翻转课堂的高校教学模式中，课前课后紧密联系的原则是确保教学连贯性和效果的关键。这一原则意味着，课前的自主学习和课堂上的互动学习不是孤立的两个环节，而是一个整体的、有机的学习过程。课前学习为课堂教学铺垫基础，课堂活动则依赖于课前准备的充实和深入，以达到知识的深化和拓展。实现课前课后紧密联系，首先，要明确和清晰地设定学习目标和任务。教师需以具体、清晰的方式，将课前的学习目标和任务传达给学生，如观看特定教学视频、阅读指定材料或完成既定测试题等方式。这样，学生便能在明确的方向指引下，进行有效、有针对性的课前自主学习。其次，教师应保证学生充足的自学时间。教师需要明确课前学习的时间要求，并合理安排教学计划，确保学生有足够的时间去消化和理解课前的学习材料。这种自主学习不仅有助于学生提前理解课堂内容，更能充分激发学生的学习主动性和积极性。课前课后紧密联系原则，要求教师合理分配课上和课下的学习内容。教师应灵活设计课程内容，使之形成课前与课堂之间的自然衔接。这可以是理论与实践的结合，也可以是问题与解决策略的交替，或者是基础知识与应用技能的融合。这样的设计，能够确保课前的自主学习和课堂的互动教学共同构建起完整的知识体系。此外，教师与学生之间的有效沟通和互动也是实现课前课后紧密联系的关键。通过学习平台，教师可以实时了解学生课前学习的进展和存在的问题，并在课堂上有针对性地进行回顾、解疑和深入讨论，使得课堂成为课前学习成果的检验和展示平台。

（五）灵活应用“翻转”原则

灵活运用“翻转”原则强调，翻转课堂并不是一种固定不变、刻板的教学模式，而是一种以学生为中心，强调互动和实践的教学理念。它要求教师根据课程特性、学生需求和实际教学条件，灵活地设计和调整教学活动，从而使翻转课堂能够更有效地服务于教学目标和学生学习。

遵循灵活应用“翻转”原则，关键在于教师能够综合利用教学资源，创新教学方法，以适应不同课程和学生群体的特点。例如，对于理论性强的课程，教师可以设计丰富的课前学习材料，如阅读文献、观看视频讲解等，以帮助学生构建基本的理论框架；而在课堂上则更多地引导学生进行深入的讨论和思考，以求对理论知识进行拓展和应用。灵活应用“翻转”原则还要求教师具有高度的敏感性和反应能力。这意味着教师需要持续关注学生的学习状态和反馈，根据学生的实际学习情况及时调整教学策略。如果课前分配的学习材料对于学生来说过于复杂和难以理解，那么教师就需要在课堂上花更多的时间对这些材料进行解析；反之，如果学生已经在课前阶段掌握了较为扎实的基础知识，那么课堂的时间就可以更多地用于进行实践操作、案例分析或深度讨论。

此外，灵活应用“翻转”原则也意味着教师需要不断地尝试和创新，勇于将新的教学技术和方法融入翻转课堂中。例如，教师可以尝试使用互动式的在线教学平台，以支持学生在课前阶段进行更为自主和灵活的学习；或者利用现代通信工具，如社交网络、博客和论坛等，来增加学生课后的交流和互动。

二、基于翻转课堂的高校教学模式改革内容

基于翻转课堂的高校教学模式改革，是一种深远和系统性的教学创新，旨在通过重新配置课堂与课下时间，最大化地挖掘学生的学习潜力。这种改革的核心是将教学焦点从教师的讲授转移到学生的主动学习，从单一的知识传授转移到综合能力的培养。具体表现在教学理念、教学过程和教学评价三个方面的全面改革。

（一）教学理念的改革

教学理念的改革是基于翻转课堂的高校教学模式改革的核心和起点，它强调重新定义教与学的关系，将教师的角色从单一的知识传授者转变为学生学习过程中的引导者和协助者，而学生角色则从被动的知识接受者转变为积极主动、具有责任感的学习者。这种转变推动教育从同质化转向个性化发展，从注重知识传授转向注重能力培养和全面素质的提升（图2–5）。

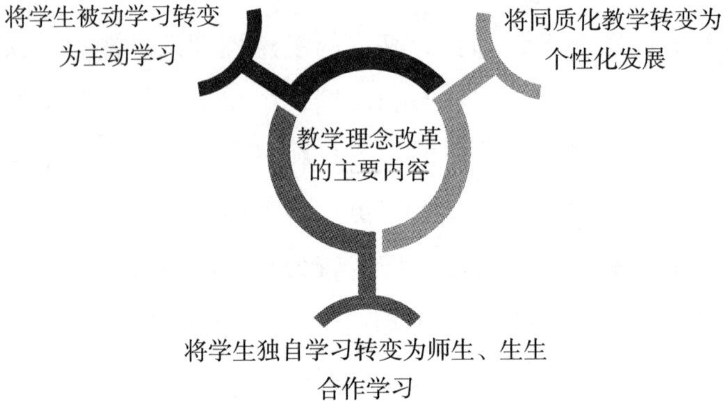

图2–5 教学理念改革的主要内容

1.将学生被动学习转变为主动学习

基于翻转课堂的高校教学模式改革，意味着教学不再是教师单向灌输知识的过程，而是转变为学生主导、教师引导、以学生为中心的互动与合作的过程。在这样的教学理念下，教师的角色从知识的传授者转变为学生学习的引导者和支持者。教师通过设计具有挑战性和能引发学生兴趣的学习任务和项目，激发学生的学习兴趣和好奇心，引导学生自主地探索和解决问题。这样的教学设计使学生在解决实际问题的过程中，能够主动地进行信息检索、资料分析和团队合作，从而逐步培养自主学习和批判性思维的能力。同时，这种教学理念要求教师重视对学生学习策略和方法的引导和培训。通过有效的教学策略，帮助学生建立明确的学习目标、制订合适的学习计划，掌握有效的学习方法和技巧，这不仅能够提高学生的学习效率，还能够使学生养成良好的学习习惯和自我管理能力。此外，基于翻转课堂的教学模式还强调教师与学生之间、学生与学生之间的交流和合作。通过小组讨论、合作项目、互评与反馈等形式，教师可以引导学生相互学习、相互鼓励、相互支持，从而建立一个积极、互助的学习社群。

2.将同质化教学转变为个性化发展

在传统的教学模式中，课堂教学往往注重对一个固定大纲的教授，而对学生个体的差异化需求关注不足。这种同质化的教学常常使得一部分学生觉得教学内容过于简单，无法充分激发其兴趣和积极性；而另一部分学生则可能觉得教学内容过于复杂，难以跟上教师的教学进度。这种情况下，学生很难在课堂中找到适合自己的学习路径，因而容易产生挫败感或失去学习的积极性。基于翻转课堂的高校教学模式改革，强调将同质化教学转变为个性化发展，具体体现在教学设计与实施过程中对学生个体差异给予充分关注和尊重。例如，教师可以根据学生的不同兴趣和能力，设计不同难度和层次的学习任务和项目。这样，每个学生都可以根据自己的实际情况，选择适合自己的学习内容和进度，从而更有效地激发学习兴趣和积极性。

翻转课堂也可以为教师提供更多与学生进行一对一互动和指导的机会。在课前，学生可以通过观看教学视频、阅读材料等方式，自主地完成学习任务；而在课堂上，教师则可以根据每个学生的学习情况，给予学生针对性的指导和反馈。这样的教学模式不仅有助于教师更准确地了解学生的学习情况，还能使教师有更多的时间和精力去关注那些需要额外指导和帮助的学生。

从更宏观的层面来看，将同质化教学转变为个性化发展的教学理念改革，实质上是对教育公平与效率的重新思考和追求。它强调教育应该是一个能够充分发掘和培养学生潜能的过程，而不是一个简单的向学生传授固定知识的过程。这样的教学理念改革，有助于培养未来社会更加需要的、具有创新精神和实践能力的综合型人才。

3.将学生独自学习转变为师生、生生合作学习

在传统的教学模式中，学生常被视为知识的被动接受者，他们独自面对教科书和习题，其学习往往是一种孤独的过程。这种模式虽然可能符合某些学生的学习习惯，但它忽视了社会互动在知识构建中的基本作用，有时甚至会导致学生的学习兴趣和动机减弱。

基于翻转课堂的教学模式改革，强调师生和生生之间的互动和合作。在这样的教学环境中，教师不再是知识的唯一传授者，而更是学生学习过程中的引导者和协助者。教师不仅教授知识和技能，还引导学生更有效地进行合作和沟通，解决实际问题，自我调节和掌控自己的学习过程。与此同时，学生也不再是教学活动的被动参与者。他们在教师的引导下，通过小组讨论、项目合作等形式，与其他同学一起分析问题、分享资源和解决问题。这样的学习方式不仅能更有效地激发学生的学习兴趣和动机，还能帮助学生发展与他人合作解决问题的能力，这是在现代社会中日益重要的能力。

此外，师生、生生合作学习的模式也能更好地适应和培养学生的多样化和个性化的学习需求和兴趣。在合作学习的过程中，每个学生都可以根据自己的兴趣和特长，承担不同的角色和责任。这样，他们不仅可以更深入地掌握自己擅长和感兴趣的领域，还可以通过与他人的合作了解和学习到自己不熟悉的领域。

（二）教学过程的改革

在高校中实施翻转课堂的教学模式，必须对教学过程做出必要的改革，包括对课前、课中、课后的改革。

1.课前

基于翻转课堂的高校教学模式改革，深刻地影响着教学过程的设计与实施。在课前阶段，这一改革将教师的角色从简单的课程与教材准备者提升为学习引领者和设计者。教师不再只需准备课件或讲稿，而是要

制作或筛选高质量的教学视频，搭建自主学习平台，发布具有引导性和挑战性的自学任务，从而为学生构建一个丰富、有针对性的自主学习环境。这种准备活动不是凭借教师个人经验进行的，而是基于与学生的课前交流和诊断性测验进行的，它允许教师深入理解学生的需求和特点，设计更有针对性的教学活动。此外，翻转课堂的教学模式促使教师重新梳理和组织教材中的知识点，构建更为科学和逻辑的知识框架。这一步骤远远超越了简单的遵循教材章节的顺序教学，它需要教师深入把握教材内容，为学生提供更深入、更有层次的理解路径。

从学生角度上看，翻转课堂模式改革意味着学生应从课前的放任或缺失状态，转变为有计划、系统性的学习状态。这样的转变并非偶然，而是在教师明确发布的学习任务和在线学习资源引导下自然而然的结果。学生在这样的教学环境中，更容易明确自己的学习内容和目标，充分认识到学习是他们自己需要承担的责任。这样的责任感和主动性，使学生能够在课前就自觉地探究、搜集和整理相关学习资料。

2.课中

与传统课堂单调教授不同，翻转课堂利用信息技术，如教学视频、学习平台等，将教学时间重新分配，使课堂教学模式、教学策略不再单一，课堂中有充分时间针对不同的学科内容、学习者特点等，对讲授模式、合作学习、个别指导学习、探究学习、基于项目式学习、基于问题的学习等教学方法和学习策略进行充分利用；将以教为主的教学模式和以学为主的教学模式结合。在基于翻转课堂的教学模式下，教师不再是和学生始终保持距离的“传道士”，而是能够走下讲台，来到学生身旁，和学生交流，帮助、激励学生，为学生提供多视角解决问题途径的指导者。学生在课堂中不再“沉默”，有了发表观点、展示自我的机会。学生间不再是少沟通甚至无沟通的独立个体，而是彼此互帮互助，共同完成学习任务的学习组织。课堂成为学生展示自我、解决问题、共同探究、团结协作、应用知识的平台。

3. 课后

在课后环节，教师需要利用互动统计和其他数据进行分析，掌握学生的学习进度和面临的难点，进而为学生提供有针对性的反思和总结指导，帮助他们识别自己的不足并强化自己的专业知识。此外，教师还可以在课后制作并发布各种移动学习资源，如视频、讲义和练习题等，延伸课堂学习的边界。这些资源可以作为复习材料，帮助学生巩固已学内容，激发他们的学习兴趣。这样一来，学生也能够更加主动地探索未知领域，深入地理解课程内容。

（三）教学评价的改革

传统的教学评价体系往往以考试成绩为主，较少关注学生的全面发展和实际能力。翻转课堂强调学生的主动参与和实践能力的提升，这就要求对教学评价同样进行深刻的改变，以更准确、更全面地反映和促进学生的学习进步。

改革的核心是从注重结果评价转向注重过程评价与结果评价相结合。这意味着教学评价不再仅仅是对学生考试成绩的量化分析，而是更多地关注学生在学习过程中的表现。例如，学生在自主学习、团队合作、实际应用和问题解决等方面的表现，都应该成为评价的重要依据。这种评价方式能够更准确地描绘学生的学习轨迹和发展状况，从而为教师提供更有针对性的教学策略。同时，教学评价的主体应该从单一的教师评价扩展到多元评价，包括学生自评、同伴互评和教师评价等。学生通过自我评价可以更好地认识自己的长处和不足，有助于提高学生的自我监控和自主学习的能力；同伴互评则可以促进学生之间的互助和交流，有助于形成更积极、更协作的学习氛围。此外，教学评价应该更加关注学生的个性和差异。翻转课堂旨在为每个学生提供更具针对性和灵活性的学习路径，因此，教学评价也需要能够捕捉到这些差异，并给予学生差异化的、发展性的反馈，而不是将所有学生按照同一标准进行评价。

评价内容和标准的设置也应更加明确和科学。不仅要关注学生的知识掌握程度，还要重视他们的思维能力、实践能力和社交能力等综合素质。评价标准应当明确、公正、透明，能够真实地反映学生的实际表现，避免过分追求分数和排名，从而减轻学生的考试焦虑和竞争压力。

第四节　翻转课堂在高校教学应用中的典型案例

国内外许多高校都对翻转课堂这一教学模式进行了有益的探索。这些案例揭示了在高校教学改革中应用翻转课堂，可以在一定程度上激发学生的学习兴趣和参与热情，为教师优化课堂质量提供必要的途径，为当前教学改革提供重要的参考和启示。

一、国内高校翻转课堂的教学应用案例

在我国，很多高校教师已开始在自己所教授的科目上局部开展对翻转课堂教学模式的实践，并进行了相关的实证研究。这些研究对我们深入理解翻转课堂的内涵及实践应用都具有一定的意义。

（一）北京师范大学的翻转课堂实践

为解决信息技术公共课教学面临的课程容量大、学生基础差异较大等问题，北京师范大学教育技术学院启动了一项针对大学信息技术公共课程的翻转课堂教学模式实践。该实践计划为期一个学期。在这个项目中，教师马秀麟等人详细分析了当前大学信息技术课程所面临的教学挑战及翻转课堂教学模式的独特特征。他们精心设计了研究路径，并选定普通班级和实验班级来开展此项研究。在教学流程方面，该实践项目包括组织导读与前测的环节，主要利用自主探究和发现式学习来组织课外学习活动。在课堂上，重点通过交流和分析，助力学生实现知识的内化，并通过课堂实践活动来帮助学生巩固这些知识。这项实践研究全方位地评估了翻转课堂教学模式在大学信息技术公共课程中的实践状态。研究

团队详细设计了学生对翻转课堂教学模式看法的调查形式，分析了学生的课业负担问题现状，并收集整理了学生对学习系统支持及课堂中大量讨论环节的反馈。研究结果显示，在普通班级中，较多的学生表现出对翻转课堂教学模式的不适应；而在实验班级课堂中的讨论环节，翻转课堂被证实能有效地推动学生知识的内化。最后，通过对实证研究结果的分析，该项目总结出翻转课堂教学模式在大学信息技术公共课程中的优势与局限，这对进一步推广和完善这一教学模式具有一定的指导意义。

（二）陕西学前师范学院的翻转课堂教学实验

陕西学前师范学院教师潘炳超针对翻转课堂教学模式在高校中的应用效果进行了一项对比实验，目的是验证翻转课堂教学与传统课堂教学在实际效果上的差异。潘炳超选取了小学教育专业的三个教学班作为实验对象，它们被分别设定为控制组、实验 1 组和实验 2 组。三个教学班的学生人数、学习能力和学习基础等因素被控制在基本相同的水平。

在实验设计上，研究者充分控制了教学内容和教学时长等无关变量，同时考虑到课程特点，将课程内容划分为知识或技能模块，并进一步将这些模块分解为若干个知识点或技能点。每个教学任务都规定要完成 5 ～ 8 个知识点或技能点。控制组保持使用传统的教学方式，即课堂教学以教师讲授为主，学生通过听课、模仿和练习来掌握知识和技能。与此不同，实验 1 组和实验 2 组分别采用了两种不同形式的翻转课堂教学模式：实验 1 组学生课前观看教学视频进行自学，课堂上由教师统一解决问题；实验 2 组学生同样课前观看教学视频自学，但课堂上则完成小组协作活动，同时接受教师的指导。

实验结果表明，与控制组相比，实验组在调动学生学习积极性、激发和维持学生学习动机、培养学生自主学习能力和合作能力等方面展现出较大的优势。尤其是实验 2 组的学生普遍反映，翻转课堂教学使得课堂氛围更加活跃，能够有效提升他们的学习兴趣和热情。学生通过自主探究和小组协作的方式掌握知识，会更有成就感。然而，翻转课堂教学模式也面临一些挑战。一些学生对翻转课堂教学活动组织的认可度较低，还有一些学生觉得单独观看教学视频很吃力。此外，也有一些学生提到教师在课堂中的个别指导往往集中在少数学生身上。在教师方面，实验反映出翻转课堂教学通过使用教学视频能减轻教师在不同班级重复讲授内容的压力，让教师有更充分的时间来组织多样性的教学活动。但与此同时，翻转课堂在教学活动设计和教学组织方面给教师工作带来了较大的挑战和压力。

综合实验结果，研究者还特别指出，在概念原理类知识的教学效果上，仅依靠观看教学视频的学习方式并没有传统课堂教授模式效果显著，这说明翻转课堂模式在实施过程中需要更细致地权衡和设计教学策略。

（三）南京大学“学习小组形式”的翻转课堂

南京大学以电路原理课程为试点，运用翻转课堂的教学模式展开了一系列试验研究。该试验的目的是解决学生对电路原理学习的畏惧心态，充分利用慕课的优质教学资源及翻转课堂的教学技术，对课堂教学进行重新设计，以期改进传统课堂教学的不足。该试验注重线上和线下相结合的学习方式。具体来说，这种模式旨在增加师生之间以及学生与学生之间的交流与协作频率，使得每个学生都能受到更多的关注，从而有效地辅助学生掌握电路相关的知识。

该教学试验的对象选定为大一新生。在新生入学前的暑假期间，学校安排他们在专门的慕课网站上进行“大学数学基础”这一学科的预习，以便为正式入学后的学习打下坚实的知识基础。在组成试验班级时，研究人员考虑到了生源比例、男女比例等因素。在确立了试验班级之后，学生根据自愿原则，组合成了 8 个学习小组。试验的具体操作如下：课前，学生需要观看教学视频并提出自己的思考问题；课堂上，学生以小组形式协作解决这些问题；课堂结束后，学生按小组对教学内容进行总结和提炼。试验综合了理论教学与实践教学、自主学习与研究性学习、网络学习与课堂面授等多种教学方式。在教学评价环节，教师通过利用网络学习平台，为学生建立了一个多元化的动态评价体系。

这次翻转课堂教学试验取得了显著的成果。具体表现在：学生的学习积极性明显提高，他们能熟练地运用研究性学习方法，在团队协作能力和口语表达能力等方面也得到了显著的提升。

二、国外高校翻转课堂的教学应用案例

翻转课堂的教学模式在国外的一些高校中也得到了较为广泛的应用，研究和分析国外高校的实践应用有助于我们更好地应用与发展翻转课堂这一教学模式。

（一）斯坦福大学计算机专业的翻转课堂实践

美国斯坦福大学计算机系对翻转课堂这一教学模式有着较为广泛的实践应用。斯坦福大学计算机系将近四分之一的课程采用“翻转课堂”的教学模式。[①]以“数据库原理”这门课程为例，学生须在每周上课前预先观看当周的视频教学内容。通常，单次观看很难让学生完全掌握视频中所有的知识点，因此有些内容需要学生反复观看两到三次。在完成视频学习后，教师会在网络平台上设置相应的练习题，旨在帮助学生进一步巩固知识并自我检测学习进度。这些习题以基本知识点为中心，难度适中，使得学生平均每周需要花费大约五个小时来完成作业。课堂时间主要被用于进行三种形式的活动：专家讲解、难点讨论和学期项目讲解。在专家讲解环节，教师通常会邀请行业专家到课堂，与学生共享大型企业如何应用数据库技术的实际案例和经验。难点讨论环节则由教师引入一些较课前自学习题更具挑战性的问题，促使学生进行自主讨论。在这一环节中，助教和教师不仅组织和指导学生讨论，有时也会直接参与到讨论中，以帮助学生拓展思路。为了增加课堂的互动性和竞争性，

① 张亚娟，左莉．“拿来主义”——中美“翻转课堂”的比较及思考[J]. 佳木斯职业学院学报，2015（12）：166，168.

首个解决问题的小组会得到教师的奖励。最后，学期项目讲解环节强调实践应用，鼓励学生动手完成一个与数据库相关的课程项目，该项目紧扣学生的实际生活。

这种翻转课堂的教学模式赢得了大部分学生的喜爱。虽然这种教学形式对学生的学习强度要求较高，但学生普遍反映，他们从中的收获远大于传统授课方式。翻转课堂改变了学生以往对枯燥内容的被动接受状态，使他们能以更高的兴趣和更实际的需求参与到课堂中，活跃了学习氛围，提高了学习效果。

（二）南加利福尼亚大学的翻转课堂实施案例

为了激发学生的学习兴趣、调动学生的学习积极性，以及充分发挥在线教学的便捷性和高效性，美国南加利福尼亚大学致力于为学生创设更优质的学习环境。为此，该校从工程学、社会科学和人文学三大类学科中各选择一个班级，开展了翻转课堂的实验调查。这次实验调查的目标是深入探索翻转课堂设计的具体原则，并据此为未来翻转课堂的进一步推广和实施提供具有实际操作意义和指导意义的建议和对策。在工程学科中，学生通过问题解决式学习和自由学习活动两种方式，进行对能量守恒相关知识的学习。课前，学生自主观看教学视频，进行自主学习，并在观看后通过一个小测试来检查学习效果。课堂上，则由教师提出与课前观看视频内容相关的问题，进而组织学生展开小组讨论和自评。在社会科学学科中，学生采用基于项目式学习方法，学习如何构建和提炼可进行测验的研究性问题，以及如何通过与同伴的协作研究来解决相应问题。学生通过观看教学视频，在课堂中进行小组活动，包括呈现和交流小组得出的结果，分享小组成果以及评价小组成员，从而实现知识的掌握和能力的提升。对于人文学科的学生，则实施了一种完全自我指导式的翻转课堂学习模式。基于三种不同的学习任务，学生被分成具有三种不同观点的小组，在课堂中进行一系列不受教师直接指导、完全由学生自我指导的学习活动。教师要求学生借助视频工具记录课堂中讨论的问题和对讨论问题的总结，教师以此来检查学生的学习进度和状况。[①]

实验结束后，通过调查发现，不同形式的翻转课堂教学使得学生对课堂现状的满意度较高。学生普遍反映，翻转课堂能够激发他们的学习热情，提升同学之间的学习交互性和凝聚力，并锻炼他们的高阶思维能力。然而，也有一部分学生表示，这种学习方式给他们带来了较大的学习压力，因为课前的自主学习环节需要占用他们比平时预习更多的时间。

三、国内外高校翻转课堂教学应用案例的启示

通过观察和分析国内外高校的翻转课堂教学案例，我们可以清晰地发现翻转课堂教学在全球范围内的应用具有广泛的多样性和灵活性，对我们有以下启示：

首先，翻转课堂教学并没有形成统一的、成熟的教学模式或流程。在具体的实践中，不同教师根据所教授课程的性质、学生的学习特点及自身的教学风格，灵活地对翻转课堂策略进行定制和改造。这一点启示我们，翻转课堂并不是一种“一刀切”的教学模式，而是一种具有极高定制化和个性化的教学策略，需要教师根据实际情况进行合理的设计和调整。

其次，翻转课堂教学充分利用了信息化教学手段，如微视频、网络教学平台等，为学生自主学习提供了丰富的资源和方便的条件。这种方式不仅使学生能够在课前就对新知识有所了解和掌握，还有助于激发学生的学习兴趣和主动性。这一点启示我们，教育信息化工具的运用是翻转课堂的重要支持，应充分利用现代技术优势，为学生提供个性化和差异化的学习路径。

再次，翻转课堂教学更加注重师生间及生生间的互动交流。在课

① KIM M K, KIM S M, KHERA O, et al. The experience of three flipped classrooms in an urban university: an exploration of design principles[J]. The Internet and Higher Education, 2014, 22: 37-50.

堂上，学生通过小组协作、探究活动等方式，不仅深入理解和应用了课前学到的新知识，也锻炼了组织协调能力、团队协作能力和口语表达能力。这一点启示我们，翻转课堂注重培养学生的综合素质和社交能力，教学设计应充分利用课堂时间，鼓励和引导学生参与互动和协作。

最后，翻转课堂更强调教学与学生实际生活的紧密联系。由于传统的讲授时间被转移到课前，课堂时间得以释放，使得教师有更多的机会组织学生进行实践活动，将学到的知识与实践紧密结合，从而提高知识的实用性和趣味性。这一点启示我们，翻转课堂教学要注重培养学生的实践能力和创新能力，使课堂教学更加贴近生活，更富有生命力。

第三章　基于慕课的高校教学改革

慕课在数字化技术飞速发展的背景下应运而生，为全球的学习者提供了前所未有的学习机会。如何确保慕课与传统课堂教学有效结合并为高等教育注入新的活力，成为诸多研究者研究的重要课题。本章将深入探讨基于慕课的高校教学改革，揭示其对现代教育体系的深远影响，并为教育者提供指导性的思路和策略，以便他们更好地应对未来的教学挑战。

第一节　慕课概述

随着信息技术的快速发展，教学方式越来越倾向于信息化。慕课作为信息化的一种教学方式，是利用网络技术来拓展教育资源的有效途径，它正在改变传统的教学模式和学习方式，让更多人有机会接触高质量的教育资源。

一、慕课的起源与发展

慕课的起源可以追溯到20世纪60年代。在1962年，美国发明家和知识创新者道格拉斯·卡尔·恩格尔巴特（Douglas Carl Engelbart）提出了一项革命性的研究计划。他号召人们将计算机技术应用于教育过程中，视它为一种有力的工具，用以改革当时状况堪忧的教育系统。自此以后，类似于利用技术推动教育革新的努力一直在持续进行。

2007年可被视为慕课发展史上的关键年。在这一年，美国学者戴维·维利（David Wiley）利用Wiki（维基）技术开发了一门名为“开放教育导论”的开放课程。这门开放在线课程的显著特点是，它鼓励来自全球各地的学生为课程内容作出实质性的贡献。换言之，学生在这个环境下不仅是课程的消费者，而且成为课程内容的共同创造者。他们在学习的过程中不断地参与和改进课程内容，通过这种参与和贡献的方式，实现了对课程内容的深入学习。这种教学设计既有趣又富有科学性。一方面，课程的开放和共建性质要求教师和学生保持开放的态度，并付诸行动；另一方面，戴维·维利选用的Wiki技术平台为这种共建共享的教学模式提供了强大的支持和便利。

在同一年，加拿大里贾纳大学教育学院教授亚历克·克洛斯（Alec Couros）开设了一门名为“社会性媒介与开放教育”的研究生课程。这门课程自始至终保持开放的特点，不仅向那些追求学术学分的学生开放，也对其他任何有兴趣的人开放。该开放在线课程的一大特色在于，它邀请来自世界各地的专家参与课程的教学活动，这种设计充分利用了全球的专业资源，丰富了课程内容和教学方式。

2008年，慕课这一新兴的教育形态开始脱颖而出。这一年，加拿大爱德华王子岛大学的大卫·柯米尔（Dave Curmier）与布莱恩·亚历山大（Bryan Alexander）联合提出了“慕课”的概念。基于这个概念，同年9月，加拿大学者乔治·西蒙斯（George Siemens）和斯蒂芬·唐斯（Stephen Downes）联合开设了第一门慕课——“连通主义与关联知识”。

这门课程吸引了25名来自曼尼托巴大学的付费学生以及2300多名来自世界各地的免费学生在线参与学习。“连通主义与关联知识”课程具有创新性和包容性，它既借鉴了维利的开放内容和学习者参与思想，也吸纳了克洛斯的开放教学和集体智慧的策略。更为重要的是，该课程支持大规模的学生参与，并采用了连通主义学习理论和教学法。学生可以订阅所有的课程内容，并可以选择参加在线论坛讨论、发表博客文章或参加同步在线会议等。

此后，全球范围内的一大批教育工作者，如玛丽华盛顿大学的吉姆·格瑞姆（Jim Groom）教授和纽约市立大学约克学院的迈克尔·布兰森·史密斯（Michael Branson Smith）教授，纷纷效仿这种课程结构，并在全球各国的大学中成功地制作了他们自己的慕课。这类基于连通主义学习理论的慕课被称为cMOOC，其后续发展也出现了如eduMOOC、MobiMOOC等不同形态。

2011年，美国斯坦福大学教授塞巴斯蒂安·史朗（Sebastian Throe）和彼得·诺维格（Peter Norig）将他们为研究生开设的“人工智能导论”课程放到了互联网上。这门课程吸引了来自190多个不同国家的共16万余名学生参与，其中有2.3万学生成功完成了课程学习。史朗领导了包括谷歌眼镜、无人驾驶汽车等多项创新性技术的研发，又在教育上开辟了新的道路。[①]2012年2月，他创建了Udacity慕课平台。随后，在2012年，Coursera和edX等慕课平台相继创立并迅猛发展，这类慕课被称为xMOOC。xMOOC以其高质量的课程内容、精致的短视频设计、新型的测评方式、庞大的学生群体和显著的社会影响力，引起了教育、科技和商业界的广泛关注。它被公认为2012年教育领域的一大重要事件，有效推动了全球开放教育运动的新发展。

自2013年以来，我国的高校，如香港大学、清华大学、北京大学、上海交通大学和东北师范大学等，纷纷开始引入慕课模式，积极

① 张蕾.信息化环境下移动课堂教学模式研究[M].长春：东北师范大学出版社，2017：121.

开展慕课服务。清华大学推出了“学堂在线”平台，北京大学也推出了自己的慕课平台，并通过网站为大众提供服务。除了这些高校推出的慕课平台，还有果壳网的“慕课学院”、腾讯公司的“公开课”及国家图书馆的“国图公开课”等慕课平台，它们都逐渐进入了公众的视野。这些慕课平台的主要任务不仅是提供高质量的课程内容，更是致力于拓宽公众的阅读视野和知识范围。它们的出现大大激发了人们的学习兴趣，无论是学生、职场人士还是终身学习者，都可以在这些平台上找到适合自己的课程，满足自身的学习和提升需求。此外，清华大学、北京大学还相继加入了由美国麻省理工学院和哈佛大学联手创办的“网络公开课”平台 edX，其中北京大学于 2013 年 9 月，首批网络开放课程在 edX 平台对全球用户开课。这一合作，不仅能够推动国内公众教育资源的丰富和共享，还能够使我国的教育资源走出国门、走向世界。

二、慕课的概念与特点

（一）慕课的概念

慕课，又称 MOOC，英文全称“massive open online course”，中文可以翻译为“大规模开放在线课程”。这种教学模式是近年来兴起的一种新型在线教育形式，它允许无限数量的参与者通过网络获得高质量的教育资源和课程内容。关于慕课的基本内涵，国内外学者普遍根据其名称进行理解：第一，大规模。慕课能够容纳数千、数万甚至数十万的学生参与同一门课程。这样的教育和教学活动规模在人类教育历史上较为罕见。第二，开放。慕课超越了人群、时间和空间的限制。换言之，无论身处何地，只要有网络连接、有学习时间和意愿，人们就可以自由地参与到慕课的学习中，无须受到特定的条件限制。第三，在线。慕课以在线形式进行，这是它的一个核心特征。在线教学是指借助互联网或无线网络开展的教育活动，这种形式使得学生可以不受地域限制地进行学习。第四，课程。慕课是远程教育和在线教育发展的重要产物，主要提供远程教育类和在线教育类课程。尽管慕课与传统课程在内容和结构上可能有所相似，但它更强调讨论、交流与互动的教学方式。此外，慕课通常受益于现代大数据技术的支持，能够更精准地分析和满足学生的学习需求。

（二）慕课的特点

一般来看，慕课的特点主要包括以下几点（图 3-1）。

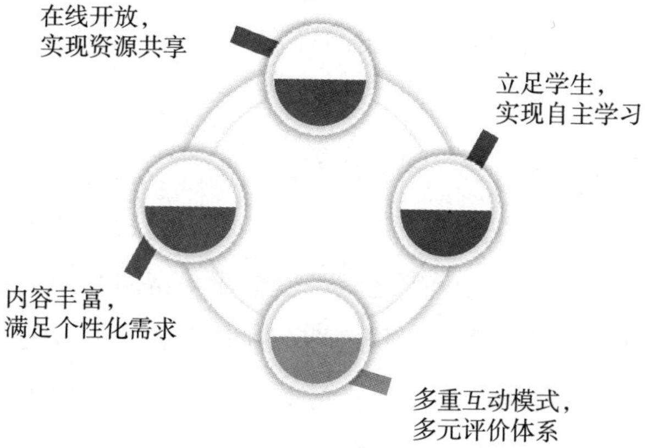

图 3-1 慕课的特点

1. 在线开放，实现资源共享

慕课是以网络技术为基础的教育模式，具有网络的许多特性与优势。它不仅可以为学生提供丰富的学习资源，而且能够促进知识、课程和教学成果的广泛共享。慕课打破了传统课堂教学的时空限制，使学习活动可以在任何地点和时间展开。此外，慕课具有一定的开放性，使得不同专业和层次的学生都能找到适合自己的学习资源。

2. 内容丰富，满足个性化需求

慕课平台上的资源内容丰富多样，能够满足不同学生对知识的个性化需求。学生可以根据自身兴趣、学习能力或职业规划自由选择课程，并能自主掌握学习进度。此外，学生还可以通过慕课平台向教师寻求指导，而教师能够监督和指导学生的学习进度，提供针对性的帮助，从而提高学生的学习效率。

3. 立足学生，实现自主学习

慕课教育凸显了学生的中心地位，鼓励学生由消极、被动的学习状态转变为积极、主动的学习状态。在这种模式下，教师主要起到指导和引领的作用，帮助学生整理知识信息并完善知识体系。这种教学模式鼓励学生自主学习，从而有助于学生更有效地内化所学知识。学生可以在慕课平台进行课前预习、自我测评和同伴讨论，充分实现学习的自主性。

4. 多重互动模式，多元评价体系

借助于网络平台的优势，慕课教育具有较强的互动性。在教学过程中，教师与学生、学生与学生之间可以形成丰富的互动关系。这种互动模式能有效地激发学生的学习积极性，并营造轻松愉悦的学习氛围。在评价体系方面，慕课摒弃了单一的分数评价方式，转向采用更为综合和多元的评价方法，这种评价方式更全面地反映了学生的学习情况。

三、慕课的构成要素与类别

（一）慕课的构成要素

慕课作为网络开放式在线课程，是当代教育技术与互联网技术相结合的产物。它以网络平台为基础，由教师和各方专家学者担任传授者，以在线视频课程作为教学内容，而学生则是注册慕课网络在线平台的学员。具体来看，慕课的构成要素包括以下内容（图 3–2）。

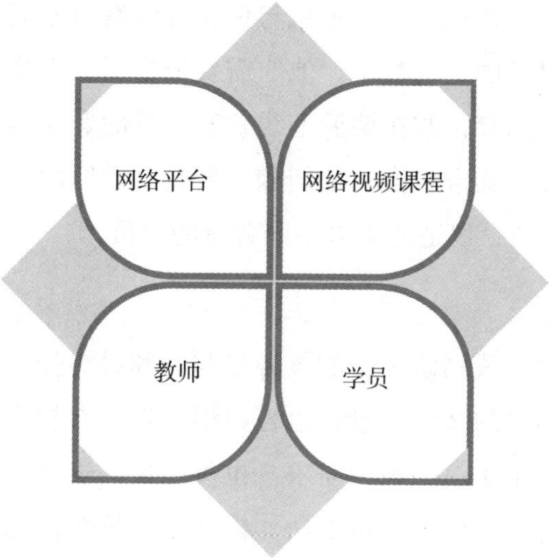

图 3-2　慕课的构成要素

1. 网络平台

网络平台是慕课存在与运作的基石。网络平台不仅为慕课的课程资源展示提供空间，更为教师和学员之间、学员与学员之间提供了沟通交流的场所。基于互联网技术构建的慕课在线教育平台免费向公众开放，旨在为教师提供高效的授课环境，同时为学员提供丰富而优质的学习资源，并实现学习资源的互动与共享。

2. 网络视频课程

网络视频课程是慕课的核心组成部分。这些课程以在线视频讲授的形式进行，即由授课教师预先录制教学视频并上传至网络平台。相较于其他远程教育或在线教育，慕课不仅实现了教育资源的优化共享，还特别注重学员与教师、学员与学员之间的互动沟通，同时整合了线上课程测试与考核，以构建完整、高效的课程结构，极大地提升学员的体验和学习质量。

3. 教师

在慕课在线网络平台中，教师发挥着主导和引领作用。教师通过录制讲课视频传授知识，但其角色与传统教师有所不同。慕课教师的授课环境不再局限于固定的教室，他们需要根据课程安排提前录制讲课视频，设计在线小测验，并在课后上线解答学员的疑难问题。这样的新型教学模式对教师的要求较高，他们除了要具备深厚的专业知识，还需要掌握现代授课技巧，以适应来自不同背景的学员。

4.学员

学员是慕课在线网络平台的核心参与者和最终受益者。他们来自全球各地，具有不同的文化背景和语言习惯。学员参与慕课的学习、交流和互动，不仅是出于对知识的需求，也可能是基于个人兴趣或职业发展的需要。无论是为了填补知识空白、提升专业技能，还是为了追求个人爱好或了解社会潮流趋势，他们通过慕课平台，能够以自主、灵活的方式获取和利用知识资源。

（二）慕课的类别

1.基于内容的慕课教学模式

基于内容的慕课教学模式侧重学生对学习内容的深入理解与掌握。通常采用形成性评价和总结性评价的方式，全面、客观地评估学生的学习效果。这种教学模式旨在构建一个富有参与性的学习社区，使其与课堂教学的网络化过程相互融合。该模式的课程内容通常由名校教师提供的讲课视频与文本资料构成，并配备相应的在线测试平台。学生可以免费注册并参与学习，而在获得证书时可能需要支付一定的费用。由于其具有较高的可接入性和资质凭证，这种慕课模式能够吸引众多的投资，并得到广泛的关注。

2.基于网络的慕课教学模式

基于网络的慕课教学模式立足于网络环境，着重于赋予学生充分的学习自主性。在这种模式下，学生具有选择是否参与课程及如何参与课程的自由。他们可以根据自己的喜好，使用不同的技术工具来创建个人的学习空间和分享学习成果。这种模式鼓励全球各地的学生用自己熟悉的软件工具建立联系、分享学习内容、贡献学习成果、协作探究学习或拓展个人与专业网络。社交互动性是这一模式的核心，课程通常以周为单位，以主题为导向，鼓励学生通过参与丰富的互动和活动来掌握知识。该模式下的学习结果较为灵活开放，因此，课程结束后通常不设有严格正式的评价方式。

3. 基于任务的慕课教学模式

基于任务的慕课教学模式重点突出的是学生通过实际任务完成来积累知识和技能。在这一模式下，学习过程是分步骤、逐层递进的，它允许学生自由选择不同的学习方式，没有严格的约束。学生可以通过读书、查阅材料或者观看视频来积累学习资源，并通过视频、音频或作品设计等方式来展示自己的学习成果和技能。这种以任务为核心的慕课模式特别强调学习社区对学生学习进程的推动作用，因为这个社区是学生展示学习案例与学习设计的舞台，主要聚焦于学习内容的传递，而非对学生的成果进行评价。

四、慕课的优势及挑战

（一）慕课的优势

1. 满足新一代学生的认知需求

当代学生成长在计算机和互联网技术迅猛发展的环境中，他们的生活充满了各种数字智能终端。与传统教学模式下成长起来的父辈相比，新一代的学生更倾向于通过图片、声音和视频等多媒体方式进行学习，他们亦更擅长利用网络搜索信息。慕课以其丰富的多媒体教学形式和网络化特点，精准地迎合了新一代学生的认知习惯和学习需求。

2. 提供丰富的教学资源

慕课平台整合了丰富多样的教学资源，包括教学视频、课件、图片、习题及解答等，还设有学生互动和师生交流的论坛。这样的设计不仅拓宽了学生的学习渠道，还有效地弥补了传统教学模式的不足，助力学生深化对知识点的掌握。

3.适应不同层次和进度的学生需求

传统“班级制”教学模式往往忽视了学生个体的差异。慕课则允许学生根据自己的节奏和兴趣选择学习内容和进度。学习进度较慢的学生，可以反复学习难以理解的知识点；而学习进度较快的学生，则可以提前学习后续内容，以满足求知欲。

4.使得终身学习成为可能

在科技迅猛发展的今天，知识更新速度较快。为适应社会的变化，人们需要不断学习和更新知识。慕课以便捷和开放的特点，使终身学习和随时随地学习成为可能。通过互联网和慕课平台，人们能够随时接触到新的知识和技能，不受时间和年龄的限制，从而持续提升自己。

（二）慕课带来的挑战

1.对学生的自主性要求较高

慕课模式强调以学生为中心，抛弃了传统以教师为中心的教学模式。这种转变将学生置于学习过程的主体和掌控者地位，意味着学生需要自我调节学习时间和状态，并自主选择学习内容。这无疑提高了对学生自主性的要求，如果缺乏一定的自主性，学生可能难以有效地完成课程。

2.对课程导师能力和技能的要求较高

在传统教育模式下，教师面对的学生数量相对有限，并能进行面对面的交流。然而，慕课旨在服务于全球范围内愿意学习特定课程的人群，这意味着参与课程的学生人数可能是巨大的。在这样的背景下，如何有效管理和应对庞大的学习群体，如何分析大量学生的学习情况，以及如何使教学过程更加灵活和成熟，都成为课程导师迫切需要解决的问题。此外，如果课程设计不够吸引人，就可能导致大量学生放弃学习，这也对教师的教学策略和能力提出了更高的要求。

3. 强大而稳定的平台保障至关重要

慕课的宗旨在于将优质教育资源推向全球，为每一位愿意参与的学生提供服务。因此，慕课平台可能需要面对庞大的用户量。在这种情况下，一个稳定、高效和具有良好用户体验的平台就显得尤为重要。这意味着，慕课平台需要具备稳定的性能，支持多种语言，并且具备足够的技术和资源来为大规模的在线教育提供持续且强有力的后勤保障。

五、慕课的发展趋势

慕课作为一种创新的在线教育形式，自诞生以来迅速获得了全球范围内的关注和应用。从目前来看，慕课未来的发展趋势主要包括以下内容。

（一）提供个性化和定制化的学习路径

未来的慕课平台可能会更加注重个性化和定制化的学习路径。通过利用大数据和人工智能技术，平台可以分析每个学生的学习习惯、进度和能力，从而为他们提供更个性化的学习资源和进度安排。具体来说，通过对学生的学习行为、成绩和互动情况等多方面数据的收集和分析，平台能够深入理解学生个体的学习特点和需求。这样的数据分析不仅能帮助慕课平台识别每个学生的知识盲点和学习困难，还能发现学生的兴趣和优势，为他们量身打造不同的学习路径。例如，对于基础较弱的学生，平台可以推荐一些入门级别的课程和辅导材料，帮助他们稳步提升；而对于已经具备一定基础或求知欲强烈的学生，平台则可以推荐更高阶、更挑战性的课程和项目，激发他们的学习潜能和创新思维。

此外，通过智能推荐系统，慕课平台可以为学生提供合适的学习计划和时间表，引导他们按照自己的节奏和步调进行学习，避免学生因过于集中或分散的学习时间而导致的学习疲劳或效率低下。这样的安排使得学习变得更为灵活和自主，学生可以根据自己的生活和工作情况，合理规划学习时间，使学习成为一种愉悦和充实的过程，而不是一种负担。未来，慕课平台可能会根据每个学生的个性化需求，动态调整课程内容的深度和广度以及教学材料的形式和风格。这样的教学内容不仅更能吸引学生的兴趣，提高学生的参与度，还能更有针对性地提升学生的知识和能力。

（二）内容质量和教学方式的进一步优化

随着慕课的持续发展，课程内容的质量和教学方式将继续被优化。这将涉及对课程内容更加专业和深入的打磨，强调对实际问题的剖析与解决方案的提供。未来的慕课平台可能会进一步吸引行业专家和学术权威参与课程的设计与制作，确保课程内容的权威性和前瞻性。这样不仅可以使学生更接近行业的实际需求，还可以培养学生的创新思维和批判性思考能力。

在教学方式方面，更加生动和互动的体验将成为关键。未来的慕课可能将更多地融入虚拟现实、增强现实等新技术，让学生通过身临其境的交互式学习，更深入地理解和掌握知识。此外，慕课平台也可能进一步完善与学生的实时互动机制，如设置更多的实时问答、小组讨论和项目合作等环节，以促进学生的积极参与和深度学习。

更加精细和人性化的教学设计也将成为未来慕课发展的重要方向。这包括根据学生的学习进度和反馈，动态调整教学计划和资源，以及为学生提供更具针对性的辅导和支持。例如，慕课平台可能会运用智能技术，自动识别学生的学习难点和兴趣点，并据此推送相应的额外阅读材料或习题，使学习更加贴合学生个体的需要。

（三）全球合作和资源共享的深化

慕课具有国际化和开放化特点，这些特点使其成为推动全球合作和资源共享的重要平台。未来，跨国和跨机构合作将进一步深化，慕课平台可能成为连接世界各地教育资源的重要桥梁。在全球合作方面，慕课平台可能将进一步拓宽与世界各地学校和教育机构的合作渠道。这种合作不仅限于课程内容的共享，更包括教学方法、课程评估标准及最佳实践的交流与借鉴。通过这种合作，慕课平台可以将世界各地的优质教育资源汇聚到一起，形成一种全球教育资源的网络，从而使更多国家和地区的学生受益。进一步地，慕课的全球合作可能还将涉及与政府、非政府组织和企业的紧密协作。例如，慕课平台可能与政府合作，推进教育资源的平等分配；与非政府组织合作，共同推动教育的普惠与平等；与企业合作，联合开发更贴近行业需求的课程。这样的合作能够有效地整合各方资源，共同为解决全球教育不平等问题作出贡献。

未来的慕课可能会更加注重课程内容的开放与共享，将优质的教学资源向全球各地的学生开放，而不仅仅是对某一个特定地区或群体开放。这不仅可以使教育资源得到更有效的利用，还可以在更大范围内促进教育的公平与普惠。

第二节　慕课在高校教学改革中的价值取向与定位

慕课不仅是数字时代的一种教学资源，更是一种教育理念的体现。在高校教学改革中，慕课能够担任多重角色——它既是优质教学资源的集结与共享平台，又是跨学科、跨文化交流和合作的桥梁，更是教学评估与质量保证体系的重要组成部分。慕课推动高等教育从以教师为中心转向以学生为中心，从封闭的课堂延展到开放的网络空间，从知识的传授转向能力的培养，从应试教育转向终身学习。在这一进程中，慕课可以为高校教学改革提供强大的支持。

一、当前高校教学改革的价值取向

自 21 世纪以来，高校教学已经呈现出新的价值取向，这在很大程度上是由于信息化时代的到来和网络、通信技术的迅速发展。在此背景下，传统的高校教学价值取向已经不再完全适应社会的发展需求和国家对人才培养的高标准。整体来看，目前高校教学的主要价值取向包括“以学生为本”的主体取向、“优质教学资源共享”的内容取向和“注重通识教育”的知识取向。

（一）“以学生为本”的价值取向

“以学生为本”的价值取向是现代教育理念中的核心观点，它强调将学生置于教育的中心位置，更加关注学生的个体差异和全面发展。在这一价值取向下，教学不再是单纯的知识传授，而是一个促进学生能力和素质提升的过程。

“以学生为本”的教学模式强调学生的主体地位。教师不再只是知识的传递者，而是学生学习的引导者。这意味着教学活动的设计和实施更加注重激发学生的学习兴趣，引导学生主动地去探索和思考，培养学生独立分析问题和解决问题的能力。在这样的环境下，学生更容易形成自主学习和合作学习的习惯，从而使学习成为一种内驱力非常强烈的、富有创造性的过程。此外，“以学生为本”的价值取向还体现在更加关注学生的个性化和差异化需求上。教学不再追求“一刀切”、机械化的模式，而是努力为每个学生提供适合其特点和兴趣的学习路径和资源，如更灵活的课程设置，更丰富多元的教学方法，以及更具针对性的教学反馈和指导。通过这种方式，高校教学能更好地满足不同学生的成长需求，帮助他们找到最适合自己的发展方向。

“以学生为本”的价值取向还强调培养学生的全面素质。除了专业知识的学习，更加重视对学生人文素养、社会责任和创新能力的培养。教育不仅是为了应对考试和获得文凭，而且是为了帮助学生形成健全的人格，拓宽视野，增强实践和创新能力，从而能够更有效地适应社会的需要和挑战。

（二）“优质教学资源共享”的价值取向

当前，高校教学强调教育资源的开放与共享，旨在通过集合和整合优秀的教学资源，使其能够广泛而有效地服务于更多的学生和教育机构。在“优质教学资源共享”这一价值取向下，教育不再是封闭和孤立的体系，而是一个开放、协作和互动的网络。这一价值取向突破了地域和机构的界限，让教学资源不再是某一特定学校或团体的独有财产。优质的课程内容、教学方法、实验材料等资源，都可以通过数字化和网络化的方式，流通到更广泛的范围。这样，无论是偏远地区的学生，还是资源相对匮乏的学校，都能够获得与优质教育机构相同的学习机会和资源。

当前，高校倡导资源的有效利用和再创造。在共享的环境中，教师和学生不仅是资源的消费者，而且是资源的创造者和贡献者。他们可以根据自己的实际情况，对现有资源进行调整、优化和再创新，然后将这些改进和创新再次分享给更广泛的学习者和教育者。这种互动和循环的模式，有助于教学资源不断地更新和优化，使其更能满足教育的发展需求。

此外，当前高校在教学资源方面还强调教育公平的重要性。通过共享优质的教学资源，有望缩小不同地区和不同群体之间的教育差距。这样的取向鼓励教育资源从资源富裕地区流向资源匮乏地区，从优秀的教育机构流向那些急需提升教学水平的学校。这不仅有助于提升教育的整体质量，而且是对教育公平和社会公正理念的重要践行。

（三）“注重通识教育”的价值取向

在现代高校教育中，不仅要深入实施专业教育，更要宽泛地培养学生的综合素质，以满足当下社会对个体全面发展的需求。通识教育不局限于某一专业或领域的知识，它涵盖人文、社会科学、自然科学等多个领域，旨在培养学生建立广泛而均衡的知识结构和批判性思维能力。在“注重通识教育”的价值取向下，教育的目的不仅是培养具有某一专业技能的人才，更是培养具有独立思考、人文关怀和社会责任感的公民。这样的教育理念认为，针对个体的教育不应仅仅是为了使其追求职业成功和物质收益，更重要的是培养其成为一个理性、审慎和有爱心的人。

“注重通识教育”的价值取向还体现在对教育内容和方法的重新思考上。它强调以学生为中心，关注学生的个体差异和兴趣，鼓励学生进行跨学科的学习和实践，提倡引导学生主动探索和解决问题。在这样的教育环境中，学生将更多地被视为主动的学习者，而教师则更多地扮演着引导者和促进者的角色。此外，注重通识教育的价值取向还倡导教育与社会的紧密联系。它鼓励学生将所学知识应用于解决实际问题，从而使高校不再是与社会隔离的象牙塔，而是与社会生活紧密相连的实践基地。这不仅有助于学生更好地理解和应用知识，还有助于培养学生对实际问题的敏感性和解决问题的能力。

二、慕课在高校教学改革中的价值取向

在高校教学改革中，慕课不仅能够引领教学方法和教学资源使用的革新，还能够推动高校教学理念的转变。高校在教学改革中适当应用慕课这一教学模式，需要更加注重学生的主体性和个性化需求，有效整合和广泛传播优质教学资源，以拓宽学生的知识视野，使其养成跨学科的综合素质。

（一）提倡终身学习和自我更新的理念

在高校教学改革的背景下，慕课的开放性和灵活性使得学习不再受制于特定的时间和空间，从而有助于培养学生终身学习的习惯。在慕课的学习模式下，学生需要主动地、持续地学习知识。他们在学习过程中不仅是积累知识，更是在锻炼如何独立思考、如何解决问题及如何自我驱动继续学习的能力。这种强调个体自主性和持续成长性的学习方式，与高校教学改革所追求的“通识教育”理念是一致的。

在未来竞争激烈、变化迅速的社会与职场环境中，个体仅有的知识

储备远远无法满足复杂和多变的挑战。这个时代更加渴求具有持续自我更新能力的人才，他们能在面对新情境时快速地学习和适应，能对旧有知识和经验进行批判性的反思，并在此基础上不断进行自我超越。慕课作为一种新型的教学形式，正是在这样的需求中应运而生的。它通过提供丰富和多样化的课程内容，无论是在专业知识的深入研究还是跨学科的综合学习等方面，都能为学生提供更为宽广和灵活的学习空间。这样的设计旨在培养学生建立长期、稳健的学习习惯和策略，使他们在完成学业后，仍能积极地追求新的知识和技能，从而实现个人的持续成长和自我更新。因此，慕课在高校教学改革中的价值取向，可以说是对当前高校教学改革理念的生动实践和深刻回应，它不仅与高校教学改革的方向相一致，更可以为高校教学改革注入富有活力和创新性的元素。

（二）强调教学与科研、社会服务的紧密结合

教学、科研和社会服务被视为高校三大核心职能。在传统的高校教学模式下，这三者往往相对独立，缺乏有效的交融与互动。然而，慕课通过其独特的在线平台和资源整合能力，为这三者的融合创造了新的可能性。在慕课的框架下，教学不再是封闭的、仅限于课堂的活动。教师可以将最新的科研成果和实践经验直接融入课程内容中，这样的教学内容将更加贴近学科前沿和社会实践，更具启发性和创新性。这种教学方式既能激发学生的学习兴趣和求知欲，又能让学生及时了解和接触到实际工作和研究的现场，从而培养学生将理论知识应用到实际问题解决中的能力。同时，慕课的开放性和广泛性使其具有很高的社会服务价值。课程的开设不仅可以针对在校学生，还可以面向社会的各个层面，包括在职人员、社区成员甚至是远在偏远地区的学习者。这种广泛的覆盖能力使得高等教育资源得以有效地向社会延伸，高校的社会服务功能得以更为充分地发挥。

进一步来看，慕课平台也能够成为高校与企业、政府、社区等社会组织合作的重要载体。这些合作既可以是课程内容的共同开发，确保教

学内容与社会需求的紧密结合；也可以是实践教学项目的合作，让学生在解决实际问题的过程中学习和成长；还可以是基于大数据和人工智能技术的教育研究项目，共同探索教育教学的新方法和新模式。

（三）推动教学评估与质量保证体系的创新

在传统的教学模式中，评估常常依赖于单一的、定期的考试和作业，这种评估方式往往难以全面准确地反映学生的学习状态和能力。而在慕课的环境中，教学评估可以变得更加灵活和细致。通过对学生在线学习行为的数据分析，如学习时间、重复观看视频的次数、在线测试的回答情况等，教师和教学管理者可以获得更丰富和精确的信息，以更为科学和客观的方式评估学生的学习进度和效果。此外，慕课也为学生自我评估和互评提供了更为便利和实用的工具。通过参与在线讨论、提交作业和相互评价等活动，学生可以更为直接和深入地了解自己的学习状态和需要，也能从其他学生的观点和反馈中获得宝贵的启示和改进建议。

从质量保证体系的角度看，慕课同样能够发挥积极的作用。慕课的开放性和共享性意味着其课程的内容和设计将受到更广泛的关注和评价。这既是一种激励，促使教师追求更高的教学质量和创新，也是一种自我修正机制，帮助教师和机构及时发现和解决教学中的问题。通过将课程内容、教学设计和学习资源公开到互联网上，慕课使得教学的各个环节都可以接受社会的监督和评价。这不仅有助于提升公众对高等教育质量的信任度和满意度，还为高校之间甚至国家之间的教学质量比较和学习提供可靠的基础。

三、慕课在高校教学改革中的定位

在高校教学改革中，慕课的定位可以被理解为一个多功能的、开放与共享的教学平台，它在促进资源优化、提高教育质量等方面起到关键作用（图 3–3）。

图 3-3　慕课在高校教学改革中的定位

（一）优质教学资源的集结与共享平台

慕课可以汇集来自不同高校、不同地区甚至不同国家的优秀教学资源。这种开放和共享的特点能够使教学资源得到最大限度的利用和优化，减少重复劳动，提高教学效率。

在慕课平台上，教学资源的开放和共享成为可能。比如，一所位于偏远山区的大学，其教师和学生可能难以近距离接触到前沿的科学研究和顶尖的教学方法，但通过慕课，这些优质资源便能迅速地流动到这些地方，助力当地教育水平的提升。与此同时，这些地区的独特文化和教学实践也可以通过慕课被更广泛地展示和传播，形成良性的互鉴和互学。慕课平台在优化教学资源方面，也能够发挥一定作用。通过汇集丰富多样的课程和教材，教育者不必重复创建已有的课程内容，从而能显著提升教学效率。例如，一位教师在准备某个专题讲座时，可以参考慕课上其他专家的课程设计和教学方式，借鉴其精彩的教学点滴，再结合自己的教学风格和学生的具体情况，设计出更适合自己班级的教学方案。此外，慕课平台还能促进全社会对教育的参与度和贡献度。企业、政府机构、非政府组织等社会各界力量可以通过慕课平台，将自己的资源和专长贡献到教育事业中。这不仅可以丰富慕课平台的教学资源，也有助于形成教育与社会各界的紧密连接，让教育更具实践意义和时代价值。

因此，慕课在高校教学改革中，不仅是优质教学资源的集结地，更是全社会教育资源高效流动、优化与再利用的重要场所。它以开放的姿态，打破了传统教育资源的时空限制，使优秀的教学内容、方法和理念得以广泛传播和应用，从而进一步推进全球范围内的教育创新和公平。

（二）跨学科、跨文化交流和合作的桥梁

慕课可以连接不同学科、不同文化背景的教师和学生，为他们提供共同学习和交流的平台，从而推动学科交融和文化交流，丰富教育的内涵和外延。通过慕课，学生可以自由选择不同学科的课程。例如，工程学生可以轻松接触到人文社科的课程，进而培养自己的综合素质和创新能力。这样的跨学科学习方式不仅丰富了学生的知识体系，还有助于学生更全面和深入地理解自己专业领域的问题，从而推动综合性和跨学科的教育目标在高校得到更好的实现。同时，慕课作为全球开放的平台，自然地担任了跨文化交流的桥梁。教师和学生不再局限于自己的地域和文化背景，可以直接与来自世界各地的同行和学生互动交流。这样的交流有助于他们拓宽视野，了解不同文化背景下的知识体系和学术传统，增进对多元文化的理解和尊重。更值得注意的是，慕课为国际合作项目和团队合作提供了极为便利的条件。在慕课平台上，来自不同地域和学科背景的教师可以共同设计和推出课程，实现教学资源和教学方法的共享，推动教学改革和教学创新。同样地，学生也可以参与到这样的国际合作项目中，与不同国家、不同文化背景的同龄人共同学习和合作，锻炼自己的团队协作能力和跨文化交际能力。

（三）教学评估与质量保证体系的组成部分

在慕课平台上，通过大数据分析，教师可以实时、精准地掌握学生的学习状态和成绩，为教学评估提供更加丰富和科学的数据支持。这有助于高校更有效地监测和保证教学质量，及时进行教学改进。具体而言，教学评估与质量保证体系首先关注对课程内容的严密评估。慕课课

程需要经过严格的设计和审批流程，确保每一门课程都是在明确的教学目标指引下，由具备相应资质的教师精心准备和组织实施的。课程内容要求与时俱进，反映学科最新的研究成果和趋势，从而保证学生能够获取最前沿的知识和技能。慕课在教学评估与质量保证体系中强调学生的学习成果和满意度。慕课平台普遍采用数据分析工具，实时追踪和分析学生的学习行为和成绩，以便对学生的学习进度和效果进行精确评估。此外，学生的反馈也是这一体系中的关键组成部分。学生对课程内容、教学方法、教学资源和教学服务的评价，都会被慕课平台系统地收集和分析，作为教学改进和优化的重要依据。此外，慕课在教学评估与质量保证体系中亦强调教师的教学发展和成长。平台鼓励教师通过开设课程、参与教学研究和交流活动，不断提升自己的教学能力和水平。这种对教师教学发展的关注和支持，既有助于激发教师的教学热情和创新精神，也是确保教学质量的重要保障。

第三节　慕课在高校教学改革中的策略

在高校教学改革中，慕课可以作为一种创新的教学策略，为传统的教学模式注入新的活力。对于高校教师而言，有效地利用慕课，不仅可以优化教学内容和方式，还可以进一步激发学生的学习兴趣和积极性。

一、与课堂教学相结合

在高校教学改革中，教师可以将慕课与传统课堂教学相结合，形成“线上＋线下”的混合式教学模式。在线上，学生通过慕课平台预习课程内容，观看视频讲座，完成相关的阅读和作业。这种方式不仅给予学生更大的学习自主权，还能让学生在相对宽松、舒适的环境中进行自主学习，从而形成更深刻、更完整的知识体系。在线下，教师可以组织讨论课或实验课，引导学生深入探讨和应用线上学到的知识，从而实现课前预习与课后深化的教学循环。

教师还可以尝试将慕课应用于翻转课堂的教学实践当中。在这种模式下，学生通过慕课平台提前完成对基础知识的学习和理解，而课堂时间则被用来进行深入的讨论、实践操作或团队合作项目。这种教学方式可以更有效地利用课堂时间，促进学生的主动学习和能力培养，为培养具有创新思维和实践能力的现代人才提供有效路径。

二、丰富课堂教学内容

慕课平台上汇聚了来自世界各地的顶级学者和专家的课程，这些课程涵盖了各个学科和领域，不仅包括理论知识的讲解，还有大量的实例分析、案例研究和实验演示。通过将这些资源引入本地的课堂教学中，教师可以为学生呈现一个更加宽广和多元的学术视野。这意味着，学生不仅能接受教师传授的知识，而且能够直接接触到世界一流大学和科研机构的最新研究成果和学术观点，从而使自己的知识体系更加完整和系统。

此外，慕课的丰富形式如视频讲座、互动讨论、虚拟实验等，也为课堂教学提供了新的可能。教师可以根据课程内容的特点和学生的学习需求，灵活选择和组合这些资源和工具，以创造更加生动和互动的学习体验。比如，通过使用慕课平台上的虚拟实验，学生可以在安全的环境中亲自操作和观察复杂的实验过程，这不仅能够激发学生的学习兴趣，还能帮助他们更好地理解和掌握抽象与复杂的科学原理。慕课还能够为跨学科的教学提供便利。教师可以容易地找到与本学科紧密相关，但又属于不同领域的优质教学资源，从而有针对性地拓展课堂内容，鼓励和引导学生从更广泛和深入的角度去理解和思考问题。这样的教学策略有助于打破传统学科之间的界限，培养学生的综合素质和跨学科的思维能力。

三、持续性评估与反馈

通过慕课平台，高校教师可以轻松地设计和发布各种形式的在线评估，如测试、作业、项目等。这些评估不仅可以是定期的，也可以是持续不断的。例如，教师可以在每个课程单元结束后设置一些小测试，以检测学生对这一单元知识的掌握程度。通过对这些测试结果的分析，教师可以清晰地了解到哪些学生已经完全掌握了本单元的内容，哪些学生仍然存在一定的困难和不足。与此同时，慕课平台还可以自动为学生提供及时且个性化的学习反馈。这些反馈可以直接指导学生针对自己的薄弱点进行更有效的复习和学习，避免他们在错误的方向上浪费过多的时间和精力。教师可以通过慕课平台，迅速而准确地识别出教学中可能存在的问题。例如，如果一个课程单元的测试结果普遍不理想，那么教师就需要反思自己的教学方法和内容是否有待优化。这样的信息对教师而言是极其宝贵的，它可以帮助教师持续改进自己的教学，从而以更适合学生的方式组织和进行教学活动。

第四节　慕课在高校教学应用中的典型案例

随着教育技术的快速发展，慕课作为一种新型的教学模式逐渐受到广大教育工作者和学生的青睐。慕课具有其独特的优势，能够为人们提供更为高效、个性化的学习体验。我国的许多高校在这一领域都进行了探索与实践，这无疑能够为高校教育创新提供宝贵的参考。

一、郑州大学“文化差异与跨文化交际”慕课实践

郑州大学的“文化差异与跨文化交际”慕课始于 2017 年 6 月并在 2019 年 6 月完结。此课程由郑州大学的曾利娟教授主导并主讲，被认定为国家级精品在线开放课程。该课程作为一门校级选修课为郑州大学的全体本科生服务。其核心目标是提供一门关于素质教育的通识课程。

该慕课成为河南省首个在智慧树在线教育平台发布的混合式课程。它结合了线上视频教学与线下面授教学的方法，整个课程设计为 32 学

时，对应 2 个学分。至于线上内容，共有 42 段视频，总计 555 分钟；而线下的内容则更为丰富，拥有 268 段视频，总时长大约 2340 分钟。此课程不仅在郑州大学受到热烈欢迎，而且来自其他高校的学生也参与了其互动环节。智慧树平台上线该课程后的 7 个学期中，全国有 468 所学校的学生选择了这一课程，学生达到了 36673 人次。而在学习强国、中国大学 MOOC、好大学在线、学堂在线、超星尔雅及中国高校外语慕课联盟等多个平台上，该课程的学习人数已超过十万人次。

该课程的出色表现也为其赢得了众多荣誉。2017 年，它被评为国家级首批精品在线开放课程。2020 年春季和夏季学期，它被智慧树网评为“混合式精品课程 TOP100”。2019 年，郑州大学授予了它优秀教学成果奖的特等奖，河南省也将它评为线上线下混合式的一流本科课程。

“文化差异与跨文化交际”的课程设计以混合教学模式为核心，实现了线上与线下教学的完美结合，突破了传统教学的局限。线上教学采用视频学习、章节测试题与讨论题设计，线下教学则详细规划了授课内容、方式、教学效果和环境、互动形式和技术支持。该课程教学应用效果评估采用过程性评估与终结性评估相结合的方法。其中线上学习与课后章节测试占 40%，面授课占 25%，期末考试 35%。考试成绩达到 60 分以上的学生可以获得 2 个学分。课程综合考量学生在不同阶段的表现，分为过程性评估和终结性评估，确保评分更为公正、合理。教学团队通过论坛主动与学生沟通，及时解答学生的疑问，提供学习支持。通过对后台数据的实时监控，教师可以了解到每个学生的学习状况，从而采取相应措施，确保学生能够跟上教学进度，提高学生的结课率。

二、武汉大学思政课微课服务慕课的实践

关于慕课在高校教学改革中的应用，武汉大学哲学院同样做出了有益的尝试。该校成功制作了国家精品课程、国家精品资源共享课程“马克思主义哲学原理”，并将其应用于教学实践中。教学团队在全面分析课程内容后，将其核心知识点细致拆分，并以微课形式进行系统呈现，

最终整合为名为“马克思主义哲学原理精粹九讲”的慕课。这种教学模式不仅能使学生在短时间内系统掌握知识，还能激发学生的学习兴趣。团队首先对《马克思主义哲学原理》进行深度剖析，从中撷取最精髓的部分，并结合当代社会的实际问题进行内容整合。这一切都是为了帮助学生形成正确的世界观、人生观和价值观，培养学生成为真正有智慧和担当的现代公民。教学团队将提炼出的核心内容编纂为“精粹九讲”，并为每一讲明确核心要点。基于每一讲的重点，团队创作了一系列精美、简洁且富有深度的微课，旨在替代传统的课堂讲授和长视频教学，以更直观、生动的形式展现知识点。

这一系列的创新实践，充分展现了微课在慕课教学中的巨大潜力。微课的制作不仅让学生在有限的时间内快速、深入地掌握关键知识，还提升了学生的学习主动性和效率。更为重要的是，用于知识传授的时间被大大缩短，为师生互动、讨论和实践提供了更多的时间和空间，从而极大地增强了教学效果。

通过对郑州大学和武汉大学在慕课教学方面的深入探讨，可以发现，慕课教学不仅是一个简单的技术应用，更是一个涉及教育理念、方法、资源等多方面的全面创新。在当代，高等教育应借助现代技术进行自我革新，更好地适应时代的需求，积极投身于慕课教学的探索与实践，培养更有能力、更具创新精神的学子，为推动高校教育的进步贡献力量。

第四章　微课在高校教学改革中的应用

当今高校教育正在发生深刻变革，尤其是随着信息技术与互联网的日益普及，微课作为新型的教学方法，开始在高等教育领域崭露头角。这种短时、精练的教学模式为何受到现代学生的热烈追捧？它与传统的课堂教学之间又存在着怎样的差异与联系？本章将详细探讨微课在高校教学改革中的实施策略，对其应用进行深入分析，并展望其对未来高等教育的潜在影响，希望为广大教育工作者提供一种全新的视角和思考方向。

第一节　微课概述

微课以短时、精练的内容为特点，教师可以利用多媒体资源，如视频、动画和图文等，清晰直观地传递核心知识点。随着信息技术的不断发展，微课在高校教育领域中的应用日益广泛，并发展成为一种受欢迎的教学资源。教师可以利用微课来辅助教学，弥补课堂教学时间不足的问题，也可以将其作为传统课堂的教学资源，给予学生深入探讨和充分实践的机会。

一、微课的定义与特征

（一）微课的定义

随着对微课的理论研究与实践应用的不断丰富，众多专家学者对微课有了不同的理解，他们从不同角度对微课进行了定义。

黎加厚认为，微课是指时间在10分钟以内，有明确的教学目标，内容短小，集中说明一个问题的小课程。[①]这里微课的定义对应传统意义上的“课”，强调微课是一种短小的“教学活动”。

焦建利认为，微课是以某一知识点为目标，其表现形式是短小精悍的在线视频，主要应用于教学和学习的一种在线教学视频。[②]这里主要说明了微课的表现形式和应用目的，对应传统意义上“教学资源”的概念。

胡铁生等认为，微课又可以称为“微型课程”，是建立在学科知识点的基础上，构建和生成的新型网络课程资源。微课将“微视频”作为核心，包含很多与教学配套的拓展性或支持性资源，如“微练习”“微教案”“微反思”“微课件”等，从而形成了一个网页化、半结构化、情境化、开放性的交互教学应用环境和资源动态生成环境。[③]这里的微课则与传统意义上“课程”的概念相对应，其内容包括课程目标、课程计划（微教案）、课程内容（学科知识点）、课程资源（微练习、微课件）等。

各学者对微课的概念都有明确的针对性，他们从不同的视角分析了微课教学模式的基本特征。虽然在具体内容上存在一定的差异，但这些定义在核心理念上是一致的。整体而言，微课的教学目标主要集中在两个方面：一是在线学习，即利用网络平台为学生提供便捷、灵活的学习渠道；二是移动学习，即允许学生利用移动设备随时随地进行学习。

① 黎加厚．微课的含义与发展[J].中小学信息技术教育，2013（4）：10-12.

② 焦建利．微课及其应用与影响[J].中小学信息技术教育，2013（4）：13-14.

③ 胡铁生，黄明燕，李民．我国微课发展的三个阶段及其启示[J].远程教育杂志，2013，31（4）：36-42.

微课与过去常用的辅助教学的多媒体课件并不完全相同。在传统的教学模式中，教师使用 PPT 课件作为讲课的辅助工具，这些课件主要是将教学内容以视觉形式呈现在屏幕上，以协助教师更清晰、更生动地向学生传递知识。然而，微课的设计和目标远远超越了这一点。微课是围绕教学内容中的某一特定重点或难点进行深入讲解的教学活动。它的目的不是简单地在讲课时将所有内容展示出来，而是精心设计，帮助学生自主学习。微课的每一部分，从引入到内容的详细分析与讲解，再到总结，都是经过精心组织和设计的，旨在形成一个完整、连贯的教学过程。

此外，微课也并不是教师课堂讲课的现场录像，也不仅仅是课堂讲课过程中的一个片段。每一个微课都是一个独立而完整的教学设计，它通过精心策划的内容和结构，为学生提供一个清晰、系统的学习路径。

（二）微课的特征

微课的特征一般包括以下几点（图 4-1）。

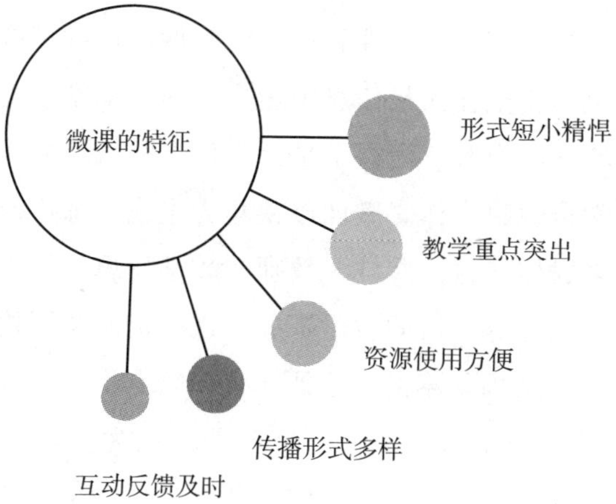

图 4-1　微课的特征

1. 形式短小精悍

微课的时间短小，一般在 10 分钟左右。这样的设计使教学内容更加集中和精练，有助于学生迅速抓住重点，从而更有效地吸收和理解知识。在微课中，短小并不意味着内容的匮乏，而是指通过精练的语言和准确的表达，将复杂的知识点浓缩为简洁明了的讲解。这种精练的特点使得微课能迅速吸引学生的注意力，有效地引导学生迅速进入学习状态。这是对传统课堂教学模式中冗长的讲解和烦琐的过程的一种积极回应，它使学生能在短时间内清晰地把握重点，理解和记忆所学内容。微课的创作者常常运用丰富的教学手段，如图表、动画和实例等，将复杂的概念和理论通过直观且具体的方式呈现出来。这种方法不仅能够避免学生在理解过程中的困惑，还能激发学生的兴趣和好奇心，引导学生进一步探索和学习。

2. 教学重点突出

每个微课都有明确的教学目标，并通常围绕一个具体知识点或问题进行展开。这种设计有利于学生清晰地理解学习目标和期望结果，使学习更加有针对性和目的性。在微课中，教学主题常被明确地提炼和突出展示，每一个微课都围绕一个指定的、明确的知识点或技能进行展开，这确保了教学内容的准确性和相对完整性。这种精准而有针对性的内容设置，避免了学生在大量信息中迷失方向，使学生能够更加聚焦于关键的、核心的学习内容。微课不是一个孤立的教学视频片段，而是一个综合性的教学资源整合体。微课以视频为主线，却广泛地融合了包括教案或学案、多媒体素材、课件、教师的教学反思、学生的反馈意见及学科专家的文字点评等丰富的教学资源。这些资源共同构成了一个主题鲜明、类型多样、结构紧凑的“主题单元资源包”。这种整合方式，如同一个精心设计的教学案例，每一个部分都在为突出核心教学内容服务，每一个元素都在互相补充和呼应，共同呈现一个完整而立体的知识结构。

3. 资源使用方便

微课以网络为平台，大量使用视频、音频、图文等多媒体材料，能够更生动、形象地展示知识，帮助学生快速把握核心内容和要点。例如，复杂的科学概念或历史事件通过微课的多媒体展示，能够更为清晰地呈现在学生眼前，这无疑增加了课程的趣味性和吸引力。此外，微课还可能包括与教学配套的拓展性或支持性资源，如练习、教案、课件等，构建起一个完整的在线学习环境。这些配套资源构建了一个完整、系统的在线学习环境，使得学生在观看视频的同时，可以实时进行练习和自我检测，进一步巩固和深化对知识的理解和应用。这样一来，微课就能够实现教学内容和教学实践的高度融合，增强学生学习的实效性。此外，学生可以随时随地访问这些资源。无论是在家中、图书馆，还是在移动端，学生都能够方便地获取和使用微课资源。这种随需而得的访问方式极大地提升了学习的自由度和灵活性，使学生能够根据自己的时间和进度，自主地安排学习。

4.传播形式多样

传播形式多样是微课的一大显著特征，这主要体现在教师可以利用各种不同的媒体和平台，灵活且有效地将教学内容传递给不同的学习群体。微课的内容可以通过多种形式表现，包括但不限于视频、音频、图文、动画等。这些丰富多彩的表现形式不仅可以增加教学的生动性和趣味性，还能适应不同学生的学习偏好和习惯。例如，视觉型学生可能更喜欢图文并茂、色彩鲜明的视频教程，而听觉型学生则可能更倾向于音频讲解或课程播客。另外，微课能够通过各种现代通信工具和社交媒体平台进行广泛传播。无论是通过学校的教学管理系统，还是通过社交网络、移动应用程序等，学生都能轻松地访问到这些微课资源。这种广泛的传播渠道意味着学生可以迅速而广泛地触及大量微课资源，不受时间和地点的限制。再者，微课的传播形式也越来越多地融入了互动和参与元素。除了基本的教学内容展示外，许多微课还嵌入了互动式问题和讨论环节，以激发学生的思考和参与。这种互动性不仅能够更有效地吸引学生的注意力，还有助于形成良好的教学反馈机制，使教师能够实时了解学生的学习状况和需求。

5. 互动反馈及时

微课设计中通常会嵌入互动元素，如在线问题、测验或讨论板块，这使得学生不再是被动地接受知识，而是能够积极地参与到学习过程中。这些设计鼓励学生思考、分析和解决问题，形成了一种更加主动和参与式的学习方式。此外，微课的互动还体现在学生与学生之间。通过在线讨论区、小组合作项目等方式，学生可以互相交流想法、分享经验和解决问题，形成有益的学习共同体。这不仅有助于培养学生的合作和沟通能力，也能在一定程度上提高学生的学习积极性和满足感。

微课的互动特点使得教师可以实时或接近实时地了解学生的学习进度和效果。通过学生的在线回答、测验成绩或讨论参与情况，教师可以迅速把握学生的学习状态，有针对性地进行指导或调整教学策略。这种即时反馈对于及早发现学生的学习困难，以及及时提供必要的帮助，具有非常重要的意义。这种互动反馈及时的特征，也意味着微课可以灵活地适应各种不同的教学场景和需求。无论是作为课前预习、课中辅助教学，还是课后复习和拓展使用，微课都能提供及时和有效的教学支持。

二、微课的类型与功能

（一）微课的类型

根据不同的分类标准，微课可分为不同的类型。如果按课堂教学方法分类，微课大致可分为以下几种类型（图 4-2）。

图 4-2　微课的类型

1. 讲授型

讲授型微课侧重对学科知识点、重点、难点及考点的详细讲解。此类微课的核心是通过教师的口头传授，为学生呈现和解析具体的知识内容。尽管它的名字为“讲授型”，但实际上，它的授课形式并不局限于传统的课堂讲授。在讲授型微课中，教师利用口头描述为学生构建知识框架，灵活地运用语言来为学生描绘情境、解释专业术语、呈现案例、阐释原理和概述客观规律。这种方式能够帮助学生更直观、更深入地理解和掌握知识。

此外，讲授型微课具有很高的适应性。无论是为了引入新概念、进行示范演示、强化已有知识，还是为了进行知识的巩固和回顾，讲授型微课都可以起到重要作用。因此，尽管这种微课形式看似传统，但其在教学实践中的普遍性和效率性使得教育者在设计课程时，仍然广泛地采用并结合多种教学方式。

2. 解题型

解题型微课常见于理科课程中，以针对性强的解题为主要内容。这类微课以一道或数道典型的题目为载体，对题目进行深入的解析和分析，重点突出解题的思路和方法。通过逐步讲解，教师为学生揭示了解决问题的逻辑步骤，并在最后对解题方法进行归纳和总结。此类型的微课旨在帮助学生掌握一般性的知识，并巩固已学的概念，解决那些具有一定难度、代表性和普遍性的问题。因此，它不仅是对知识内容的片段化展示，更是对整个教学资源进行有机的重塑和整合。

解题型微课特别强调图形化和图像化的表现方式，这种方式能够使解题过程更加直观和生动，让学生更容易理解和掌握。而微课自身短小、精悍的特点，与解题型微课中对典型问题案例的讲解形式相得益彰，可以说这种微课形式充分发挥了微课的所有优势，成为微课的经典代表。

3. 辅导答疑型

辅导答疑型微课的设计目的是回应学科中的难题和疑惑。这种微课深入针对那些学困生所遇到的具体问题，为他们提供精准的指导和解答。考虑到当前我国高等教育依然主要基于大班制授课，教师往往难以给予每个学生足够的关注和指导，特别是那些在某些知识点上遇到难题的学困生。而微课的设计优势在于其明确的目标定位、精练的内容和便捷的分享功能，使得学生可以随时随地学习，打破了时间和空间的束缚。而辅导答疑型微课更是通过图形、图像和动画等多种形式，使知识的解答更为生动和形象，从而为学生提供更具吸引力和效果的学习资料。

该类型微课针对学生的疑惑进行深入挖掘，系统地将其整理并细化为“经典错误”“典型解题”和“综合疑难”等资源包。这些资源包通过微课的形式进行详细的解析和讲解，旨在深入解读学生的学习困惑，助力他们找到问题的答案。这种方式不仅能体现教育的因材施教原则，更能促进学生的按需学习和个性化学习，为学困生的学习进步提供宝贵的支持。

4. 实验型

实验型微课是针对教学实验的设计、操作和演示的一种微课类型，旨在深化学生对实验内容的理解并培养其实践操作技能。与传统的教学方法相比，实验型微课并非仅使用幻灯片中的图片和文字进行教学，而是拥有其独特的优势。

一方面，这种微课可以通过实时录像展示真实的实验过程，由真人直接示范并解说，更为直观和生动。这种形式使学生能够清晰地领悟实验的目标、理解实验的基本原理，并详细展示实验的每一个步骤，使学生能够深入了解实验的核心要点，达到一种直观、深刻的学习效果。另一方面，尽管传统的实验教学模式注重学生的亲身参与和实践，但在现实中，由于一些实验具有高成本、高风险或者可能导致污染等问题，加上时间和地点的限制，使得不是每个学生都有机会亲身体验。而实验型微课正好弥补了这一缺陷，它为学生提供了一个观察和学习实验过程的平台，确保每个学生都能够全面理解和掌握实验内容和知识。

如果按课堂教学的环节分类，微课还可分为课前复习类、新课导入类、知识理解类、练习巩固类、小结拓展类等类别。课前复习类微课旨在帮助学生回顾之前学习的内容，作为新课程的铺垫。它通常涵盖前面章节的重要知识点、概念或技能，帮助学生在正式进入新课程之前巩固并加深对之前内容的理解。新课导入类微课的主要功能是为即将展开的学习内容设置背景和情境，激发学生的学习兴趣。这类微课可能采用真实的案例、故事或问题情境，引导学生进入新的知识领域。知识理解类微课着重于讲解和解析新的知识点或概念。它为学生提供了系统的、有条理的知识解读，以确保学生能够准确、完整地掌握关键内容。通常，它会结合图示和案例来深入解读，使知识更为直观和生动。练习巩固类微课主要提供一系列的习题或实践活动，帮助学生将所学的知识和技能付诸实践。这类微课不仅提供习题，还可能附带详细的解题过程或操作步骤，确保学生在实践中能够获得正确的指导。小结拓展类微课在课程的尾声对学习内容进行总结，同时为学生提供了进一步学习和探索的方向。除了对核心知识进行概括和回顾外，它还可能介绍与课题相关的拓展资料或提出一些进一步的思考题，鼓励学生进行深入研究。

（二）微课的功能

在教育领域中，微课以其独特的形式为教学和学习带来新的活力。它不仅可以满足学生个性化的学习需求，拓展并深化知识的探索，还能够为教师的专业成长打开新的大门。

1.满足学生个性化学习需求

微课在满足学生个性化学习需求方面具有显著的优势，为教育领域带来了一次革命性的变革。在传统的教育模式中，学生通常被置于同一个学习环境中，接受相同的教学内容和方式。这种“一刀切”的模式忽略了学生之间的个性差异，如学习兴趣、认知水平和学习速度的差异。微课作为一种创新的教育工具，正好能够弥补这一缺陷。因为微课可以为学生提供丰富和多样化的学习资源。不同于统一的教材，学生可以根据自己的兴趣和需求选择特定的微课进行学习。例如，对于对某一主题感兴趣的学生来说，他们可以深入探索该主题的相关微课，从而获得更深层次的理解。同时，不同的微课往往采用不同的授课方式，如讲解、动画、实验演示等，学生可以选择最适合自己学习方式的微课。另外，微课的短小、精练特点也可以为学生提供灵活的学习节奏。与传统的固定课时不同，学生可以根据自己的进度来调整学习的速度。如果对某一知识点掌握得较为牢固，学生可以快速过渡；相反，如果遇到难点或疑问，他们可以多次回放微课，直至彻底理解。

2. 拓展与深化知识

由于微课具有灵活性，教育者可以为学生设计和提供各种丰富的学习资料。这些资料可能包括相关的文献、视频讲座、专家访谈、实地考察记录等。学生在掌握基础知识的基础上，可以自由选择资料，根据自己的兴趣和需求，对某个特定的主题或问题进行更为深入的研究。此外，微课经常采用情景模拟、案例分析、项目实践等教学方法，这些方法都着重于将知识与实际应用相结合，帮助学生更好地理解和运用所学内容。例如，学生在学习某一科学概念后，可能会通过微课参与一个小型的科学实验项目，在实际操作中，他们可以直观地观察和验证理论内容，从而加深对知识的理解。同时，微课的社交属性为知识的拓展和深化提供了有利条件。学生在微课学习过程中，常常可以与同学、教育者甚至行业专家进行交流和讨论，这种互动为学生提供了更多的观点和信息，鼓励学生从不同的角度思考问题，培养学生的批判性思维和创新能力。

3. 促进教师的专业成长

微课作为现代教育的新型形式，不仅给学生带来了巨大的便利，而且为教师的专业成长提供了宝贵的机会。在创建和运用微课的过程中，教师可以不断地完善和提升自己的教育技能和知识体系。制作微课的过程往往要求教师对知识内容进行深度挖掘和重新构思。与传统授课方式相比，微课注重的是对信息的精练与高效传递，这使得教师在准备过程中更加注重知识的核心与精髓。这样的挑战鼓励教师深入思考，以更有创意和效果的方式呈现知识。与此同时，微课的多媒体属性使其为教师提供了一个展示技能和尝试新方法的平台。教师可以通过视频、动画、图像和声音等多种形式来呈现教学内容，这不仅使得教学更为生动有趣，而且有助于教师掌握并运用新的教育技术工具，提高教学技能。微课的互动特性也为教师的专业成长提供了机会。教师可以通过微课平台与学生、家长乃至其他教师进行交流，从中收集反馈，持续改进教学方法，也可以从其他同行的微课中汲取经验。更为重要的是，微课为教师提供了一个与学生建立更紧密联系的渠道。教师可以更加直观地了解学生的学习进度、疑惑和需求，从而更好地调整教学策略，确保学生的学习效果。这不仅增强了教师的教学效能，更深化了教师对学生学习过程的理解，从而丰富和完善了教师的教育理念。

三、微课的构成要素

在现代教育实践中，微课已成为一种重要的教学手段，它主要包括四大核心要素：目标、内容、活动与教学工具。

（一）目标

目标是微课制定的出发点和终点。它不仅明确了微课应用于教学的具体阶段，更描绘出希望通过微课达到的学习成果。在高校教学中，微课的目标通常包括两方面的内容。

1. 应用目的

微课的应用目的涉及制定微课的初衷，揭示了制作某一微课的目的。这可能与微课在整个教学过程中的位置有关，如是否是为了课后练习而特别设计的。

2. 应用效果

微课的应用效果是指微课在实际应用后能带给学生的具体收获，如是否能帮助学生掌握特定的技能或启发学生进行深入思考。

（二）内容

微课内容是微课的核心骨架，它包括与特定学科相应的、有目标和意义的信息及素材，为教师提供实现预设目标的媒介。在教学实践中，教师应基于微课的预定目标，兼顾学生的学习状况和即将应用的教学环节来悉心设计微课的内容。不同的微课内容将导致教学活动设计的差异。但考虑到微课的时长较短，其内容应具备鲜明的主题、简洁且独立的特征。为此，教师在选择微课内容时，须投入特别的关注和精力。

（三）活动

活动可以被视为主体与其所处环境之间的交互。这里的“环境”不仅包括主体自身，还涉及其他参与者和对象。在微课的背景下，微课活动主要描述教师与微课内容之间的互动方式。这种交互能够确保教学信息有效地传达给学生，从而促使学生深入地理解和反思课程内容。为了实现微课的教学目标，这些活动涵盖了教师的示范、授课、操作及与其他参与者的交流互动等多种形式。

（四）教学工具

为了确保学生能够深入而准确地理解微课内容，并进一步与之进行有效的互动交流，教师需要利用一系列专门设计的工具。在微课的环境中，这些工具主要可以分为交互工具和多媒体工具两种。

1. 交互工具

交互工具的主要作用是促进学生在微课学习中的主动参与。这种交互旨在连接学生与微课内容，使学生能够直观、实时地与微课内容进行互动。微课交互的类型与形式，见表 4–1。

表 4-1 微课的交互类型与形式

<table>
<tr><th>类型</th><th>形式</th><th>直接交互对象</th></tr>
<tr><td rowspan="3">概念交互</td><td>引发认识冲突的语言</td><td rowspan="3">学生与多媒体信息</td></tr>
<tr><td>引发认识冲突的画面</td></tr>
<tr><td>具有提问性质的语言</td></tr>
<tr><td rowspan="2">信息交互</td><td>叙述性的语言</td><td rowspan="2">学生与多媒体信息</td></tr>
<tr><td>叙述性的画面</td></tr>
<tr><td>操作交互</td><td>人与机器间的交互工具</td><td>学生与交互界面</td></tr>
</table>

由表 4-1 可知，概念交互主要是通过挑战性的问题或引人入胜的视觉内容激发学生的思考，使他们对某一概念有更深入的理解。信息交互则是通过叙述和视觉呈现来帮助学生理解和吸收信息。而操作交互主要集中在学生与技术平台之间的交互，如点击、滑动或键入，为学生提供更为直观和参与式的学习体验。

2. 多媒体呈现工具

多媒体工具可以为微课内容提供丰富的视觉和听觉呈现。这些工具如课件、动画和图像，不仅能够使教学内容更为生动有趣，还可以增加学生的参与度和兴趣。通过多媒体工具，教师可以更为形象地展示复杂的概念或理论，从而使学生更容易理解和记忆相关知识。这样的工具使微课不再是单一的文字传递，而是多维度、多感官的学习体验。

四、微课的优势与不足

在当今信息化的学习环境中，微课作为一种新兴的教学方式受到了广大教育者和学生的关注与欢迎。它以其独特的形式，为人们提供了新的维度和视角。然而，微课也存在一定不足。为更好地将微课应用于教学实践当中，高校教师应全面地理解这一教学工具的优势与不足。

（一）微课的优势

随着数字移动设备和无线网络的广泛普及，微课正逐步成为移动学习、远程学习、在线学习和泛在学习等领域的核心。这种新的教学模式可以为构建全民学习和终身教育体系提供丰富且高质量的资源和环境。

1. 微课与移动学习特性高度契合

从知识呈现上来看，微课将内容集中于特定知识领域，细分到具体的知识点。虽然微课涵盖的知识范围有限，但其完整性和深度都是可以得到保证的。它将复杂知识简化和具体化，使知识传达更为直观和生动。随着学生逐步从一个微课过渡到另一个，他们能够逐渐积累和构建自己的知识体系和技能。从评估与反馈上来看，教师若想评估学生对某个知识点的掌握情况，可以布置微课相关作业。例如，学生可以随时录制自己的口语报告，上传至教学平台并接受评价。

2. 微课便于整合到多种学习场景中

微课具有多种功能，可以作为传统课堂的预习资源、课程开启的引导材料、知识点呈现的工具，或是课堂活动和课后作业的呈现形式。由于微课具有简短的特点，教师可以轻松地调整或修改微课内容，以满足教学需求。随着平板电脑和智能手机的广泛应用，电子版的微课视频与这些设备完美匹配。学习不再受限于传统的教室环境，而是逐渐融入学生的日常生活中。这种学习方式更加情境化、建构式和自主化，既体现了“以人为本”的教育理念，又展示了现代技术的优势和时代特色。

3. 微课有利于学生自主学习能力的培育

微课的设计是模块化和工具化的，学生需要根据课堂表现自行确定所学内容，选择合适的学习资源，并对自身的薄弱环节进行专题和模块化的学习与加强。因此，微课在推动学生提升自主学习能力方面起到至关重要的作用。

4. 微课能够节省并整合教育资源

微课以数字化视频形态呈现，方便于复制和传播。这种格式的内容可以被多次、在多种场合无限制地使用。例如，当一个特定主题的解释被制作成微课，教师只要讲授一次，之后学生就可随时、随地回放此内容。这不仅有助于减少教师的重复劳动，而且能够使教师更专注于为学生提供个性化的教学支持。

教师在制作微课的过程中，可以充分利用和整合学校或机构中各领域的专业资源，邀请各领域的专家对他们所擅长，尤其是领域内最新和核心的问题进行讲解，并以微课的形式展现给学生。如此，微课就不仅能汇聚最顶尖的教育资源，还能为学生提供一个便利、高效的学习平台，从而彰显现代教育技术带给学生的实际益处。

（二）微课的不足

虽然微课为现代教育提供了许多方便和优势，但教师在实践应用中需要注意微课的局限性，并努力通过其他方法和策略来弥补这些不足。具体来看，微课的不足主要包括以下几点。

1. 知识片段化

微课的特色之一是将知识内容细化为短小、精练的模块，以满足学生在移动环境下快速、高效的学习需求。然而，这种方式也可能导致知识的片段化。知识片段化意味着学生在学习过程中接触到的信息更加碎片化，可能难以形成一个完整、系统的知识体系。如果学生仅仅依赖微课来学习，那么他们就可能会缺乏对整体知识框架的把握，这可能导致他们在实际应用中遇到困难，因为他们可能没有办法将这些碎片化的知识整合起来。此外，过于碎片化的学习方式可能会影响学生的深入思考和批判性思维的培养，使他们习惯于表面的、快速的学习方式，而缺乏深度学习的能力。

对于教师而言，过度的知识片段化可能会使他们在教学设计时过于追求内容的简洁和直观性，而忽视了知识的深度和广度。这可能会降低教学的质量，使学生得不到真正有价值的学习体验。为避免知识片段化带来的问题，教师在设计微课时，应确保每一个微课模块都与整体的教学目标和内容紧密相关。此外，可以在微课中增加知识链接或推荐资源，引导学生进行更深入、系统的学习，帮助学生建立起完整的知识体系。同时，教师可以通过组织课堂讨论、作业和项目等方式，鼓励学生对所学的碎片化知识进行整合，并在实践中应用，从而确保学生获得全面、深入的学习体验。

2. 过度依赖技术

由于微课是在线提供的、依赖于特定的技术平台或工具，它很容易让学生和教师产生对技术的过度依赖。当学生和教师习惯于技术驱动的学习方式，他们就可能逐渐失去与传统学习方法和资源的联系，如实地考察、实验操作、手工作业或面对面讨论。这种对技术的过度依赖可能导致学生缺乏对真实世界的体验和观察，从而限制学生对知识的深度理解和应用能力。此外，当技术出现问题或不可用时，学生的学习可能会受到很大的影响，他们可能会觉得手足无措，不知道如何继续学习。

对于教师来说，对技术的过度依赖可能导致他们过于重视数字内容的制作和展示，而忽视了教育的核心——与学生的互动和引导学生进行批判性思考。

为了避免过度依赖技术所带来的问题，教师应确保技术是辅助教学的工具，而不是其主导。教师应该采用多样化的教学方法，结合传统和现代方法，确保学生可以从多个角度和运用多种方式接触知识。教师应培养学生的技能和习惯，使学生能够在没有技术支持的情况下也能进行有效的学习。这样，即使在技术受限的情况下，学生和教师也可以保持高效的学习和教学。

3. 缺乏实践机会

许多知识和技能，尤其是那些需要实际操作或与真实环境互动的知识和技能，只有通过亲身体验才能真正掌握。例如，生物学课程中的植物或动物观察、地理课程中的实地考察等，都不可能完全由数字化教学工具来替代。

微课以其精练、模块化的特性深受许多教育者和学生的喜爱，但它本身的特点很容易使学生处于一个被动接收的状态，导致学生在学习过程中缺乏真实的实践机会。实际上，学习不仅仅是知识的传递，更多的是知识的实际应用和体验。然而，由于微课的时间限制和格式化，往往更多地侧重知识的介绍，而不是知识的应用。对学生而言，缺乏实践机会意味着他们可能只是了解知识而并非真正掌握。知识的应用和实践是加深对知识理解的重要方式，没有这样的经验，学生可能难以将理论与实践结合，形成深入的理解。此外，如果学生仅仅依赖微课学习就可能失去与现实世界互动的机会，从而影响创新能力和解决实际问题的能力的发展。对教师而言，如果过度依赖微课，他们就可能会忽略教学中的实践环节，导致教学效果不佳。教师可能会发现学生在知识的掌握上有所欠缺，或者在面对真实问题时表现不尽如人意。

为解决这一问题，教师应确保微课是整个教学活动中的一个环节，而不是全部。在使用微课传授知识的同时，教师应该设计一系列实践活动，让学生将所学知识应用到实际情境中。这些活动可以是实验、案例分析、小组讨论或其他形式的实践。通过这样的活动，教师可以确保学生在学习知识的同时能获得宝贵的实践经验，从而更好地掌握和运用知识。

五、微课的发展趋势

与传统的教学预习方式相比，微课具有一定的个性化、灵活性。教育的变革往往受到新技术、新资源及新课程的推动。而技术的发展有其相对独立的轨迹，它并不总是与教育同步。过去，人们期待技术能够助力教育的进步；如今，技术正被视为教育的导航。微课作为技术发展的产物，从其诞生至今，无论是其理论基石、开发路径还是应用模式，都仍在探索和完善之中。这需要广大的教育工作者在实际教学中进行不断的尝试和改进。一般认为，微课教学模式的发展趋势主要体现在以下五个方面（图 4–3）。

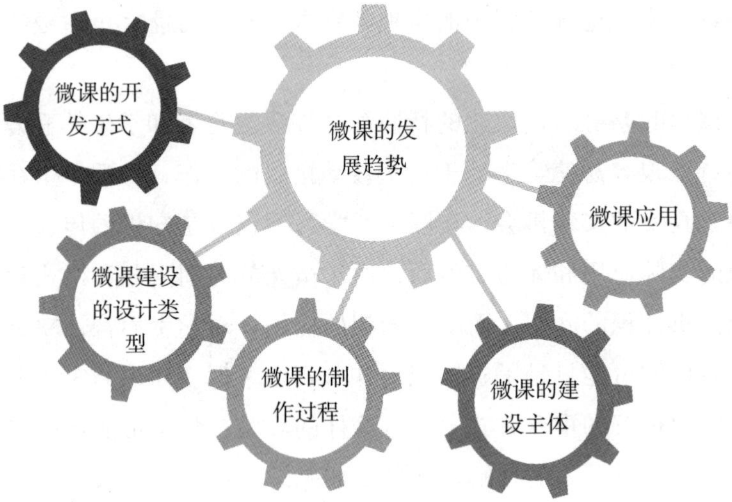

图 4-3 微课的发展趋势

（一）微课的开发方式

从开发方式上看，微课呈现出从“小微课”到“大微课”的发展趋势。现行的微课模式往往偏重单个的微课设计和开发，导致内容的零散和重复，使得学生在学习过程中难以找到清晰的学习路径，经常处于一种缺乏整体规划的碎片化学习状态。然而，未来的微课趋势是在专家的引领下制定设计，并逐步从碎片化转向有序化，从零星的内容向更具体系的方向发展。例如，围绕特定的学习主题或专题，与知识体系同步，构建出有体系的微课程。这要求教师不仅要帮助学生超越微课的碎片化学习，还要促使学生获得高效的学习体验。

（二）微课建设的设计类型

从微课建设的设计类型上看，微课将朝着更为开放和多样化的方向发展。当前的微课主要以知识讲授为核心，内容繁多，导致其在实际应用中不尽如人意，而且主要采用离线方式，如下载观看或在教室中使用。然而，随着技术的进步和用户需求的多样化，未来的微课将更为注重用户体验，内容将更加丰富和多样。不仅如此，它将支持在线和移动学习，满足学生在任何地点、任何时间的学习需求。特别是以手机为载体的应用程序序型微课，有望成为教育领域的新焦点，为广大学生提供更为便捷的学习体验。

（三）微课的制作过程

从微课的制作过程上看，微课的发展趋势为追求更高的互动性和深度参与。随着技术的发展，交互式学习、虚拟仿真及3D学习技术日益受到人们的欢迎。制作微课的教育者需要时刻反思：长时间的微课视频是否能吸引学生的注意力？简短的微课是否足够清晰和具有启发性？仅仅观看微课视频，学生是否能真正获得深入的学习体验？微课与传统课堂的一个显著差异是其一对一的教学模式。在这种情境下，没有其他同学或教师的存在，学生和内容之间的交互变得至关重要。单纯地观看视频，不足以激发学生的学习兴趣和深度参与。因此，微课的设计应强调互动性，鼓励学生与内容间进行深度交流和参与，解决实际遇到的问题。这样的学习才是真正有意义和有效的。

（四）微课的建设主体

在微课的建设主体方面，未来的发展呈现出多元化的趋势。不再局限于仅由教育工作者参与研发，而是涵盖了更广泛的群体，这反映了互联网时代多元参与的特点。教师、学生、家长，以及对微课感兴趣的其他人士，都有机会为微课的创新和发展贡献自己的思想和需求。在这个信息丰富的时代，每个人都被视为资源的共享者和创作者。这种思维方式使得学生也能够参与微课的创作过程。在教师的引导和合作下，由学生主导或与教师共同创作的微课成为创客教育中的新形态。这种做法不仅推动了微课的创新，而且符合学习金字塔中的理念——通过“教导他人”来实现高效学习。这无疑为教育带来了全新的可能性和突破。

（五）微课应用

随着大数据和智能技术的发展，预计将会出现更多智能化的区域性微课平台。微课单独看似微不足道，但其价值在于整体的系统和组织。因此，与其只关注微课的内容，更重要的是建设和完善微课的学习与管理平台。这样的平台设计不仅要重视微课资源，更要注重用户的学习体验。在线教育的微课应与线下教学方式形成互补，确保教育的连贯性。借鉴像美国可汗学院这样的成功案例可以为微课平台的建设提供宝贵的经验。可汗学院不仅为学生提供个性化的自主学习平台，还为学校提供共享学习资源。平台上的实名注册、学习诊断、学习方法等功能，让学生能够更深入地参与学习。学生在学习社区中的互动和讨论，促进了大规模的学习交流，从而培育了丰富的智慧资源。这种模式的成功也使得很多大学教学开始转向对微课和慕课的发展，以期获得与（可汗学院）类似的广泛影响和效果。

微课以短视频为载体，已逐渐演化为微型网络学习课程系统，伴随教学实践而不断进化。在信息化的今天，科技快速发展并深入应用于各个领域，人们对学习方式的需求也变得多样化。尤其在智能手机、平板电脑和笔记本电脑便携式设备广泛普及的背景下，微课的重要性日益凸显。其存在不仅响应了现代社会的发展趋势，更与教育的内在规律相契合，为自主、个性化、合作、移动的远程教学提供了有力支撑。当然，作为一个相对新兴的教学方式，微课仍在不断发展中，各方往往对其持有不同的意见并时常指出其潜在的局限性。但在信息化社会的大背景之下，微课所呈现出的独特性质与特点，使其在教育领域拥有了宽广的发展空间和明确的方向。

第二节　微课在高校教学改革中的实施与策略

随着技术的迅速进步和信息化社会的到来，教育领域也正在经历着一场革命性的变革。高等教育作为知识传递和人才培养的重要阵地，正面临着如何融入新技术、更新教学手段的挑战。微课这种紧跟时代步伐的创新教学方式，为高校打开了一扇通往教育未来的大门。但如何有效地在高等教育中实施微课并制定相应策略，确保其最大化效果，仍是目前的一大难题。本节将深入探讨微课在高校教学改革中的实施与策略，期望为教育者提供一些有益的启示。

一、微课在高校教学改革中的实施原则

在高校教学改革中，实施微课的原则主要包括以下几点。

（一）以学生为中心原则

微课设计应始终以学生为中心，关注学生的需求、兴趣和学习方式，以提高学生的学习动机和效果。

在微课的实施过程中，所有的设计、内容、方法和评价等环节都要为了更好地满足学生的需求和期望而进行。在当今社会，传统的以教师为中心的教学模式已逐渐不适应教育的发展，特别是在数字化、网络化的背景下，学生对学习有了更多的要求和期望。以学生为中心这一原则之所以重要，是因为它关乎学习效果。学生在接触学习材料时，不仅是为了获取知识，更多的是为了培养自己的思维能力、解决问题的能力和创新能力。这需要学生在学习过程中得到充分的参与和实践，而不仅仅是被动地接受知识。如果微课的设计能够更好地引起学生的兴趣，激发学生的学习动力，那么学生在学习过程中就更容易投入，从而更容易实现学习目标。

为了真正实现以学生为中心，在微课的制作和实施过程中，教师要深入了解学生的需求、兴趣和背景，与学生进行沟通、征求他们的意见和建议，或者进行学习需求分析。此外，教师还要关注学生的学习风格和习惯。例如，有些学生可能更喜欢图像和动画，而有些学生则可能更偏向于文字和语言。考虑到这些因素，微课的设计就能更加贴合学生的实际情况。此外，微课还要具备足够的灵活性，以适应不同学生的学习进度和节奏。教师在微课的设计和实施过程中，应始终关注学生的实际情况和需求，以此为基础进行教学活动，从而确保学生能够在学习过程中得到充分的满足和发展。

（二）与课程目标相契合原则

微课的内容和结构应与课程的学习目标和教学大纲保持一致，确保其与整体教学内容相协调。

与课程目标相契合的重要性源于教学的核心目的。教育的本质是帮助学生掌握知识、技能和形成态度，从而实现预定的学习目标。如果微课的内容偏离了这些目标，那么无论其制作有多精良、交互有多引人入胜，它都无法为学生的学习成长带来真正的价值。为保证微课与课程目标的契合性，教育工作者在设计微课时需要清晰地识别和明确课程的核心目标。这通常涉及对课程大纲的深入理解和分析，确定哪些知识点、技能或态度是学生在该课程结束后必须掌握的。有了这些信息后，微课的内容、活动和评估方法就可以围绕这些核心目标进行构建。

除明确的课程目标之外，微课的设计还需要考虑到学生的学前知识和能力。这是因为，为了实现特定的学习目标，学生可能需要掌握一系列的前置知识和技能。在设计微课时，教育工作者需要确保学生能够在学习微课的过程中逐步建立起这些知识和技能，为达到课程目标打下坚实的基础。与课程目标相契合是微课在高校教学改革中的一个核心实施原则。教育工作者需要对课程目标有深入的理解，并确保微课的所有元素，无论是内容、活动还是评估方法，都与这些目标紧密相连。这样，微课才能为学生的学术成长带来真正的价值。

（三）技术与教学相结合原则

教师在制作和使用微课时，不仅要关注技术的应用，还要确保教育质量。技术应作为提高教学效果的工具，而不是目的。教学内容与方法不仅要与最新的技术紧密结合，而且这种结合要以增强学习效果为目标，而非仅仅为了采用新技术。

新的技术手段，如多媒体、交互设计或数据分析，如果正确使用，就能够丰富教学方法，增强学生的学习体验，从而提高学习效果。然而，技术的引入不应当仅仅是为了追求新颖或时尚，而是要真正为教学服务。

为了有效实现技术与教学的有机结合，教育者需要深入理解所教授的内容和技术的潜力。基于对教学内容的深入理解，教育者可以确定哪些技术工具和方法最适合传达特定的知识和技能。例如，对于需要直观展示的复杂概念，动画或三维模拟可能是有效的教学工具；而对于需要培养学生批判性思维的内容，交互式的讨论板或协同编辑工具可能更为合适。同时，技术与教学的结合也需要考虑学生的需求和习惯。在数字化时代，学生已经习惯于使用各种技术工具进行学习和沟通，教育者需要利用这些工具来满足学生的学习需求，使学生更容易地融入学习环境。此外，随着技术的更新，教育者也需要不断学习和适应，确保所使用的技术工具始终与时俱进。

教育者应该注意，技术只是手段，不是目的。技术的引入和使用应当始终以增强学习体验和提高学习效果为目标。因此，在选择和使用技术时，教育者需要仔细评估其对教学的实际效果，并在必要时做出适当调整。

二、微课在高校教学改革中的实施步骤

教师在高校教学改革中的实施微课这一教学方式，需要经过需求分析与目标设定、内容策划与设计、微课开发与制作、微课测试与评估、

微课推广与应用和持续反馈优化等步骤，以确保微课的高效开发、广泛应用和持续优化（图 4–4）。

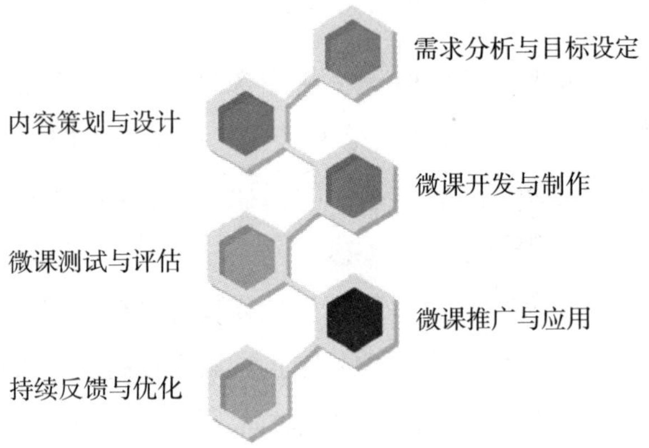

图 4-4　微课在高校教学改革中的实施步骤

（一）需求分析与目标设定

需求分析与目标设定是微课实施的前期准备工作。首先需要了解教学的实际需求，包括学生的学习需求、教师的教学需求、课程内容的特点等。在明确需求的基础上，设定微课的教学目标，确保微课的设计和开发与教学的实际需求相匹配。

理解需求是为了确保微课的内容和形式与学生的学习需求相匹配。当微课与学生的学习需求不匹配时，微课可能会失去其教学价值，无法达到预期的教学效果。因此，教师在进行需求分析时，应深入了解学生的学习背景、兴趣、学习目标等，从而确保微课的内容和形式能够满足学生的学习需求。而目标设定则为微课提供了明确的方向和标准。明确、具体和可衡量的目标，可以帮助教师在微课的开发和应用过程中，始终保持正确的方向，避免偏离初衷。教师在设定目标时，应确保目标与学生的学习需求、课程内容和教学方法相匹配，同时考虑微课的实际应用环境和条件，确保目标的可实现性。为确保微课的高效开发和应用，教师在进行需求分析与目标设定时，可以采用一些具体的方法和手段。例如，通过调查问卷、访谈、观察等方式，深入了解学生的学习需求和偏好；参考相关的教育理论和研究，确保微课的内容和形式与现代教育理念相匹配；结合教学实践，明确微课的目标和标准。在实施微课教学之前，教师应深入了解学生的学习需求，明确微课的目标，从而确保微课的内容和形式与学生的学习需求相匹配，达到预期的教学效果。

（二）内容策划与设计

基于前期的需求分析和目标设定，进行微课的内容策划和设计。在这一步中，需要确定微课的主题、内容结构、教学方法、互动元素等，确保微课的内容既科学又有吸引力。

内容策划与设计是微课开发过程中的核心环节，它决定了微课的质量和有效性。在这一阶段，教师不仅是知识的传递者，还是内容的策划者和设计者。教师要将复杂的教学内容转化为简洁、有趣且高效的微课。微课的特点是简短、精练。与传统的课程不同，微课需要在有限的时间内传递关键信息，同时吸引并保持学生的注意力。因此，如何挑选重要内容，如何呈现这些内容，都对教师提出了较高的要求。

教师在进行内容策划与设计时，应从以下几个方面着手：第一，明确核心内容。筛选出本课程或本主题中最为关键的内容。这不仅要求教师对教材熟悉，还需要对学生的学习需求有深入的了解。第二，设计生动形式。微课的呈现形式应当多样，可以是动画、图表、真人示范等。这些形式能够使内容更为直观，有助于学生理解与记忆。第三，注重逻辑性。微课虽短，但仍须保持内部的逻辑性。教师应确保设计内容的前后呼应，每一部分都为下一部分的学习做好铺垫。第四，鼓励互动。考虑到微课的在线特性，教师可以设计一些互动环节，如小测验、讨论题等，鼓励学生参与，激发学生的学习动机。第五，整合资源。利用现有的教育资源，如网络资料、图书馆资源等，为微课内容增添丰富性和深度。具体如图 4-5 所示。

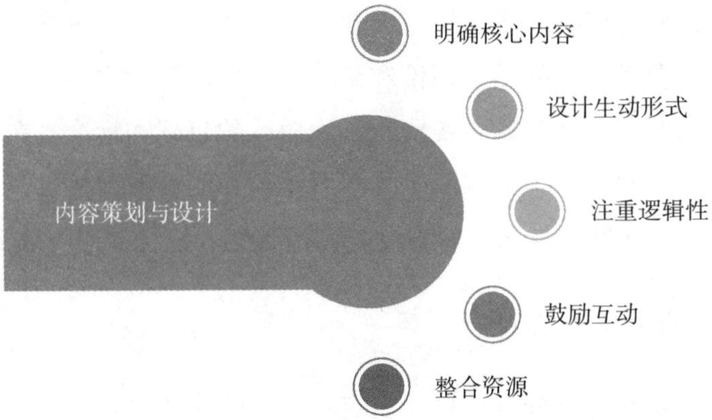

图 4-5　内容策划与设计的考虑内容

在实施内容策划与设计的过程中，教师还可以与同行进行合作交流，借鉴他人的经验，不断完善自己的微课设计。此外，定期收集学生的反馈，了解微课的实际效果，对教师来说也是不可忽视的工作。

（三）微课开发与制作

教师应根据前期的策划和设计，进行微课的具体开发和制作。在这一步中，需要选择合适的技术工具，如视频录制、动画制作、交互设计等，确保微课的质量和效果。

微课开发与制作是将之前策划与设计的内容具体呈现出来，让它成为一段具体的视频或互动材料，供学生学习使用。在这一环节中，微课的质量、呈现效果和实际教学效果都将得到体现，因此它对于整个微课的成功至关重要。微课开发与制作对微课来说如此关键，主要是因为这一阶段决定了微课的观感和实用性。好的制作可以让学生更容易理解和吸收知识，也更容易激发学生的兴趣并提高学生的参与度。而糟糕的制作，即使内容策划得再好，也可能导致学生失去兴趣，效果大打折扣。

教师在进行微课开发与制作时，应根据自己的技术背景和微课的内容特性选择合适的制作工具，如动画制作软件、视频编辑软件等。对于不熟悉的工具，可以选择参加培训或者寻求外部帮助。无论是图片、音频还是视频，素材的质量都会直接影响到微课的整体效果。因此，应尽量选择清晰、专业的素材，并确保其与内容紧密相关。微课的魅力在于其简短和精练。因此，制作时要确保内容紧凑，避免冗长和重复，但又不能忽略重要信息。微课不仅仅是传统的视频教程，它更加注重与学生的互动。在制作时，教师可以加入互动元素，如问题、讨论等，让学生参与进来，提高学习的主动性。在微课制作完成后，教师应多次预览，确保无误。同时，可以邀请同事或学生观看，收集他们的意见和建议，以对微课进一步完善。

微课的开发与制作，不仅仅是一个技术过程，更是一个创意和教育的结合。教师在这个过程中，既要展现出自己的教育理念和方法，也要运用现代技术手段，确保微课的高质量和有效性。只有这样，微课才能真正地为高校教学改革带来积极的影响。

（四）微课测试与评估

在微课开发和制作完成后，要进行测试和评估。这一步可以通过邀请部分学生和教师参与，收集他们的反馈意见，对微课的内容、设计、交互等方面进行评估，并根据评估结果进行必要的调整。

微课测试与评估的目的是确保微课的质量，为学生提供真正有效和有价值的教学资源。在微课的制作过程中，即便在内容策划与设计、开发与制作阶段做得再好，如果缺少了这一关键的评估环节，仍可能因为一些未被发现的问题而导致整体教学效果受损。只有通过测试和评估，我们才能真正理解微课在实际教学环境中的表现，知道其是否能够满足学生的学习需求，以及是否达到了预期的教学效果。微课测试与评估是从实际应用出发，对微课的功能性、实用性和有效性进行的检验。

为此，教师需要组织一批学生，最好是目标受众，对微课进行试听或试学。在此过程中，教师应密切观察学生的学习状态、反应和问题，以了解微课的实际效果。此外，教师可以设计一些与微课内容相关的测试题或任务，以此来判断学生通过微课学到了什么，以及学习的深度和广度如何。除了直接观察和测试，教师还应该与学生进行交流，听取他们对微课的意见和建议。这些第一手的反馈是非常宝贵的，因为它们可以帮助教师发现微课的潜在问题，以及可能需要改进的地方。基于这些收集到的数据和反馈，教师需要对微课进行必要的修改和完善。这可能包括修改微课的某些内容、调整视频的节奏和时长、增加或删除一些素材等。教师在此过程中，既要有科学的评估方法，也要有敏锐的观察力和听取反馈的态度，确保微课真正服务于学生，有助于学生的学习和成长。

（五）微课推广与应用

经过测试和评估，确保微课的质量和效果后，可进行微课的推广和应用。这一步可以通过线上平台、社交媒体等方式，将微课推广到更多的学生和教师中，确保微课的广泛应用和高效利用。

推广与应用的重要性在于如果没有得到广泛应用，即使微课的制作质量再高，它也将成为一个存在于数字世界的孤岛，与实际教育目的背道而驰。因此，在微课推广之初，教师应该将其整合到自己的教学计划中，使之成为日常教学的一个组成部分。如此，微课就不仅能为学生提供全新的学习体验，还可以为教师节省宝贵的授课时间，让教学更为高效。除了自身教学的应用，教师还可以通过多种途径推广微课。例如，利用学校的教育资源平台发布微课，让更多的师生了解并使用；在教育论坛、研讨会等场合，与同行分享微课的制作和应用经验，推动微课在更大范围内的普及。此外，与其他教师、学科团队或教研组合作，共同推广和应用微课，也是一个有效的方法。通过团队合作，教师可以集思广益，发现更多的应用场景，使微课在教学中的作用得到最大化。

（六）持续反馈与优化

在微课的应用过程中，持续收集学生和教师的反馈意见，对微课的内容、设计、交互等方面进行持续优化，才能确保微课始终与教学的实际需求相匹配，并达到最佳的教学效果。

对于任何教育资源来说，其存在的初衷都是为了更好地满足学生的学习需求和实现教师的教学目标。微课尽管在形式上具有创新性，但它的核心仍然是教与学。而教学的过程是充满变数的，受到学生基础、教材内容、教育环境等多种因素的影响，因此，微课不能一成不变，必须进行持续的反馈与优化。在持续的反馈与优化过程中，教师不仅要有敏锐的观察力，还要有持续学习和改进的决心。这样，微课才能不断进化，真正成为一个有生命、有温度的教学资源，为高校的教学改革贡献力量。

三、微课在高校教学改革中的实施策略

在高校教学改革中，微课作为一种创新的教学模式，能够满足当代学生的学习需求并配合现代教育技术的发展。为了确保微课在高校得到有效的实施，高校需要采取如下策略（图 4–6）。

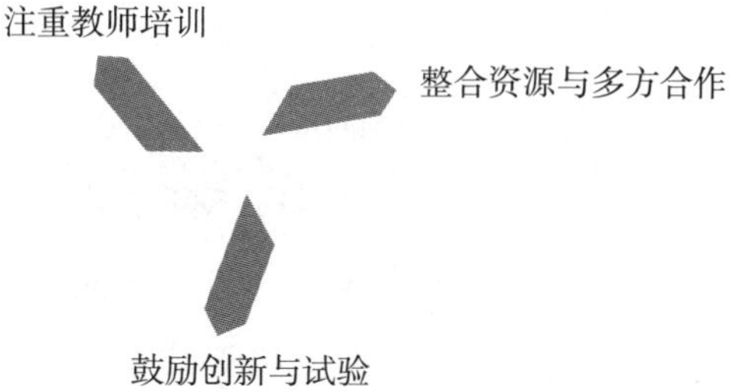

图 4–6　微课在高校教学改革中的实施策略

（一）注重教师培训

教师培训的核心价值在于确保教师能够充分利用微课的优势，并避免可能的陷阱。与传统课程不同，微课强调的是信息的简洁性、可视性和互动性。这意味着教师不仅需要具备深厚的学科知识，还需要掌握一定的技术能力和现代教学方法。此外，微课往往更加注重学生的主动参与和个性化学习，这要求教师在教学过程中展现更高的敏感性和适应性。为了满足这些需求，高校应制订系统的教师培训计划。培训内容可以包括但不限于微课的设计理念、技术工具的使用、学生互动策略等。

同时，培训不应仅仅停留在理论层面，而且应该包括实际操作的演练和模拟教学，以确保教师能够在真实的教学环境中有效地应用所学知识和技能。除了基础培训，高校还可以设立进阶培训课程，鼓励教师不断提高和更新自己的技能。这可以帮助教师应对微课领域的快速变化，确保其教学方法始终处于行业前沿。高校还应当创建一个反馈与支持系统，为教师提供持续的帮助和指导，可以包括同行评审、学生评价、定期的培训研讨会等。这样的系统旨在鼓励教师分享经验、解决问题，并在微课教学过程中互相支持。

注重教师培训是确保微课在高校教学改革中成功实施的关键。通过系统的培训、持续的支持和鼓励教师的自我发展，高校可以确保教师不仅具备传授知识的能力，还能够提供高质量、现代化的微课教学。

（二）鼓励创新与试验

鼓励创新与试验的根本原因在于教育的本质和目标。教育旨在培养学生的综合能力，使学生能够适应不断变化的社会和挑战。而微课作为一种与传统教学模式不同的方法，为教师提供了更多的自由度和空间来进行教学实践。通过不断的创新和尝试，教师可以更好地理解并利用微课的特点，提供更具针对性和效果的教学内容。

高校需要为教师提供宽松、开放的环境，尽量减少对微课制作和应用的限制，允许教师按照自己的理解和需求进行创作。同时，高校还应该提供必要的资源和支持，包括技术工具、培训、经费等，确保教师在创新和试验过程中得到足够的帮助。此外，高校还可以通过设置特定的项目和奖励机制来进一步鼓励教师的创新与尝试。例如，高校可以设立微课创新大赛，鼓励教育者提交自己的微课作品，并为优秀作品提供奖励和推广。这样不仅可以调动教师的积极性，还可以为整个教育体系带来更多的优质资源。同时，对于那些在创新和试验中遇到困难或失败的教师，高校应该为其提供相应的指导和帮助，确保他们能够从困难或失败中学习并继续前进。

鼓励创新与试验是微课在高校教学改革中成功应用的关键。只有在开放、宽松、支持性的环境中，教师才能够充分挖掘和利用微课的潜力，为学生提供更加丰富和高效的教学体验。

（三）整合资源与多方合作

在复杂的知识体系中，单一的教育资源和方法难以满足日益多样化的学习需求。因此，为了给学生提供更加丰富和高效的教学体验，教师必须整合多元的资源并与多方合作伙伴共同努力。

在高校中存在大量的知识和技能资源，这些资源分散在不同的学院、系所和研究中心。整合这些资源，意味着打破传统的学科界限，促进跨学科的合作和交流，以创建更加综合和实用的微课内容。例如，一个关于环境科学的微课，可以整合自然科学、社会科学和艺术等多个领域的知识，为学生提供更加全面的学习视角。而要实现这一目标，高校可以通过建立专门的微课资源中心，为教师提供技术支持、培训和合作平台。比如，这个中心可以搭建一个在线资源库，收集和整理各种教育资源，包括文本、图片、视频等，方便教师按需选取和使用。另外，高校还可以与外部合作伙伴，如企业、非政府组织和其他教育机构，共同开发和推广微课。这些合作伙伴可以为高校提供实践经验、案例研究和技术支持，使微课内容更加贴近实际，同时增加了微课的影响力和传播范围。值得注意的是，整合资源与多方合作并不意味着简单地叠加各种资源和方法。相反，高校需要根据学生的学习需求和微课的教学目标，对资源进行有针对性的选择和组合，确保资源的合理利用和最大效益。

第三节　微课在高校教学应用中的典型案例

随着教育技术的迅猛发展和数字时代的来临，教育方式正在经历着一场前所未有的变革。特别是在高等教育领域，微课的出现不仅为教师和学生提供了一个新的、高效的学习和教学平台，而且在各种教学实践中展现了其独特的价值和潜力。本节将探讨微课在高校教学中的典型应用案例，深入分析在高校教学中应用微课提升教学质量的方法。

一、基于微课的翻转课堂教学应用

翻转课堂作为一种当下受到广大教育工作者关注的教学模式，重塑了传统课堂的教与学过程。南京大学的张金磊教授针对此模式进行了深入探索，构建了一套完整、系统的教学框架，该框架融入了微课这一高效的教育工具，从而使学生在课前、课中及课后都能获得高效、持续的学习体验（图 4–7）。

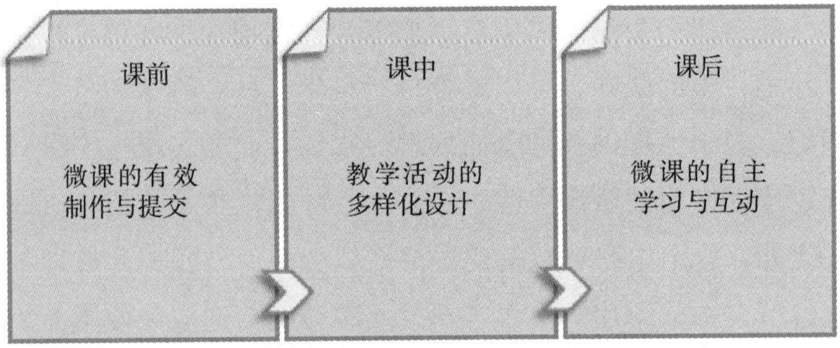

图 4–7 南京大学基于微课的翻转课堂教学应用

（一）课前微课的有效制作与提交

张金磊指出，有些教师存在着一个误区，即把一节课的全部内容录制为视频供学生学习。而实际上，由于学生难以持续关注一个长时间的教学视频，更为理想的做法是制作时长为 5 ～ 8 分钟的微课。这样的微课重点突出，可以反复观看，更加有利于学生掌握难点和重点。在一个约 50 分钟的课堂中，张金磊建议提供的微课数量最好控制在 1 ～ 3 个，以确保学生有足够的时间进行预习。

（二）课堂教学活动的多样化设计

翻转课堂的核心不仅仅是课前看视频和课堂协作学习，还可以在课堂上进行教师讲解、学生提问、自主探索、成果汇报和点评反馈等多种活动。张金磊强调，由于微课内容是碎片化的，教师的课堂讲解能确保知识的系统性和整体性，更好地帮助学生整合所学内容。

（三）课后微课的自主学习与互动

课后，学生可以根据自己的学习需要选择性地观看微课，甚至未参与课堂的学生也可以通过这些微课进行补课。更为重要的是，学生可以在微课平台上提出疑问，从而获得教师和同学的回答，这事实上是为学生创造了一个充满互动和探讨的学习环境。

二、基于混合式学习的微课教学应用

混合式学习（blended learning）是一种教学方法，它结合了传统的面对面课堂教学和在线学习的优点。混合式学习旨在为学生提供更为多样化、灵活的学习方式和环境，使学生可以在不同的场合和时间下进行学习，从而提高学生的学习效果和满意度。关于混合式学习的相关内容，在第五章中将做详细论述，这里主要分析微课在混合式学习中的应用。在混合式学习模式中，如何巧妙地融入微课资源，使之与其他教学方式相得益彰，是当前教育工作者热议的话题。何博和兰国帅等研究者，在融合学习理论的引导下，以学习者为中心，探索出了一个结合微课的混合式学习的教学模式。在这个模式下，同济大学对“普通物理”课程进行了为期一个学期的实践探索。这次教学实践在智慧树平台上进行，通过微课教学班和传统的平行班进行对比分析。

经过深入调查和分析，研究者发现微课教学班的学生更喜欢利用移动设备进行学习和交流，并能够适应碎片化、微型化的学习模式。为了更好地满足这一特点，教学设计师在“普通物理”课程设计时精心规划了各个知识点的教学模块，充分利用微课的特色，以知识树的方式为学生构建了一个完整、系统的学习路径。其中，每个知识单元不仅包括了10～15分钟的微视频，还结合了其他辅助教学资源如导学、知识链接和多媒体素材等，以确保学生能够全方位、深层次地掌握知识点。在此基础上，微课平台还嵌入了社会化媒体功能，如智慧空间和大学社区，让学生在学习的过程中可以进行交互和分享，形成一种良好的学习氛围。

为了确保学生真正掌握了知识，并实现了深度学习，研究者在课程中加入了实时测验和评价环节。学生在完成微课后，可以随时进行自我测评，检验自己的学习效果。此外，教师也发布了团队讨论任务，鼓励学生互相交流和合作，以此来评估他们的参与度和贡献度。当课程结束时，学生还要接受传统的笔试考试，使得评价更加客观和全面。经过一系列的实践和调查，结果显示基于混合式学习的微课教学方式能够显著提高学生的学习效果和学习兴趣，这也从学生的成绩明显提高中得到了验证。然而，这种教学模式仍然存在不少需要完善的地方。

对此，利用微课开展混合式学习时，高校教师应注意以下几点：第一，加强对学生学习过程的监督和引导，培养其线上学习能力。第二，着重构建学习框架，帮助学生整合零散的知识点。第三，不断优化和更新学习资源，强化各资源之间的联系；增强微课的交互性，使之更加生动有趣。第三，关注微课的结构设计，确保学生能够从碎片中看到整体，进而引导学生进行深入的学习。

总体而言，微课在高校的应用不仅体现着当代教育技术在促进学生学习中的巨大价值，也能够为教师提供富有创意和效率的教学手段。这些典型案例表明，当传统教育与现代技术完美结合时，教师能为学生创造更为广阔、个性化和互动性强的学习环境。随着时间的推移，我们有理由期待，微课及其他数字化学习资源将在高等教育中发挥更大的作用，为当代学生带来更为丰富和深入的学习体验。

第五章 混合式学习在高校教学改革中的实践

第一节 混合式学习概述

混合式学习是一种教学方法，它结合了传统的面对面课堂教学和在线学习的优点，旨在为学生提供更为多样化、灵活的学习方式和环境，使学生可以在不同的场合和时间下学习，从而提高学习效果和满意度。混合式学习模式适用于各种学习场景和学科，如高等教育、企业培训、继续教育等。随着技术的发展，尤其是移动技术和云计算的普及，混合式学习越来越受到教师和学生的青睐。

一、混合式学习的定义

20 世纪 90 年代，网络学习（e-learning）在教育领域萌芽并获得迅速发展，推动了教育的革新步伐，并孕育了众多前沿的教育思想与观念。随着 e-learning 的普及，人们意识到，面对不同的挑战需要采取差异化的策略。在这样的背景下，“混合式学习”这一概念首次在企业培训中被提及并逐渐得到广泛应用。值得注意的是，与传统的学校教育不同，企业培训更加注重商业回报。在商业环境中，培训的核心目标不仅是提高员工的知识水平，更多的是追求高效率、高回报的培训成果。为满足员工在时间和地点上的多样化需求，企业开始探索将线上培训与传统培训相融合的模式，结合了传统的课堂教学和远程学习的优点。进一步的尝试还包括对课堂教学、小组讨论、专题研讨和在线远程教学的组合。简而言之，混合式学习的核心是将线上学习与传统的面对面教学策略进行融合。鉴于现代企业培训的广泛应用，这种高效且灵活的“混合式学习”方式逐渐受到大众的关注，也为教育技术的进一步发展带来了一定的启示。

（一）国外的定义

国外不同学者对混合式学习有着不同的解释。玛格丽特·德斯科（Margaret Driscoll）认为，混合式学习是融合多种教学方法和教学技术，以提高教学质量、获得最佳的学习效果的一种教学方法。① 她从四个方面对混合式学习进行了论述：第一，结合或混合多种网络化技术来实现教育目标。第二，结合多种教学方法，利用或不利用教学技术产生最佳的学习效果。第三，将任何一种教学技术与面对面的教师指导的培训相结合。第四，将教学技术与实际工作任务相混合或结合，以使学习和工作协调一致。

哈维·辛格（Harvi Singh）提出，混合式学习是在适当的时间，通过应用适当的学习技术与适当的学习风格相契合，对适当的学习者传递适当的能力，从而达到优化学习效果目标的学习方式。②

（二）国内的定义

何克抗指出，所谓混合式学习就是要把传统学习方式的优势和网络学习的优势结合起来。也就是说，既要发挥教师引导、启发、监控教学

① DRISCOLL M. Blended learning: Let’s get beyond the hype[J]. E-Learning and Digital Media, 2002, 1 (4): 1-3.

② SING H. Building Effective Blended Leaning Program[J]. Educational Technology, 2003, 43 (6): 51-54.

过程的主导作用，又要体现学生作为学习过程主体的主动性、积极性与创造性。只有将这二者结合起来，使二者优势互补，才能获得最佳的学习效果[①]。

上海师范大学教授黎加厚认为，混合式学习是指对所有的教学要素进行优化选择和组合，以实现教学目标。教师和学生在教学活动中，按照教学的需要娴熟地运用各种教学方法、模式、策略、媒体、技术等，达到一种艺术境界。[②]

李克东、赵建华指出，混合式学习是人们对网络学习进行反思后，出现在教育领域，尤其是教育技术领域中较为流行的一个术语，其主要思想是把面对面教学和在线学习两种学习模式有机地整合，以实现降低成本、提高效益的一种教学方式。[③]

虽然国内外学者对混合式学习的定义有所不同，但他们普遍认为混合式学习是网络学习和传统课堂学习的相互结合和互补，既能发挥课堂学习中教师的主导作用，又能体现学生的主体作用。从广义上看，混合式学习是传统教学和网络教学的结合，以达到优势互补的目的，体现建构主义的“主导—主体”作用。从狭义上看，混合式学习是对教学方法、媒体、模式、内容、资源、环境等各种教学要素的优化组合，其目的是实现优化教学。

二、混合式学习的内涵

混合式学习是一种结合传统面对面学习（同步学习）和在线学习（异步学习）的教育方法。这种模式试图找到面对面授课与数字化学习之间的最佳平衡，以便使学习成效最大化。一般来看，混合式学习的内涵主要包括以下几点。

① 何克抗．从 Blending Learning 看教育技术理论的新发展 [J]. 国家教育行政学院学报，2005（9）：37–48，79.

② 黎加厚．Blog 与教育：体验生命历程共享 [J]. 信息技术教育，2004（2）：14–17.

③ 李克东，赵建华．混合学习的原理与应用模式 [J]. 电化教育研究，2004（7）：1–6.

（一）强调教师主导作用与学生主体地位的结合

在混合式学习模式中，教师不仅起到关键的引导和指导作用，而且注重发掘和尊重学生学习的主体作用。一般而言，教师会通过各种方式，如电话、邮件或面对面的交流，向学生初步介绍和强调学习任务或项目的核心。之后，学生将转向在线平台，通过自我驱动的方式探索任务的详细内容和完成方法。这一过程完成后，学生会再次与教师面对面，进行教师指导下的实践练习，并接受管理者或教师的评估反馈。这样的模式确保了教学过程中教师与学生之间的互动性和学生主体的独立性得到了平衡和体现。

（二）混合式学习是解决传统教学问题的新途径

在传统教学中，教师常常占据中心地位，而学生往往被视为统一的受教对象，这种做法容易忽略学生的个性差异，导致学生的自主性和参与度被压抑。而混合式学习则巧妙地融合了传统教学与在线教学的优点，充分挖掘了两者的潜能。在混合学习模式下，虚拟学习环境起到了至关重要的作用。教师不仅是知识的传授者，更是学习资源的设计者和引导者。他们可以利用在线平台为学生提供丰富的学习材料、多媒体工具和互动元素，传递知识与价值观，并鼓励学生与教师进行在线互动与交流。这种方式不仅能够满足各种类型学生的学习需求，而且能够更好地促进学生的自主学习和深度思考。

（三）混合式学习的“混合”是多维度的

混合式学习并不是简单地混合，而是多维度有机地整合。从技术和多媒体的维度上看，混合式学习不仅仅是线上和线下学习的融合。它涵盖了实时与非实时的学习模式，将同步的远程课堂与丰富的学习资源网站相结合，为学生创造了既有结构化选择，又有非结构化选择的学习环境。从学习方式的维度上看，混合式学习并非单一模式，而是一个包容的体系。它集合了教师的授课、学生的自主阅读、学生间的讨论、多媒体资源的辅助等多种方式，旨在为学生打造一个多元、开放的学习体验。从教学资源和工具的角度上看，混合式学习将传统教学资源如教材、教辅材料等与现代技术手段如电子媒体、网络平台相结合，形成了一个综合性的学习环境。综合性的环境既为教师提供了教学上的灵活性，也为学生创造了自主探索的空间。混合式学习借鉴各种教学方法之长处，将其优点融为一体。这种方法既能够尊重教师在教学中的主导地位，也能够确保学生在学习中的主动性和自主性。然而，这也意味着教师在组织和指导混合式学习过程中将面临新的挑战，需要更多地去探索和尝试，以适应这种新型教学模式。

三、混合式学习的特征

混合式学习通过结合传统教学与现代技术，能够为学生提供丰富、多元和灵活的学习环境，有助于提高学生学习的效率和效果。与传统教学相比，混合式学习的特征主要包括以下几点：

（一）以学生为中心

在传统的教育环境中，教师往往是教学活动的核心。但混合式学习改变了这一格局，将学生的需求和经验置于重要位置。在这种模式下，教师不再是绝对的知识传授者，而更多地扮演学习指导者和知识解释者的角色。教师的教学策略和方法调整都是基于学生的需求，而非单纯地依循教材和传统模式。建构主义学习理论指出，学生获取知识时需要其他人，如教师或同学的引导和协助，而这种帮助通常基于适当的教育材料。混合式学习充分利用了这一理念，为学生提供了多种资源和工具，从而帮助他们更有效地学习。此外，混合式学习也注重学生的自主性。学生可以根据自己的实际情况，自行选择学习节奏、课程内容，甚至是授课教师。在混合式学习环境中，学生不仅可以获得更多的实际学习经验，还可以更好地体验学习的乐趣和挑战。

与传统教育方式相比，混合式学习更能激发学生的学习主动性、热情和创造性。通过在线和面对面的结合，教师有更多的机会与学生互动，更好地了解学生的需求和问题，进而提供为学生更有针对性的教学方案。同时，学生可以根据自己的喜好和需求，参与不同的课程和活动，实现全面的身心发展。

（二）专注于深度混合

混合式学习并不是简单地拼接各种教学元素，而是通过精心设计、高效组织和有条不紊的实施来融合不同的学习内容、策略、方法和工具。深度混合的理念在于，不仅在表面上结合多种教学方式，而且深入教育活动的本质，从而更有针对性地服务于学生。传统的教育环境主要强调课堂活动，而混合式学习则拓宽了这一定义，融入了在线元素。这样，无论学生身处何地，都能根据自己的实际情况选择参与的活动，进而体验多元化的学习环境。以往，线上与线下两种学习环境的学生基本是分开的，各自为政。但在混合式学习中，两者被有效地结合在一起，使得线上和线下的学生都能够彼此交流、相互学习，从而打破了传统教学的壁垒。在传统模式中，教师要么在课堂上与学生互动，要么通过网络进行教学。而在混合式学习环境中，教师既能面对面与学生交流，也能利用数字工具进行在线教学，这种模式让教师的教学方式更加灵活，也促使教师在教学理念和方法上进行创新。混合式学习不局限于单一模式，它融合了移动学习、翻转课堂、社交化学习、小组讨论和实践等教学方式，加上关键的在线学习部分，为学生提供了丰富多彩、个性化的学习选择。

（三）重视师生之间线上线下的交流与互动

混合式学习模式兼具传统面对面学习和现代在线学习的优势，尤其在师生之间线上和线下交流的方面具有其独特之处。在混合式学习模式中，教师和学生都是教育活动的重要参与者。深入的师生交流成为确保教育质量的关键，这不仅有助于教师获取及时的反馈并调整教学方法，而且能更精确地满足不同年龄、地域和教育背景学生的特定需求。在在线学习的环境中，教师和学生可以依靠现代的信息技术和交互工具，在网络平台上实现即时沟通。借助专门的在线教育软件，这种互动甚至可以突破时间和地点的束缚，为教学双方提供更为灵活的交流机会。然而，线上互动的强化并不意味着忽视线下的实时交流。实际上，混合式学习格外重视面对面的沟通。当学生遇到问题时，教师可以及时进行面对面的交流、辅导与解疑，确保学生在实践中得到有效的支持。总的来说，不同的学习环境中学生对教师的需求可能会有所不同，但混合式学习的核心就在于，它强调并优化师生在线和线下的互动过程，为学生创造更为丰富和全面的学习体验。

四、混合式学习的混合形式

混合式学习的混合形式主要包括传统课堂教学与在线学习的混合、结构化与非结构化学习的混合、各种不同信息传输媒体的混合、自定步调和实时协作学习的混合等（图 5–1）。

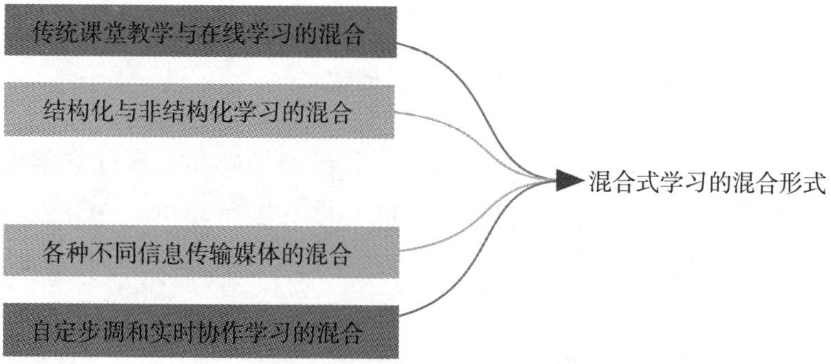

图 5–1　混合式学习的混合形式

（一）传统课堂教学与在线学习的混合

传统的课堂教学强调直接的师生交流，有效地传递基础概念和原则，网络学习通过实时或异步的方式，让学生无须受时间和地点的限制，同时能够访问众多的共享资源。结合两者的优势，既能够维持师生之间的紧密关系，又能发挥线上学习的便捷与广泛性，使得教学方法得到有机补充。

（二）结构化与非结构化学习的混合

结构化学习以系统的教材和明确的知识逻辑为主，确保学生能够按部就班地掌握知识。而非结构化学习则更多地依赖于会议、讨论、网络浏览等方式，鼓励学生使用已有知识去分析和解决实际问题。混合学习模式旨在融合这两种学习方式，确保学生既能系统掌握知识，又能对知识进行实际运用。

（三）各种不同信息传输媒体的混合

混合式学习考虑使用多种教学媒介，包括但不限于教室、网络课程、印刷材料、音视频资源、电子邮件、电话和专门的教学软件。选择传输媒介不仅要考虑学科和教学内容，还要考虑学生的特点和需求，以实现最佳的教学效果。

（四）自定步调和实时协作学习的混合

在混合式学习中，学生既可以根据自己的进度和需求独立学习，也可以与其他学生实时交流和合作，共同分享和探讨知识，充分发挥学习的互助与合作精神。

五、混合式学习的主要优势

（一）灵活性与自主性

混合式学习允许学生在适合自己的时间和地点进行在线学习，使学生可以根据个人的进度和需求调整学习路径。这种自主选择的能力让学生更容易平衡生活和学习，从而提高他们的学习参与度。在混合式学习模式中，学生可以根据自己的需求和兴趣制定个性化的学习路径。他们可以根据自己的进度选择深入某个主题或跳过已经熟悉的内容，从而更有针对性地进行学习。这种自主性不仅能够增强学生的学习动机，还有助于提高学生的学习效果。因此，混合式学习可以为学生提供更为人性化和高效的学习体验。

（二）丰富的互动与资源

混合学习模式结合了线上的多媒体资源和线下的实时讨论，为学生提供了多种学习方式和交互机会，能够满足不同学生的学习风格，同时鼓励他们主动探究和合作。在传统课堂中，学生可以直接与教师进行互动，提出疑问、参与小组讨论或与同学分享见解，这种即时的反馈和交流使得学习内容更加深入和持久。而在线上环境中，通过各种数字化工具和平台，学生可以与更广泛的社群进行交互，不受地域和时间的限制，从而获取更多的观点和资源。

传统教材与在线资源的结合，使得学生不仅可以通过书籍获得结构化的知识，还可以通过在线视频、动画、模拟实验和互动测试等多媒体内容来加深对知识的理解。这些资源的及时更新，确保了学生能够接触到最新的信息和技术。同时，学生可以根据自己的学习习惯和需要选择最适合自己的学习资源，从而更有针对性地进行学习。

（三）即时反馈与个性化学习

在线学习组件通常配备了评估工具和自动反馈系统，使学生能够及时了解自己的学习进展和效果。此外，教师可以根据在线平台提供的数据为每个学生设计个性化的学习策略，确保他们的特定需求得到满足。

在传统的教学模式中，学生完成作业或考试后，可能需要经过一段时间才能收到反馈。而在混合式学习中，线上平台常常配备有自动评估和反馈系统，允许学生在完成练习或测试后立刻得到反馈。这种及时的回应不仅能够帮助学生迅速了解自己的学习状态和进度，还能够激励学生及时调整学习策略和方向，避免长时间的低效学习。这样的及时反馈确保了学习过程的连续性，使得学生能够在短时间内针对自己的弱点进行有针对性的提高。

每个学生都有独特的学习方式、速度和兴趣点，混合式学习能够为学生提供更大的空间，使学生能根据自己的需要进行学习。例如，有些学生可能在某一特定领域有更深入的兴趣，他们可以选择更多的相关资源来深入研究；而对于某些觉得困难的部分，学生则可以选择重复学习，直到他们感到满意为止。这种模式确保了每个学生都能在最适合自己的方式下进行学习，从而最大限度地提高学习效果。

第二节　混合式学习的理论基础和教学模型

混合式学习，顾名思义，是在线学习与传统面对面学习的融合。这种学习方法已经成为现代教育的新趋势，它试图结合线上线下的优势，为学生提供更加个性化和灵活的学习体验。但是，混合式学习并非简单地将传统教学和线上教学相加，而是具有广泛的理论基础。在具体实践过程中，混合式学习离不开环境、平台、模式、社区四大要素，这四大要素共同构建了混合式学习的教学模型。探究混合式学习的理论基础和教学模型，确保教育者有效地设计和实施混合式学习课程，才能为学生创造真正有价值的学习体验。

一、混合式学习的理论基础

混合式学习的理论基础，主要包括建构主义学习理论、联通主义学习理论、人本主义学习理论等。

（一）建构主义学习理论

建构主义学习理论是由瑞士心理学家皮亚杰（Piaget）提出的一种

学习观念，该理论强调知识是通过学习者主动构建而非被动接受的。建构主义认为学习者不是空白的纸张，等待被注入知识，而是一个积极的信息处理者。在学习过程中，学习者会基于其已有的经验和知识来解释、组织和构建新知识。学习者的先前知识和经验对新知识的构建起到决定性的作用。新的信息会与已有的知识结构相融合，从而形成新的理解。建构主义强调知识应该在真实或仿真的环境中被应用。这有助于学习者更好地理解和应用知识，而不仅仅是记忆事实。

在建构主义学习理论体系下，学生不是被动地吸收知识，而是在教师为其提供的支撑环境中，主动地在特定情境中构建和发现知识。与此同时，教师的角色也发生了转变，从单纯的知识传授者变为学习的引导者和推动者。建构主义鼓励问题或项目为基础的学习方式，而教师是学生的伙伴，为学生提供所需的资源和环境。这一教学模式突出了学生与教师共同作用的教学理念，即学生为学习的主体，教师为学习的主导。混合式学习，融合了线上与线下的教育方式，也恰恰契合了这种双重主导的教学模式，为学生在不同情境下构建意义提供了丰富的平台。混合式学习让学生在教师的引导与协助下，通过线上和线下的交互学习，形成完整的知识认知，而不仅仅是对知识的简单记忆。这种模式强调学生的自主与探究能力，并充分利用现代信息技术来优化教师在教学过程中的作用，关注学生学习的整体流程。与此相符，建构主义主张学习的效果受到学生已有的知识结构和学习经验的影响，而非单纯地依赖于死板的记忆。混合式学习把学生置于中心，让他们在教师的支持下，融合线上和线下的资源，构建新知识，避免单一的知识背诵，从而更好地实现自主和个性化学习。混合式学习不仅需要教师进行课程内容的传授，还涉及对学生学习进展的监控、学习计划的制订、学习策略的设计和学习效果的评估。建构主义学习理论与混合式学习在核心理念上高度契合，为现代教育提供了稳固的理论基石。

（二）联通主义学习理论

加拿大学者乔治·西蒙斯（George Siemens）于21世纪初在《联通主义：一种数字时代的学习理论》（*Connectivism*：*A Learning Theory for the Digital Age*）一文中系统提出了联通主义学习理论。他认为，学习是知识和信息源之间的连接过程，而非单纯的知识内化过程。在数字化的时代，信息爆炸式地涌现，知识的形态也日新月异。这种迅速的变化要求人们不仅需要掌握知识，更要具备筛选、连接并整合信息的能力。联通主义理论认为，知识是由个体经验与理解构建而来的连续体，每个学习者都可以为这个体系贡献自己独特的知识资源，而这些资源进一步集结成一个庞大的知识网络。这一视角中，每个学习者不仅是知识的接收者，更是知识的创造者与传播者，他们都是这个知识网络中不可或缺的节点。当这些节点互相连接时，就形成了一个复杂而庞大的知识体系，每个节点都在互相学习和反馈。

混合式学习正是基于联通主义学习理论的一种教育模式。它重视学习者在知识的创造、发展和传播中的主体性，提倡个性化与自主性的学习。联通主义强调学习者在知识形成过程中的核心地位。混合式学习通过线上与线下的结合，让学习者在多元环境中发挥主观能动性，而学习过程中的每个步骤、每个互动都可以视为知识网络中的一个连接。这样的学习方式，以任务或项目为中心，与传统的以主题为中心的教学方式有所区别。在这样的教学环境中，学习者的学习成果很大程度上取决于他们的投入和积极性。他们不仅是学习的参与者，更是学习体系中的关键节点，这与联通主义理论中的知识网络概念高度吻合。因此，联通主义学习理论为混合式学习提供了坚实的理论基础，二者的核心理念在很多方面都是相辅相成的。

（三）人本主义学习理论

人本主义学习理论起源于20世纪五六十年代的美国，由马斯洛和罗杰斯等学者提出。这一理论主张学习并非只是知识的简单积累，而是学习者内心成长的体现。其核心观念是强调学习者的心理变化和内心体验。人本主义学习理论将学习看作是一个个体自我成长的过程，重视学习者的情感和心理。教育不仅仅是知识的传递，更重要的是要促进学习者的身心健康与个性化发展。从这个角度出发，学习过程中应激发学习者的潜能，鼓励他们依据自己的经验和认知结构进行学习，从而实现自我重塑。这种学习理念鼓励教育者营造一个优质、尊重学习者内心的学习环境。人本主义学习理论进一步主张以学习者为中心的教育方式。这样的教育方法不仅强调促进学生的全面发展，还强调学生的个性化需求，鼓励学生在学习过程中充分开发自己的潜能和特长。对每个学生的心理需求、满意度和幸福感给予充分关注，能有效提高其学习热情和积极性。

混合式学习作为一种结合了线上和线下学习资源的教育方法，为学生提供了一个多元化的学习平台。除了传统的书籍，还有各种网络视频、音频和其他数字资源，使学习更加有趣和生动。这种丰富的学习环境无疑调动了学习者的学习动机和热情。而在这种混合式学习的背景下，各种网络工具和社交平台的出现为教师和学生之间的互动提供了更多的可能性。教师可以更好地与学生沟通，获得反馈，进而调整教学方法，满足学生的需求。这不仅有助于学生的全面发展，而且将促使教师在教学实践中不断提高。这种教学模式与人本主义学习理论的理念是一脉相承的，都强调以学生为中心，尊重学生的个性，激发学生的潜能。

二、混合式学习的教学模型

混合式学习不同于纯在线教学，更为注重一个完整的教学活动的结构和执行流程，旨在细致打磨教学的各个环节，确保整个流程的高效与合理。与此同时，混合式学习也倡导学生构建在线社交圈子，使其在社区环境中共同参与知识的创造与交流，促进知识的社会化建构。因此，一个有效的混合式学习的教学模型不仅需要完善的技术和资源支持，还需注重社交交互和教学策略的设计，其构成要素主要包括平台环境、媒体资源、匹配模式和探究社群，如图 5–2 所示。

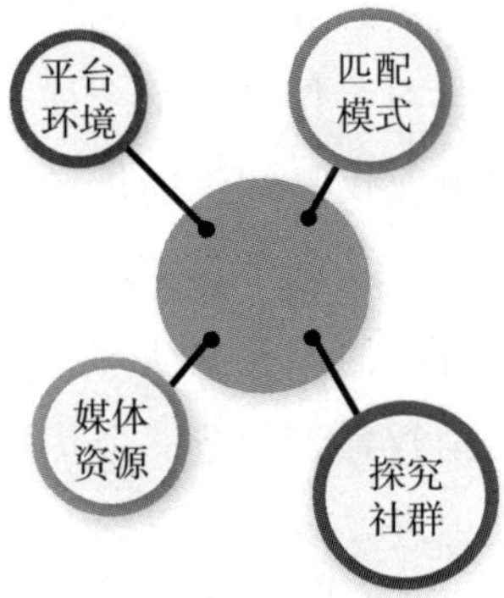

图 5-2 混合式学习教学模型的构成要素

（一）平台环境

在混合式学习的教学模型中，平台环境发挥着至关重要的作用。平台不仅是混合式学习流程的基石，而且是其核心内容的支撑。最初的网络学习平台主要聚焦于媒体资源的存储和访问功能，并包含基本的学习互动特点。但混合式学习平台更为先进，它强调对教学过程的全面支持及与当前教学模式的高度契合性。这种平台通过持续的评估，能够促进学习过程的动态优化。对于教师来说，这样的平台能够助力他们进行一系列教学行为，如发布课程资料、分配学习任务、构建学习团队、组织在线互动和进行课后指导等。它还能为教师提供实时反馈和评价，让教师及时掌握学生的学习情况。而学生则能按照既定的教学计划，观看课程视频、参与讨论和完成任务。

通过利用大数据和人工智能，混合式学习平台还能够进一步深入解读学生的学习数据。它可以分析学生的个体需求、认知倾向、学习动机、学习风格及合作技巧等，不仅能为教师提供有关优化教学的洞察，还能为每个学生提供个性化的学习建议。因此，混合式学习平台从最初的网络学习资源存储转变为了为教育者和学习者提供全面支持的系统。基于互联网的学习平台是混合式学习教学模型的关键，它能够为在线学习活动提供完整的互动空间，确保混合式学习的顺利进行。

（二）媒体资源

混合式学习强调课堂与课堂外的有机结合，其中，媒体资源的作用尤为突出。这些资源不仅是支撑混合式学习的主要材料，更是保障学生自主学习、提高课堂效率的关键因素。

教学视频是混合式学习中的核心媒体资源，教师通过将学习内容制成易于接受的视觉格式，让学生有机会在任何时间、任何地点重复学习。更为重要的是，教学视频能够将一些难以直接呈现在课堂上的实际情境和实验流程展现给学生，从而提高他们的实际应用能力。但混合式学习的媒体资源并非仅限于此，还包括教材、案例研究、图形、课件等多种形式，这些资源共同为学生提供了丰富、多样的学习环境。

为确保混合式学习的媒体资源发挥最大效用，教师需要考虑媒体资源的以下因素。

1. 完整性

混合式学习的媒体资源应全面覆盖学习内容，确保学生能够根据自己的需求选择合适的学习材料。这需要教师对资源进行系列化、体系化的整理和归纳，只有这样，学生的自主学习过程才能真正得到保障。

2. 高效性

利用媒体资源的目的是为学生提供知识和技能，而不是让他们在冗长和无关的信息中迷失方向。因此，媒体资源的设计和组织必须结构清晰、重点明确，确保学生能够快速、直观地掌握关键知识。

3. 便利性

这里所说的便利性有双重含义。一方面，资源应该帮助学生迅速完成学习目标，最大限度激发学生的学习兴趣；另一方面，学生应该能够轻松地找到和利用他们所需要的资源。这需要教师对知识的组织和结构进行精心设计。

目前，微课和慕课都是重要的媒体资源，已经被广泛应用于混合式学习中，它们以短小、精悍的形式为学生提供了高效的学习途径。比如，我国的“金课”项目就是具有中国特色的高质量在线教学资源，能够为混合式学习提供宝贵的资源支持。

（三）匹配模式

混合式学习是当前教育创新的一大趋势，但要让它真正发挥效用，仅仅提供在线视频和任务是远远不够的。我们不能将混合式学习简化为一种数字化的“刻印式教学”，否则，学生和教师的角色和活动就会显得过于被动和片面。在混合式学习中，教师、学生、媒体资源和学习环境都经历了显著的变革。因此，选择一个与之相适应的教学模式变得尤为重要。翻转课堂是目前普遍采用的混合式学习教学模式。它不仅改变了课程的传统流程，而且加强了线上与线下的结合。在课前阶段，学生主动登录混合式学习平台，观看教学视频并参与在线互动。此阶段注重自主学习，使学生完成大部分基础知识的学习和初步评估。同时，教师可以实时监控学生的学习状态，以便调整接下来的教学策略。课堂阶段则更为关键，教师可以根据学生课前的学习成果，有针对性地进行讲解，应用多种教学方法，如小组讨论、项目实践等，深化学生的理解并培养其批判性思维能力。而在课后，系统会根据学生的表现和需求，为其提供个性化的学习建议和资源，确保学习的连续性和深度。这种教学模式不仅可以满足混合式学习的要求，而且能够促进学生的主动参与和深入学习。因此，在混合式学习中，选择与其相匹配的教学模式是关键。

（四）探究社群

与传统的教学方法相比，探究社群重视学生的主动性和互动性。在混合式学习模式中，学生不仅是网络教学信息的被动消费者，而且是通过社交互动、合作建构和意义验证来加强对知识的理解和形成共性认知。

网络社群是一个由特定社会关系组成的网络结构。这种关系可能基于实际的地理位置、领域，也可能是基于思想上的共同点。因为这种特殊的社会关系在网络世界中往往没有明确的物理边界，所以“社群”成为描述这种关系的合适词汇。在混合式学习中，学生可能既来自实体课堂，也可能是来自世界各地、拥有相同学习目标的学习者。因此，将实体课堂与网络社群结合起来，形成一个探究性的学习社区，是混合式学习的核心要素。这样的探究社群能够为学生提供整合社交、认知和教学等多种要素的环境。它鼓励学生之间进行联系和合作，从而激发并维持对知识的批判性反思和讨论。社群的目标决定了其性质和方向。在教育领域，学术兴趣、热情和批判性思维是探究社群的核心。学生在社群中，通过讨论和合作，从发现问题到解决问题，形成系统的学习路径。特别是在高等教育中，探究社群的建立基于“社群”与“探究”两大核心理念。其中，“社群”强调教育的社交性和知识建构中的互动、合作与讨论的重要性，而“探究”则关注如何让学生通过独立的选择和努力，进行深入的知识挖掘和意义建构。探究社群不仅具有凝聚力，还突出了批判性思维的重要性。探究社群融社交、教学和认知三大功能为一体，能为学生提供丰富、深入的学习体验。

第三节　混合式学习在高校教学中的实施策略与方法

一、混合式学习在高校教学中的实施策略

（一）加强教师培训

确保混合式学习的顺利实施，关键在于教师。教师是否真正认可和接受混合式学习，是否做好了技术上的准备，都将直接影响混合式学习的效果。只有当教师在观念和思想上接受这种新的教学模式，并具备

相关的理论和技术知识，他们在教学中应用混合式学习时才可能真正有效。混合式学习不仅是一种教学模式的变革，更是对教师角色、教学方法和技术应用的全面挑战。为确保混合式学习在高校中的成功推进和高效实施，加强教师培训显得尤为重要。混合式学习对教师的要求远超传统课堂教学，教师不仅需要具备扎实的教育学和学科知识，还需要熟练运用网络教学技术，掌握线上课程设计和管理的方法。这意味着，教师不再仅仅是知识的传授者，更是学习的引导者和技术的应用者。这种转变要求教师在认知、技能和态度上都做好准备。加强教师培训能确保混合式学习的质量。教育的本质是培养学生，而教师是这一过程的关键参与者。只有当教师能够熟练、自信地在混合式环境中进行教学，学生才能在相应环境中充分受益。因此，通过培训提高教师的教学水平和技术应用能力直接关系到混合式学习的教学效果。

不同的学科、教师和学生群体，对混合式学习的需求和挑战都有所不同。因此，培训内容需要根据实际情况进行定制，确保与教师的实际教学需求相匹配。培训不仅要让教师掌握混合式学习的理论知识，更要通过模拟教学、案例分析等方式，让教师在实践中体验和应用混合式学习。技术和教育方法都在不断发展，因此，培训不是一次性的。定期的跟进培训、研讨会和交流活动，可以帮助教师不断更新知识和技能，适应混合式学习的变化。除了正式的培训活动，高校还可以搭建线上交流平台，鼓励教师之间的经验分享和问题讨论，形成一个持续学习和相互支持的教育社群。

（二）营造良好的课堂学习环境和网络学习环境

营造良好的课堂学习环境和网络学习环境对于高校混合式学习的推进具有至关重要的意义。混合式学习结合了传统的面对面教学和网络学习的优势，为学生提供了一个更加灵活、个性化的学习模式。为确保混合式学习模式的效果，教师和学生应共同努力营造有助于学习的课堂环境和网络环境。良好的学习环境能够激发学生的学习兴趣和学习动力，使学生更愿意投入学习中，积极参与和互动。混合式学习模式对学生来说也是一种变革，他们需要适应新的学习方式。良好的学习环境可以为学生提供必要的支持和引导，帮助学生更好地适应和利用这种模式。

为营造良好的课堂学习环境，教师应该关心每一个学生，理解学生的需求和困惑，创建互相尊重、积极向上的课堂氛围。教师应鼓励学生在课堂上提问、发表观点，通过小组讨论、案例分析等方式促进学生的主动参与和思考。教师还应根据教学内容和学生的需求，灵活运用讲授、讨论、实验、实践等多种教学方法，增强课堂的活跃性和趣味性。为营造良好的网络学习环境，教师应定期查看学生的网络学习进度和成果，提供及时的反馈和指导，确保学生在网络学习中不迷失方向。高校应为学生提供丰富的在线学习资源，如视频、音频、互动测试等，满足学生的多种学习需求。营造良好的课堂和网络学习环境，不仅能够丰富学生的学习体验，更能够有效地提高混合式学习的教学效果。只有在良好的环境中，学生才能真正实现自主、深入、有效的学习，并释放学习潜能。

（三）设计网络专题学习活动

设计网络专题学习活动是混合式学习模式中的关键环节。尽管教师主导的课堂教学对于多数学生来说并不陌生，而且教师在这方面通常能够轻松掌控，但真正的挑战在于网络学习环节，因为它构成了混合式学习的核心部分。在这一环节中，学生主要在网络环境下进行学习。

学生在网络环境下的学习，主要是通过学校的网络教学平台来实现。这个平台为学生提供了丰富的功能和学习资源，从而支持学生自主学习或与他人合作学习。然而，由于每个学生的学习风格、兴趣、知识背景和信息处理能力都有所不同，这就要求教师能够提供多种学习策略和资源，以满足不同学生的需求。例如，网络上的教学可以包括网络讲座、课程导览、文献学习、团队合作、在线讨论、信息收集、案例研究、问题解决、角色扮演和学习反思等。为了确保所有学生都能从中受益，教师应该提供多种形式的学习资源，包括适合不同学科的案例和资源。这样，无论学生的学习风格、需求或兴趣如何，他们都可以找到最适合自己的学习方式和材料。

（四）对学生学习过程进行有效指导和监督

混合式学习模式将在线与面对面的学习方式有机结合，为学生提供了更大的学习自主权。在该学习模式启动之初，教师有责任及时引导学生，确保学生明确学习任务，合理分配学习时间，并激励学生投身于各种学习活动中，从而增强学生的学习信心和主动性。在教学过程中，教师应密切关注学生的学习态度、成果和表现，并据此进行有针对性的指导。对于表现优异的学生，教师要对其给予肯定和支持；而对于那些学习积极性不高的学生，教师需要在关键时刻进行提醒和鞭策，帮助他们解决面临的难题，并为他们提供针对性的学习策略建议，激励他们全身心参与学习，以提升学习效果。这样，可以确保他们的学习进展和效益。简而言之，为了确保学生达到良好的学习效果，教师的实时指导和监控是至关重要的，这涵盖了对学习方法的引导、对学生疑惑的答疑、对学生的情感支持及对学生个人发展的指导等多个方面。

二、混合式学习在高校教学中的实施方法

混合式学习在高校教学中的实施方法涉及将传统的面对面课堂学习与线上学习资源和活动相结合。混合式学习模式为学生提供了更为灵活的学习环境，并能满足不同学习风格的学生的需求。混合式学习充分重视教师在教学中的引导作用，由教师为学生精选在线视频课程，并设定具体的在线学习时长和进度。学生需要根据教师的指导，在混合学习平台上观看教学视频，并参与在线的练习、测试和学术交流。完成视频学习后，课堂环境由教师主导，涵盖问题探讨、实践应用、知识整合、练习检验和成果评估等环节。通过混合式学习，传统的面对面教学与在线学习相结合，为学生提供多元化、富有活力的学习环境，旨在提高学生学习体

验的质量。值得一提的是，混合式学习平台具备自动评分和实时监测功能，这使得学生的学习效果得到了客观、公正且即时的评价，与传统课堂相比，这一模式更能激发学生的学习兴趣，进而提高他们的学习效率。

（一）混合式学习的前期分析

前期分析是实施混合式学习的基本前提和重要方法，主要是指任课教师在开展混合式学习教学模式之前对学习环境、学习需求、学习内容等进行的评价与分析（图 5-3）。

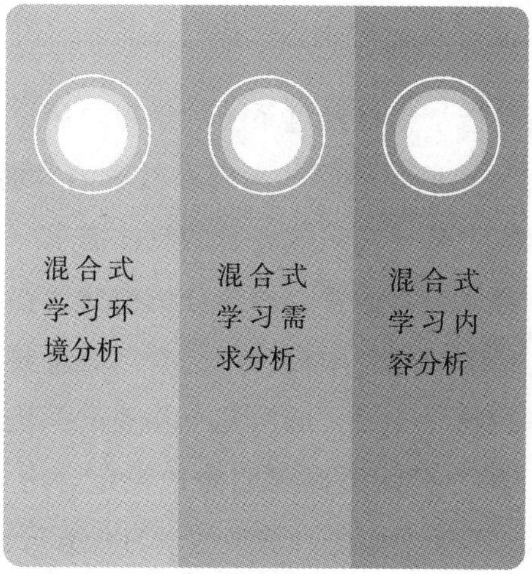

图 5-3　混合式学习的前期分析

1. 混合式学习环境分析

混合式学习环境融合了在线网络学习及实体课堂学习的元素，其中在线网络学习环境可细分为硬件与软件两个方面。硬件涵盖网络基础设施、宽带和服务器等关键设备，而软件部分则包括课程录制、高效的交互工具、学习行为分析系统以及程序设计的自动评估功能等。此外，实体课堂学习环境着重于教室布局及多媒体设备的配备。值得注意的是，在混合式学习的实体课堂中，座椅常常被配置为圆桌会议模式，这与传统教室有所区别。此设计旨在更好地为学生间的互动和交流提供方便，促进学生间讨论与合作学习。

2. 混合式学习需求分析

在开展混合式学习之前，深入了解学生的学习动机和目的是至关重要的。教师可以通过问卷调查和深度访谈等方式来探索学生的具体需求。值得注意的是，混合式学习绝非能轻松应对的学习模式。尽管一些学生初始选择在线学习是出于对轻松学习或娱乐式学习的向往，但这种观念并不完全切合实际。因此，事前进行学习需求分析，有助于校正学生的学习态度和预期，从而为其后续的深入学习打下坚实的基础，确保学生的学习效果得以显著提升。

3. 混合式学习内容分析

学习内容一般是指学生在经过系统的学习之后，实现既定的学习目标，从而获得的相关知识和经验。为确保教学内容的适切性和针对性，教师须详细了解学生对某一知识或经验的具体需求，以及他们掌握知识的深度和预期的学习成果。通常，内容分析被放置在整个教学过程的开始阶段，它在混合式学习的教学设计中起着至关重要的作用。这种分析可能形成一个完整的独立单元，或由几个相关的模块组合而成。通过对学习内容的深入分析，教师可以更明确地设定学习主题、规划学习进度、确立学习目标，并为学生提供清晰的学习任务。

（二）混合式学习的教学环节实施

混合式学习的教学环节主要包括课程导入、组织学习、学习支持三部分内容（图 5-4）。

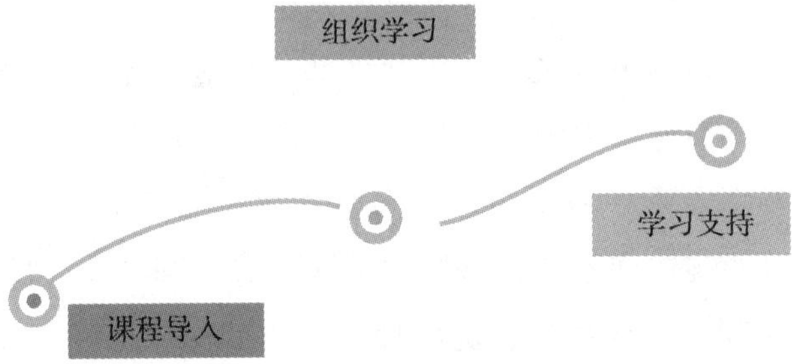

图 5-4　混合式学习的教学环节实施

1. 课程导入

在正式课程开始之前，学生通常要在教师的引导下，通过混合式学习平台观看与课程相关的视频，进行以自主学习为核心的活动。此环节的关键在于为学生提供问题导向。其中，教师提供的预习指南及混合式学习平台上的视频概览作为学生的主要学习参考，这些指南和概览主要起着扎实的预备与引导作用。学生在这个前期通过视频内容，不仅为随后的学习做充分的预备和储备，更重要的是，他们能够将自己对于课程的初始理解和思考融入接下来的深入学习中，这有助于培养他们的个性化和深入的学习习惯。此外，学生可以充分利用混合式学习平台的交互工具，如讨论区和留言板，迅速形成学习小组，共同讨论并分享关于课程的见解。在这样的学习环境下，学生从被动接受知识转向主动探求知识，从表面认知逐步转向深层认知，使得知识的吸收和掌握过程更加流畅。

2. 组织学习

组织学习一般发生在课中阶段，教师与学生、学生与学生相互间针对相关课程的问题和疑点进行集中讨论、集体答疑和团队合作。此环节的核心目的是解决学生在观看视频课程时遇到的困惑和疑问。通过师生之间的深度交流，知识的关键点和难点得以重新整理和明确，从而帮助学生更加深入地掌握知识，以满足既定的学习目标和教学要求。尽管混合式学习包含在线网络学习的部分，但在这一阶段，实体课堂学习通常是首选。因为在这种模式下的深度交互能够更好地促进师生之间的沟通与理解。值得注意的是，混合式学习平台会记录学生在前期学习的情况。基于这些记录和数据，教师能够明确学生在课程中的学习进度和遇到的问题，为随后的答疑和教学干预提供数据支持。

尽管上述环节强调实体课堂学习，混合式学习平台的技术支持仍然不可或缺。平台为学生的独立学习提供了必要的工具。例如，在《C++程序设计》的课程中，学生可以利用混合式学习平台上的在线程序评估功能来检测自己提交的代码是否准确，进一步优化代码，并提升编程技能，实现了传统评估方式所不能达到的效率和效果。

3. 学习支持

学习支持一般在课中和课后阶段，主要是通过在线测试、课堂测验和课程作业等多种方式，加强学生对知识的掌握和理解。这一环节的核心目标是帮助学生深入理解并巩固所学内容。利用混合式学习平台的自动评估功能，教师可以迅速地检查学生提交的作业，并及时在平台上为学生提供反馈。这样，学生可以即时了解到自己作业的情况，对于出现的问题可以迅速调整和修正，这不仅有助于优化学习成果，还能提高学习的整体质量。知识的掌握与巩固是学生逐渐内化知识的过程。混合式学习注重学生对知识的反思和实践，通过互动交流、讨论、练习、作业和测验等方式，加固学习成果，确保高质量的学习体验。

（三）混合式学习平台的管理

在实施混合式学习的过程中，相关人员应对平台的硬件和软件资源进行持续监测和维护，确保它们能够正常运行并满足学习需求。此外，为满足不同学生的需求，对课程内容、互动工具和学习资源进行定期更新和优化也是必不可少的。

为保证学生获得良好的学习体验，高校需要不断地对平台的性能进行优化，包括提升加载速度、增强数据安全性和提升用户界面的友好度。同时，针对用户的反馈和建议，进行相应的调整和升级，使平台更加贴近学生的实际需求。平台的数据管理也是一大重点。收集和分析学生的行为数据可以为教师提供有价值的见解，帮助他们更好地了解学生的需求和挑战，从而更有针对性地提供支持。此外，为了确保学生的隐私和数据安全，平台应当采取一系列的安全措施，如数据加密和访问权限的设置。总之，实施混合式学习的教学模式，需要为学生提供一个高效、安全且富有成效的学习环境。

第四节　混合式学习在高校教学中的典型案例分析

在我国，北京大学是混合式学习教学改革的先驱，在混合式学习的研究与实践上取得了显著的成果。因此，本节以北京大学的混合式教学为案例，具体分析其实施策略。

为了推进混合式学习，北京大学参考了国外一流大学的成功经验，致力于构建一个全校统一的课程管理框架，从而为这一教学模式奠定持续且稳固的发展基石。经过一年的实验和筛选，北京大学于 2008 年确定了将 Blackboard 8.0 作为其官方课程管理平台，名为“北大教学网”（其网址为 http://course.pku.edu.cn）。从技术层面分析，这一课程管理系统主要由教学管理系统、资源管理系统和社区管理系统三大核心部分组成，并搭配一些辅助工具，如 Adobe Connect 等。为了确保与北京大学的数字化环境的流畅融合，北大教学网实现了与学校门户的师生账号一致性验证和管理，并与北京大学的网络选课系统无缝对接，保证每个学期的选课数据都能及时上传到教学网。

混合式学习中的技术平台建设仅是第一步，真正的挑战和关键环节在于后续的应用培训和技术支持。北京大学现代教育技术中心，为了促进混合式学习的迅速和全面发展，制定了一套细致的混合式学习推广策略：第一，建立一支专业、高效的技术服务和支持团队。这不仅是为了支持现有的教学模式，更是为了创新和拓展更多的教学方式。为了更好地执行这一任务，北京大学现代教育技术中心决定汇集优势，将现有人员细分为技术支持、教学应用和推广培训三个专业团队。技术支持团队承担着平台的日常维护、网页设计以及多媒体内容的制作；教学应用团队则专注于教学设计、课程建设和教学实验的实施；而推广培训团队的责任是组织各类培训活动，为每个学院设计定制化的培训计划，以及负责相关的宣传材料制作与发布。第二，以案例课程为基础，设计与传统课堂教学结合紧密的混合式学习模式。该教学模式鼓励学生先在课前进行网上预习，再到课堂上听讲，课后还可继续在网上进行讨论、分组合作、完成作业等活动。这种循环模式强调了混合式学习在传统课堂教学中的辅助作用。第三，结合线上自主学习和线下面对面，提供多种培训服务。为了确保混合式学习的顺利实施，北京大学现代教育技术中心采取了多种培训方式，结合线上自主学习和线下面对面培训，并特别为北大教学网提供了一系列的使用指导和教学策略研讨。第四，“教学新思路”项目作为北京大学的一个重要教学改革项目，以北大教学网的应用为契机，致力于推进教学和学习方法的革新，着眼于研究性学习和创新能力的培养。第五，为进一步扩大北大教学网的影响力，现代教育技术中心采取了多种宣传手段，如设计微标志、宣传页、培训月历手册、宣传礼品等，并制作研究简报，让更多的教师能够了解到教学改革的新方法和创新理念。同时，中心将教师的培训心得和课程创新经验展示在校园的教学楼中，让更多的人了解并参与到混合式学习的实践中来。

上述多形式和全方位的培训、推广和宣传活动为北京大学混合式学习的应用和发展奠定了基础，北京大学的教学信息化建设开始进入快速发展阶段，北大教学网成了混合式学习应用与发展的平台。随着数年的不懈努力和探索，北京大学的混合式学习已经形成了其独特的发展路径，成为北京大学数字化校园建设的重要组成部分。值得一提的是，混合式学习不仅推动了北京大学教学质量的提升，而且对其教学改革产生了深远的影响。具体来看，北京大学的混合式学习模式的实施经验主要包括以下几点：第一，北京大学将混合式学习纳入了整体的校园信息化建设规划之中，确保了从系统建设到应用，再到推广，每一步都走得稳健而有序。只有当校园的每一个角落，无论是教室、图书馆还是学生宿舍，都能够完善地配备教学技术设备和管理系统时，混合式学习才能真正得以充分实施和推广。为此，系统性的规划和整合是确保混合式学习成功的关键因素。第二，混合式学习的基础是技术，关键是教学设计与开发。具备高度功能性和易用性的课程管理系统，能够为教师提供便捷的平台，帮助教师更好地融入混合式学习模式。而教育技术研究者的任务，则是要在技术与教学之间搭建一座桥梁，确保教学设计与技术的无缝结合。为教师提供持续且多样化的技术支持与培训服务，是推动混合式学习不可或缺的环节。在混合式学习这一新兴领域中，教师面临的不仅仅是技术上的挑战，更多的是如何将传统的教学方式与现代技术相结合，为学生创造一个更加生动、互动的学习环境。为了帮助教师顺利地进行转型，定制化的培训和技术支持服务是至关重要的。

总结来说，北京大学通过全面、系统的规划与实施，为混合式学习的教学模式开辟了一条发展之路，为国内高等教育的发展提供了有益的参考。

第六章　VR 和 AR 在高校教学改革中的应用

第一节　VR 和 AR 概述

VR 是“virtual reality”的缩写，指虚拟现实技术。该技术是通过电脑模拟产生一个三维虚拟世界，为用户创造沉浸式的体验。在这个虚拟世界中，用户可以“感受”到和真实世界类似的场景和互动。VR 体验者通常需要一个 VR 头戴显示设备（如 Oculus Rift、HTC Vive 等）。这些设备能够追踪用户的头部移动，并根据这些移动调整虚拟世界的视角，从而为用户提供沉浸式的体验。

VR 技术是现代多媒体技术的一种先进应用，它融合了计算机软硬件技术、传感器技术、机器人技术、人工智能以及行为心理学的研究成果。它的实现主要依赖于一系列核心技术，如三维实时图形显示、定位跟踪、触觉和嗅觉传感、人工智能、高速与并行计算，以及对人类行为的深入研究。随着 VR 技术的不断完善和普及，它将对人类的生活方式和发展模式带来深远的影响。当用户佩戴专为 VR 设计的设备，如立体眼镜和数据手套时，他们会被带入一个高度模拟的三维环境中。该环境不仅提供视觉体验，还模拟听觉、触觉甚至嗅觉，为用户创造了一种仿佛身临其境的感觉。更为重要的是，用户可以与这个虚拟环境互动，借助他们的日常技能和相应的设备在这个世界中探索和交流。简而言之，VR 技术通过计算机技术构建了一个高度逼真的感官世界，它涵盖视觉、听觉、触觉甚至嗅觉等维度，使用户可以与之自然地互动。VR 的主要特点包括：第一，逼真性。通过计算机技术，VR 创造了一个极其逼真的环境，为用户提供了全方位的感官体验，从三维视觉、听觉到触觉和嗅觉都有所模拟。第二，自然互动。用户可以利用日常技能，如头部转动、眼部运动、手势和其他身体语言与虚拟环境进行交互。第三，交互设备。为了实现与虚拟环境的互动，用户常常需要配备特定的设备，如头盔式显示器、数据手套、数据服、三维鼠标等。

增强现实（augmented reality，AR），是 VR 的延伸。但与 VR 不同，AR 不是完全沉浸在一个虚拟环境中，而是将虚拟数据与真实世界相结合。近年来，AR 技术作为一种新兴技术，得到了全球众多研究者的广泛关注与探讨。AR 的核心理念是通过电脑技术将虚拟的信息叠加到真实的世界之中。在这样的技术驱动下，用户可以看到真实的环境和虚拟的物体在同一画面或空间内实时融合。不同于完全模拟一个环境的虚拟现实，AR 是对真实世界的增强和补充，以使得用户对真实世界有更加深入的认知感受。

AR 技术的主要特点包括：第一，虚实结合。AR 的独特之处在于其强调现实与虚拟的无缝结合。这种融合不仅可以增强真实环境的细节，还可以使用户更深入地探索和理解其中的内容。第二，三维沉浸。AR 技术提供了一种三维空间中的沉浸式体验。这种体验与真实世界的感知相似甚至相同，使用户有身临其境的感觉，这有助于加强用户的参与度和认知深度。第三，实时交互。AR 技术不仅将真实和虚拟的元素融为一体，而且可以根据用户所处的实际环境和他们的互动行为实时调整虚拟内容。这种交互方式为用户提供了具有真实感的复合视觉效果，且虚拟内容能够自然地与用户以及其周围的真实环境互动。

第二节　VR 和 AR 在教育中的应用可能性

VR 和 AR 在教育领域拥有广泛的应用前景。VR 和 AR 在教育中的应用不仅可以增强学习体验，提高学生的参与度和兴趣，还可以为教师提供新的教学工具，使教育内容更加丰富和生动。不过，也需要注意到它们可能带来的技术、健康和成本挑战，并考虑如何最大化其在教育中的价值。

一、实景模拟

VR 可以为学生提供沉浸式的学习环境，如使学生身临其境地探索古代城市、太空或人体内部等。在 VR 中，学生可以完全沉浸在一个计算机生成的环境中。比如，地理课上的学生不再仅仅止步于地图和图片，更能够穿越到雨林、沙漠或冰川中，直接体验那里的气候和生态系统。这样的沉浸式学习体验让学生更容易理解和记忆知识，因为他们不仅是听和看，而且是真正地“体验”了学习内容。同样，历史课程可以通过实景模拟得到丰富。学生可以穿越到古罗马的街道，听古人讲述当时的故事，或者参观中世纪的城堡，亲身体验当时的生活。这种互动和沉浸式的体验使得历史不再是枯燥的日期和事件，而是变得更生动和真实。

AR 可以在真实的物理环境中添加虚拟信息，如在地理课程中通过平板电脑或手机的摄像头查看现实的地形，并在屏幕上显示相关的地理信息。学生可以使用特定的设备，如 AR 眼镜或智能手机，查看真实的物体或场景，并在此基础上叠加虚拟信息。例如，生物学课上，学生可以直接观察真实的植物，同时屏幕上显示该植物的生长周期、营养需求等详细信息；在艺术课上，学生可以直接在真实的空间中创作，同时获取与作品相关的历史或技术背景信息。

对于教师而言，将虚拟现实（VR）和增强现实（AR）作为新的教学工具，能够更有效地传授知识，满足不同学生的学习需求。对于学生而言，虚拟现实（VR）和增强现实（AR）的应用，有助于激发学生的好奇心和探索欲望，从而使他们更深入地理解和掌握知识。

二、互动实验

VR 可以为学生提供虚拟的实验室环境，允许他们进行可能在真实环境中危险或不切实际的实验。AR 则可以在真实的实验中添加虚拟元素，为学生展示不容易被观察到的细节或过程。

互动实验在教育领域的重要性不容忽视，尤其是在科学、工程和医学等专业。传统的实验往往需要昂贵的设备、特定的环境以及众多的物理资源。而 VR 和 AR 技术为我们打开了一扇新世界的大门，使互动实验不再受到这些限制。利用 VR 技术，学生可以身临其境地进入一个完全模拟的实验室环境。在这里，他们可以自由地进行各种实验操作，从而对实验原理和过程有更深入的理解。例如，在化学课上，学生可以通过 VR 技术进行化学实验，观察各种化学反应过程，甚至进行那些在现实中可能有风险的实验。这不仅能够为学生提供一个安全的实验环境，还可以帮助学生更直观地理解化学原理。AR 技术则为实验提供了一个更加互动的平台。学生可以在现实中进行实验操作，同时通过 AR 技术获得与实验相关的虚拟信息。比如，在生物学实验中，学生可以使用 AR 眼镜观察微生物样本，同时屏幕上会显示出与该微生物相关的基因、生命周期等详细信息。这种实时的信息反馈可以帮助学生更快地理解实验内容，并使他们能够更加深入地探索和研究。

这种互动实验的最大好处是它能够为每个学生提供量身定制的学习体验。不同的学生可以根据自己的兴趣和需求选择不同的实验项目，进行深入的研究和探索。同时，由于 VR 和 AR 技术的高度互动性，学生可以随时获得关于实验的反馈和建议，使他们的学习过程更加顺畅和高效。VR 和 AR 不仅可以为学生提供更加丰富和深入的学习体验，还使实验教学不再受到时间、空间和资源的限制，从而为教育的普及和发展创造更多的可能性。

三、远程教育

远程教育的推广和发展改变了传统的教学模式，打破了时间和空间的限制，使得更多学生能够接触到优质的教育资源。而 VR 和 AR 技术的引入无疑为远程教育带来更多的可能性和机遇。

在 VR 的环境下，学生不再仅仅是观看屏幕上的课程内容，而是能够身临其境地进入一个三维的虚拟课堂。在这样的课堂中，学生可以与教师、同学实时互动，参与各种学习活动，如小组讨论、模拟实验等。这种沉浸式的学习体验使得学生能够更专注于学习，提高了学习效率和质量。VR 使得地理位置分散的学生可以聚集在一个虚拟的教室中，为其提供与真实课堂相似的互动体验。通过 AR 技术，学生可以在自己的生活环境中获得与学习内容相关的虚拟信息。例如，学习历史的学生可以使用 AR 眼镜在现实的城市中“看到”古代的建筑和文化遗迹，从而更加直观地理解历史知识。这种结合现实和虚拟的学习方式为学生提供了一个全新的学习视角，使他们能够更加深入地探索和理解学习内容。AR 可以为家中学习的学生提供增强的教材，如将平面的教科书内容转化为三维的互动模型。此外，VR 和 AR 技术还为远程教育解决了一些困扰已久的问题。例如，很多学生在远程学习中常常感到孤独和缺乏归属感，而 VR 技术可以为他们构建一个真实的社交环境，使他们能够与其他学生建立真实的社交关系。这种社交互动不仅增强了学生的学习兴趣，而且提高了他们的学习积极性和参与度。

四、游戏化学习

利用 VR 和 AR 技术，结合游戏设计原理，可以为学生提供寓教于乐的学习体验。在 VR 的环境中，学生可以亲自参与到游戏的场景中，体验游戏中的各种角色和任务。这种身临其境的体验使学生更容易理解和掌握知识点，也能够更好地培养学生的实际操作能力和创新思维。例如，在学习历史知识时，学生可以通过 VR 技术“回到”古代，直接参与到历史事件中，从而更加深入地了解和感受历史的发展和变迁。AR技术则为游戏化学习提供了一种新的教学方式。通过 AR 技术，学生可以在真实的环境中获得与学习内容相关的虚拟信息，这使得学习变得更加直观和有趣。例如，在学习地理知识时，学生可以使用 AR 眼镜在实际的地图上“看到”各种地理信息和数据，从而更加直观地理解和掌握地理知识。

从学生的角度看，游戏化学习结合 VR 和 AR 技术，不仅让学习变得更加有趣，还能够帮助学生建立起对知识的深刻理解和真实感受。这种学习方式不仅能够提高学生的学习兴趣和动力，还能够培养他们的创新思维和实际操作能力。此外，VR 和 AR 技术还为游戏化学习提供了更加丰富和多样的教学资源。教师可以利用这些技术设计出各种有趣和有教育意义的游戏，从而为学生提供更加丰富和有趣的学习环境。

第三节　VR 和 AR 在高校教学中的实施策略与教学模式

一、VR 和 AR 在高校教学中的实施策略

VR 和 AR 在高校教学中的应用具有巨大潜力，能够为学生带来沉浸式的学习体验，增强学习兴趣和效果。在教学中运用 VR 和 AR 技术，高校可从以下几个方面入手。

（一）开发或选择合适的内容

合适的内容不仅可以帮助学生更好地理解和掌握知识，而且能够激发他们的学习兴趣，为其提供更加生动和沉浸式的学习体验。

开发或选择合适的 VR 和 AR 内容，需要教师对教学目标有深入的理解。每一门课程或学科都有其独特的知识结构和学习目标，而 VR 和

AR 内容应该围绕这些目标来设计。例如，对于生物学课程，VR 可以模拟细胞结构或生态系统，让学生在虚拟环境中进行观察和探索，从而更直观地理解复杂的生物过程。而对于历史课程，AR 技术可以使学生通过扫描教科书上的图片，看到古代建筑或历史事件的三维重现。当然，开发专门针对特定课程的 VR 和 AR 内容可能需要大量的时间和资源。因此，与专业的内容开发公司或团队合作是一个很好的选择。他们通常具有丰富的经验和专业知识，能够确保内容的质量和教学效果。同时，选择现有的 VR 和 AR 教育应用也是一个实际的选项。目前市场上有许多高质量的教育应用，涵盖了各种学科和领域。高校可以根据自己的需要对其进行筛选和测试，找到最适合自己的应用。但在选择过程中，除了考虑内容的质量和教学效果，还要考虑应用的稳定性、易用性和安全性。

不论是自主开发还是选择现有应用，与教师的沟通和合作都是关键。教师是教学过程中的主导者，他们最了解学生的需要和课程的特点。通过与教师的紧密合作，可以确保 VR 和 AR 内容与教学目标紧密结合，实现最佳的教学效果。

（二）鼓励跨学科合作

VR 和 AR 不仅是新兴技术，更是集多领域知识与技能于一身的综合体。因此，为了充分利用这一技术的潜力，鼓励跨学科的合作和交流变得至关重要。

跨学科合作为高校带来了前所未有的机会，使各领域的专家能够共同努力，创建出更加丰富和高效的教学内容。例如，计算机科学家可以与艺术家、历史学家或生物学家合作，利用 VR 和 AR 技术为学生打造既高度真实又充满创意的学习环境。在这种环境中，学生可以身临其境地体验古代文明，或者深入细胞内部，观察生命的奥秘。此外，跨学科合作还有助于确保 VR 和 AR 应用在教学中的科学性和准确性。各领域的专家可以对内容进行严格的审查和验证，确保它们既满足教学目标，又符合学术标准。跨学科合作还能激发新的教学理念和方法。不同学科的教师可以共同探讨如何更好地利用 VR 和 AR 技术，使教学内容更加生动、有趣和有效。他们可以分享彼此的经验和见解，相互启发，共同创新。

当然，实现跨学科合作并不是一件容易的事情。它需要高校营造开放、包容和合作的文化氛围。同时，高校需要提供相应的支持和资源，如组织跨学科的研讨会、工作坊或项目，以便教师和学者们有机会相互交流和合作。

（三）为教师提供必要的技术培训

在高校教学中，VR 和 AR 技术的应用正日益受到关注，而教师作为教学的核心载体，其技术素养对于 VR 和 AR 教学的实施起到决定性的作用。为此，为教师提供必要的技术培训不仅是实施策略的一部分，更是确保技术得以有效应用的关键环节。

在高等教育的环境中，教师常常是学科领域的专家，对自己的研究领域有深入的理解。但对于新兴的技术，如 VR 和 AR，他们可能缺乏足够的了解和操作经验。因此，定制化的技术培训旨在帮助教师熟悉和掌握这些新工具，从而帮助教师在教学中对相应技术的运用更加得心应手。

技术培训的内容应该全面，包括基本操作、教学内容制作和应用策略等。通过培训，教师可以了解 VR 和 AR 设备的使用方法，学习如何创建或修改教学内容，以及如何根据教学需求选择合适的软件和应用程序。同时，培训应该注重实践操作，让教师有机会在真实的环境中尝试和应用所学知识。这种“学中做，做中学”的方式可以帮助教师更快地掌握技术，并在实际教学中找到最佳的应用方法。除了技术操作外，培训还应该包括对 VR 和 AR 在教育中的潜在价值和挑战的深入探讨。这可以帮助教师更全面地理解这些技术，更好地将它们融入自己的教学实践中。

然而，仅仅提供一次性的培训是不够的。技术总是在不断进步，新的应用和工具也在不断涌现。因此，高校应该定期为教师提供更新的培训，使他们始终保持在技术的前沿。

二、VR 和 AR 在高校教学中的教学模式

VR 和 AR 在高校教学中的教学模式主要包括全沉浸学习的教学模式、环幕教学互动的教学模式、实验实训的教学模式等。

（一）全沉浸学习的教学模式

全沉浸学习打破了传统的二维教学方式，可以为学生带来真正的沉浸式学习体验。在全沉浸学习中，学生不再是被动地接受知识，而是可以深入一个真实感强烈的三维环境中进行实时互动和探索。在高校教学中应用 VR 和 AR 技术，可以使学生身处充满各种模拟情景的 VR 或 AR 环境中。通过手柄操作，学生可以轻松地从一个环境跳转到另一个中，感受视觉、听觉、触觉甚至是味觉的多重刺激。这样的学习环境能够在一定程度上增强学生的认知吸收能力，使得学生更容易理解和掌握知识。以航空院校空间技术相关课程为例，学生在全沉浸学习环境中，不仅可以直观地理解动力学和轨道设计的相关理论，还能够亲自创设并操作复杂的航天器模型。那些在传统教材中难以呈现的复杂知识点，在这样的环境中变得形象生动，为学生提供全新的学习视角。此外，教师可以通过控制端统一操作，直接控制学生的学习设备，对学生的学习进度进行动态调整，也可以实时了解每个学生的学习状况，从而更有针对性地进行教学指导。同时，学生能够自主探索各种教学资源，如通过手持设备对飞机发动机部件进行观察和模拟操作，使学习过程变得更加自主和有趣。

（二）环幕教学互动的教学模式

环幕教学互动的教学模式是采用偏振立体环幕技术，通过三个通道，即三台投影仪，将教学内容真实地呈现在环形的大屏幕中，使学生沉浸在一个充满动态立体知识情境的环境里。学生仿佛置身其中，不仅能够对授课内容有深入的理解和实践体验，更能感受到其中的乐趣和实

用性。这种教学模式不是简单的展示工具，而是深度的互动平台。与传统的课堂教学相比，环幕教学互动更具有引人入胜的特质，教师与学生之间的互动更加直接和有效。以导游专业为例，教师可以利用VR技术和AR技术将各种景点逼真地呈现出来，这些景点可能因为地理位置、时间或其他因素在现实中难以让学生体验。但在环幕教学中，学生可以像真实参观一样，详细了解和体验这些景点，使得学习过程更加生动和有趣。

对于教师来说，环幕教学可以为其提供一个极具潜力的教学资源库。这个资源库可以根据教学的具体需求，设计出各种与课题内容相匹配的高精度情境资源、三维模型和动画。这样，教师在授课过程中就能不再受限于传统的教材和资源，可以随时调用最适合的教学辅助材料，使教学内容更加丰富和有深度。如果学生在学习过程中遇到了难以理解的问题，他们可以直接在这个动态立体的环境中与教师进行实时的沟通和讨论，得到及时的指导和帮助。

（三）实验实训的教学模式

实验实训的教学模式，是VR和AR技术在高校教学中的一种具体应用。在当今越来越强调动手能力的新工科教育环境中，创新的实训授课方式能让学生跳出纸上的枯燥，真正进入知识的实践环境中去。学生通过亲自动手、模拟操作，或者与计算机进行实时互动，在三维或四维情境中完成实训练习，从而更直观地看到自己的操作结果，这样的学习方式不仅生动有趣，而且能够让知识点更加深入人心。更为重要的是，结合VR技术和AR技术，学生可以体验到一些在真实环境中无法或不易实践的情境。例如，对于那些涉及高危险性的实验，如易燃易爆的化学物质合成，学生可以在虚拟环境中安全地完成，从而避免实际的危险和材料损耗，既达到学习的效果，又确保安全。

更具创新性的是，这种实验实训模式能够超越传统的时空限制。例如，对于舞蹈这样的课程，学生可以在虚拟环境中进行训练和操作，然后再将所学的技能迁移到真实的环境中。而在未来智慧课堂中，全息投影和实时的人机互动为学生提供了全新的学习体验，使他们能够更加深入地理解那些乏味的理论知识和技术原理，并在此基础上拓展自己感兴趣的知识点。

第四节　VR和AR在高校教学中的典型案例分析

VR和AR技术在国外的研究历史可以追溯到20世纪60年代。犹他大学的伊万·萨瑟兰（Ivan Sutherland）教授于1963年首次提出了“虚拟现实理论”。除此之外，萨瑟兰教授的贡献还包括发明“Sketchpad”——第一个支持图形交互的系统和第一个虚拟现实头盔。然而，由于技术的局限性，这一领域的进展一度受限，直到20世纪80年代末，信息处理技术的迅猛发展才刺激了VR技术的进步。到了90年代初，随着VR技术研究的国际热潮，它逐渐成了一个独立的研究领域。

在国内，关于VR和AR技术与教育的融合，研究重心多集中在设计与开发、教育游戏、职业教育及医学教育等几个主要方面。北师大的蔡苏领导的研究团队自2009年起专注于VR和AR在教育中的应用，取得了包括教育类App、互动教育游戏及基于位置服务的信息导览设计等方面的研究成果。此外，吴涛团队为扬州大学开发的校园漫游导航系统和秦胜伟团队设计的校园漫游互动AR系统都充分利用了VR和AR技术。胡国强团队则成功创建了一个三维虚拟图书馆，它能方便用户检索和阅读书籍，并能有效地保存古籍和珍贵手稿。

尽管VR和AR技术在高校专业实践教学中的应用还不算广泛，但已有的成果如北京大学的VR虚拟仿真实验软件显示了这一领域的巨大潜力。这些软件主要在3D互动营销和AR营销等领域得到应用，为VR职业培训提供了有力支持。随着我国对数字技术日益加大重视，未来这种技术在高校的应用和研究势必会得到更多关注，为实践教学带来更多的可能性和机遇。

随着 VR 和 AR 技术的不断发展，我国许多团队开始探索 VR 和 AR 在教育领域中的可能性。三维虚拟学习环境正是其中的一个显著应用。其中，“Second Life”（简称 SL），一个模拟真实世界的在线多人角色扮演平台，呈现出在协同学习中应用的巨大潜力。例如，英语学习者可以在 SL 中与英语母语者通过虚拟角色进行交流，获得难以在现实中体验的沟通效果。赵晶晶等研究者以建构主义为理论背景，研究了在虚拟现实中进行对外汉语教学的方法。他们选择将 SL 作为研究工具，通过对比一个中文教学虚拟岛屿和一个英语教学虚拟岛屿，深入探讨了对外汉语教学的环境特点、教学特性以及人机交互界面的优势和局限性。基于 SL 的学习环境主要有三大特色：提供沉浸式的交互和知识构建环境，由所有用户共同创造和维护，并且强调在线社交。然而，尽管 SL 是目前用户众多、最受欢迎且相对开放的平台，但它在支持学习过程管理方面存在缺陷。为此，“Sloodle”应用诞生。它融合了 SL 和开放网络教学平台 Moodle 的特点，构建了一个互动且有趣的三维学习环境，其中利用超文本传输协议（hypertent transfer protocaol，HTTP）和可扩展标记语言（extensible marcup language，XML）远程调用技术进行通信。Sloodle 为用户提供了如 Web-Intercom、MetaGloss、Choicer 和 Translator 等工具，支持多种教学活动，如角色扮演、协同合作和活动构建，并能对学生进行全方位的任务指导。展望未来，三维虚拟学习环境将更加关注用户主导内容创作，与学习管理系统的整合，虚拟与真实的结合及三维技术与人工智能的深度融合。其中，AR 技术能为学生提供更好的真实体验，有望在教育领域得到更广泛的应用。但由于学习的复杂性，三维虚拟学习环境在模拟人类行为，如自动答疑和自动评分等方面，仍然面临挑战，这需要人工智能技术取得更大的突破。

第七章 在线学习社区和协作学习在高校教学改革中的实践

第一节 在线学习社区和协作学习概述

在数字化时代，学习已经不再局限于传统的教室之内。随着技术的飞速发展，线上学习社区和协作学习已经成为新时代教育的标志性特征。这些社区能够为学习者提供交互的平台，允许他们不受时间和地点的限制，随时随地与他人连接、分享和探索知识。而协作学习则进一步强调了团队合作和集体智慧的重要性，鼓励学习者相互协助，共同解决问题，从而实现对知识更深层次的理解和掌握。这种新型的学习模式，不仅有助于培养学习者的独立思考能力，还能够锻炼他们的团队合作和沟通技巧，为其未来的职场和生活做好充分的准备。

一、在线学习社区

目前学术界对在线学习社区的概念还未形成统一的看法，但查阅文献可发现一些与在线学习社区含义类似的概念，如虚拟学习社区、学习共同体等。希尔茨（Hiltz）等认为，在线学习社区是教师和学生完成教学目标的社会情境，也是社区成员寻找情感支持、归属感和友谊的社区。[①]拉塞尔（Russell）等认为，在线学习社区是一个采用某些技术手段来协调其成员和集体在学习方面需要的组织。[②]祝智庭等认为，在线学习社区是建立在网络和通信技术之上，借助网络和通信工具，由各种不同类型和个体组成，通过教学、研究等活动建立一个虚拟的社会形态，以交互学习、协作学习和自主学习为主，使学习者获取知识、增进理解和提高技能，形成以此为目的的一个交互的自治区域。[③]甘永成等认为，在线学习社区是在学习过程中，通过网络媒体，一组共享共同语言和价值的人们基于一定的教学策略，进行交流和合作学习的形式。[④]胡凡刚认为，在线学习社区是基于跨时空的、开放的、自由的网络虚拟环境，社区成员（主要包括教师与学生）之间进行专题研修、交互协作、资源共享，从而相互影响、相互促进，最终形成的具有共同社区文化心理的、生态式的社会关系共同体。[⑤]

德国社会学家 F. 滕尼斯（F.Tönnies）在 1887 年发表的《社区与社会》（*Gemeinschaft und Gesellschaft*）中首次提出了“社区的概念”。他用“Gemeinschaft”（社区）描述了一个基于合作和共同理想的有机组织形式，强调了人们之间的深厚关系、共有的精神意识，以及基于真挚情感而形成的亲密和相互信赖。从社会学的视角看，一个社区的建立需要满足两个核心条件：首先，它需要有一定的物质基础，如明确的地理位置和适宜的自然环境，为社区内部的社交生活提供必要的支持。其次，社区中的成员需要愿意相互依靠，共同投入社区的建设，从而实现持续的社交互动。互联网的快速发展，丰富了传统“社区”的内涵，产生了

① HILTZ S R, WELLMAN B. Asynchronous learning networks as a virtual classroom[J]. Communications of the ACM, 1997, 40（9）: 44-49.

② RUSSELL M. Online Learning Communities: Implications for Adult Learning[J]. Adult Learning, 1999, 10（4）: 28-31.

③ 祝智庭，钟志贤 . 现代教育技术：促进多元智能发展 [M]. 上海：华东师范大学出版社，2003 : 284.

④ 甘永成，王炜 . 虚拟学习社区多重内涵之解析与研究 [J]. 现代远程教育研究，2005（5）: 10-15, 71.

⑤ 胡凡刚 . 简论教育虚拟社区 [J]. 电化教育研究，2005（9）: 42-46.

在线社区。在线社区的产生，依托于互联网的技术，结合外部的物质技术条件和内在的人际交互需求，为有共同兴趣或需求的人们提供了网络社交空间。在这样的空间中，人们更容易进行互动交流，从而形成亲密感和共同认同。从这一基础上发展而来的在线学习社区，更多地聚焦于学习的支援和推进。

综合上述研究，可以发现在线学习社区的核心要素主要包括以下四点：第一，在线学习社区围绕某一中心主题或目标建立，其成员参与主要基于对该主题或规则的认同。第二，社区成员通过互动活动，如沟通交流，与其他成员建立稳定而亲密的联系。尽管初入社区时可能采用匿名身份，但随着对社区的归属感增强，长时间的匿名状态将不再普遍。第三，一个在线学习社区是基于其成员的自愿和共同的价值观形成的。第四，在社区内，成员在一个平等、自由的环境中进行有意义的交流。他们能深度地投入交互中，并感知到交流的实时性和意义。

因此，在线学习社区是通过数字技术和互联网连接起来的学习者群体，旨在共享知识、资源和经验，以共同助力个体或集体学习。这样的社区通常基于某一特定主题、兴趣或学习目标而组成，其中的成员可以是学生、教育者、专家或对某一领域感兴趣的任何人。在线学习社区不仅可以增进学习者之间的交流和合作，还可以帮助学习者获得新的知识和技能、提高学习效果、扩大人际关系网，并在学习中获得持续的支持和鼓励。

二、协作学习

关于协作学习，不同学者有着各自不同的看法。斯莱文（Slavin）认为，协作学习是一种以小组活动开展，再以小组成员表现评定的教学活动。[①]黄荣怀等认为，协作学习是学生以小组的形式参与，成员在激励机制的作用下完成共同的学习目标，将自己与伙伴的学习效果最大化，

① SLAVIN R E.Cooperative Learning[J].Review of Educational Research，1980，50（7）：316.

而相互合作帮助的一切相关行为。[①] 赵建华认为，协作学习是一种通过小组或团队的形式组织学生进行学习的一种策略。

协作学习是一种教学策略，其核心在于学生之间的互动与合作，目的是实现共同的学习目标并深度理解与掌握学习内容。这种学习方式强调集体的力量，学习共同体以团队的形式在共同目标的引领下参与学习，通过互相交流、分享资源，甚至进行辩论和讨论，以碰撞思想、激发创意，并产生深刻的自我理解。在协作学习的过程中，学生间的交互交流是关键。这种交流方式可以采取多种形式，如对话、商讨和争论，让学生充分探讨问题，寻找实现学习目标的最佳路径。例如，小组成员可以共享在学习过程中探索和发现的信息与学习材料，甚至与其他小组或全班共享。这样的协作学习不仅增强了学生之间的沟通，还培养了学生的思维能力和对个体差异的包容性。此外，协作学习还对学生的多方面能力有着积极的影响。它有助于提高学生的学习成绩，培养学生的批判性和创新性思维，促使学生对待学习内容和学校持有更为乐观的态度，增强了小组成员间及其与社会成员的交流沟通能力，并提高了学生的自尊和对他人的尊重。为了支持协作学习的进行，现今有许多协作平台如 Blackboard、Moodle、钉钉、微博和腾讯会议等，为学生提供了便捷的工具，使学生能更高效地在网络环境中进行交互与协作。

（一）协作学习的构成要素

协作学习，旨在通过集体协作和互动来促进学生对知识的深度理解和掌握。此模式主要包括四个构成要素：协作小组、成员、辅导教师和协作学习环境。

1. 协作小组

协作小组是协作学习的基本单元，其划分方式对学习效果产生直接的影响。小组的构建需要结合实际情境，如师生比例、班级大小、学习

① 黄荣怀，刘黄玲子 . 协作学习的系统观 [J]. 现代教育技术，2001（1）：30-34，41.

环境及学生特质等。根据这些因素，可以采取多种分组策略，如自由分组、随机抽签、互补式分组或意愿调配式分组。但一般来说，为了保证小组间的交流与协作效率，小组的人数通常控制在 2 ～ 5 人。

2. 成员

成员是构成协作小组的核心。成员的配置基于多个标准，如学习成绩、知识结构和认知风格等。通过将表现优异的学生与需要辅助的学生配对，或是将认知风格各异的学生组合在一起，可以实现优势互补，提高整体学习效率。同时，随着计算机技术的发展，协作学习的成员也可能包括计算机模拟的学习伙伴。当然，合理配置成员至关重要，它可以避免出现少数成员不参与互动，仅依赖他人完成任务的情况。

3. 辅导教师

辅导教师在协作学习中起到不可或缺的作用。他们不仅帮助维持和引导学习的组织和流程，还能确保学生实现学习目标并获得良好的学习效果。此外，辅导教师的角色也需要随时代发展而不断变化，辅导教师不仅要关注教学内容，还需要促进学生自主学习，以实现教与学的最佳结合。

4. 协作学习环境

协作学习环境为学生提供了协作的基础条件。这包括组织环境、空间环境、硬件环境和资源环境。无论是小组的组织结构、学习场所的选择，还是硬件设备的使用和学习资源的获取，都为学生的互动与合作创造了有利条件。

（二）协作学习的特征

协作学习，与传统的学习模式相比，具有一系列鲜明的特征，它能够为学生创造了更加互动、合作和目标明确的学习环境，进一步促进学生对知识的深入理解和掌握（图 7–1）。

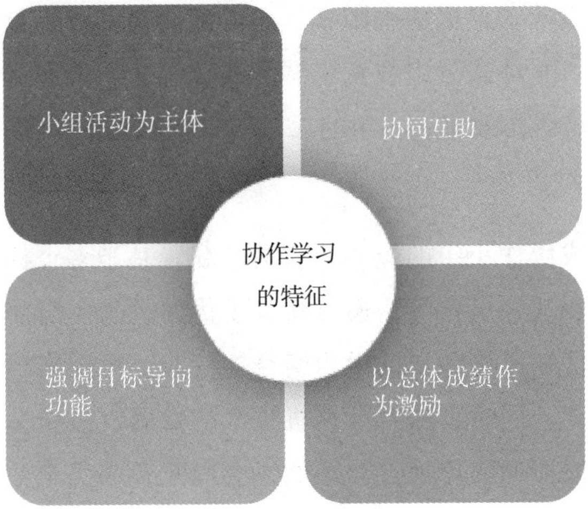

图 7-1　协作学习的特征

1. 小组活动为主体

在协作学习中，学生的学习不再是孤立的、个体化的过程，而是集体、协同的活动。小组中的每个成员都在其中扮演着重要的角色，通过团队的力量达到学习的目的。

2. 协同互助

协同互助是协作学习的核心。在此环境中，学生不仅仅是学习的接受者，更是学习的参与者。学生之间的合作和互动，是推动学习进展的关键动力。通过这种方式，学生可以从他人处得到帮助，也为他人提供支持。

3. 强调目标导向功能

在协作学习中，学习的每一步都是为了实现特定的教学目标。与此同时，学生清楚地知道他们所要实现的目标，这种明确性增加了他们的积极性和动力。

4. 以总体成绩作为激励

在协作学习中，鼓励和奖励的依据是小组整体的成果，而不仅仅是个体的表现。这种评价机制鼓励每个成员都为整体的目标而努力，进而提高每个学生在团队中的参与度，确保每个学生都能够获得最大限度的发展。

（三）网络环境中的协作学习

基于计算机技术，特别是并行及分布处理技术、多媒体技术、数据库技术等的高速发展，联合通信及计算机网络技术为协作学习提供了坚实的技术基础。网络环境中的协作学习，主要是指利用这些先进技术，在网络环境中开展的协作学习。其中，计算机支持的协作学习（computer supported collaborative learning, CCSCL）已成为网络协作学习的主导模式。与传统的协作学习相对照，网络环境下的协作学习展现出以下显著特点：第一，突破时空限制。学习不再受固定的空间和时间束缚，学生只需要拥有一个连接互联网的设备，即可随时随地参与学习，让学习更为自由和便捷。第二，多样性。网络提供了多种多样的协作形式和内容选择。结合多媒体技术，学习资源形式丰富，涵盖文本、图像、声音、视频等，确保满足不同学生的需求。第三，知识结构的非线性。传统学习往往遵循线性的知识路径，而网络学习则利用超文本方式连接各个知识点，让学生可以根据自己的需求自主选择学习内容。第四，资源的丰富性与共享性。互联网上汇集了大量的信息资源，学生可以轻松地通过搜索引擎寻找并获取所需的信息，同时，网络的开放性促进了资源的共享。第五，交互性。网络学习不是单向的信息传递，而是包括了学生与教育内容、教师、其他学生之间的多方交互，这种交互既有时间上的，也有空间上的。第六，协作性。网络环境促进了学生之间及学生与教师之间的协作。尽管物理距离可能很远，但在线的协作方式让师生、生生之间的联系变得更加紧密。

网络技术为协作学习提供了良好的沟通环境，并助力培养学生的团队合作能力和人际沟通技巧。在这样的环境中，电子白板、虚拟教室和视频会议等先进的工具和方法，共同为学生营造了宽广的、充满可能性的学习场景。基于团队的共同目标和每个人的独特性，学生可以选择多种协作学习模式，如竞赛、辩论、合作、问题解决、伙伴学习、设计和角色扮演等。而丰富的数字化学习资源，如文本、图形、图像、声音和视频等，确保了这种协作学习模式的无缝实施。尽管网络教学能够提供丰富的资源，但由于缺乏面对面的互动，学生可能会感到孤立和缺乏归属感。因此，协作互动成了网络教学中的核心要素。

在网络环境中，开展协作学习通常遵循以下步骤：首先，明确学习任务和目标，并为团队成员设计相应的角色。在这个阶段，团队成员需要共同商议如何制订进度计划、选择工作环境、利用哪些资源及确定团队原则等，以确保每个人都能深度参与并充分发挥其潜力。其次，在明确每个成员的任务和职责后，集中精力将每个成员的工作和学习成果融合为一个有机整体。最后，每个成员都应根据团队的期望来制定自己的学习目标、策略和方法。协作学习的具体策略涵盖了学生小组的任务分工、团队游戏、学习模块拼接、合作学习、小组调查等多种方法。

基于网络环境的协作学习与传统意义上的合作学习有所区别。基于网络环境的协作学习侧重学生之间为了达到共同的学习目标而进行的相互交流和讨论。在这种学习过程中，学生往往需要通过集体的努力来探索和发现知识，教师的角色是引导者和协调者。而合作学习则更注重在团队内部为完成特定的学习任务而进行的分工与合作。每个团队成员都有明确的角色和职责，而团队的最终目标是将每个成员的部分成果整合起来，完成整体的学习任务。在这种模式下，教师要设计和监督学习任务，确保团队的有效合作。在基于网络环境的协作学习中，学生之间的交流和讨论往往更为自由和开放，学习的路径和策略可能会根据团队的实际情况进行调整。本章所提到的协作学习，主要是指基于网络环境的协作学习。

第二节　在线学习社区和协作学习的理论基础与应用原则

在线学习社区与协作学习，是实现教学信息化的重要途径之一，能够为学生提供更加开放、自主和互动的学习环境。探究社区理论、自主学习理论、情境认知理论等理论为在线学习社区与协作学习的实践应用提供了坚实的理论支撑。但是，为确保在线学习社区和协作学习的顺利实施，高校和教师也须遵循必要的原则，如适应性原则、互动性原则、支持性原则、评估与反馈原则及安全与隐私原则等。因此，本节主要论述在线学习社区和协作学习的理论基础与应用原则，帮助教师更好地在高校教育中整合在线学习社区和协作学习，从而更有效地推动学生的学习和成长。

一、在线学习社区和协作学习的理论基础

（一）探究社区理论

探究社区理论源于加拿大的远程教育学者加里森（Garrison）和安德森（Anderson）等人的研究成果，他们着重于协作建构学习与批判性反思对话，为在线教学与混合式教学领域提供了新的研究维度。该理论模型强调，在线学习环境要为学生构建有深度和价值的学习体验，需要综合考虑学生的社会存在、认知存在和教学存在这三个维度。

社会存在关注学生在探究社区中如何运用技术进行社交互动和情感表达。在这里，学生不仅是知识的消费者，还是社区的积极参与者，他们通过技术手段进行沟通、分享和交流，与他人建立情感和认知上的连接。

认知存在是学生在探究社区中通过不断反思、对话及与他人的交

互，实现知识建构和意义巩固的过程。这不仅需要学生对知识内容进行深入理解，还要学生能够在社区中与他人进行有效的知识交流与分享。

教学存在是推动社会存在和认知存在的核心驱动力。教学存在不局限于传统的课堂教学，其影响力和重要性在在线学习社区中尤为突出。因为在缺少面对面交流的在线环境中，学生对教师的教学存在有更高的期望和需求。根据探究社区理论，教学存在可以进一步划分为设计组织教学、促进对话和直接教学这三个子维度。这三者相互作用，共同为学生提供充满活力和互动性的学习环境，从而更好地促进学生的学习投入和成果。

探究社区理论为在线学习社区和协作学习提供了理论框架，该框架可以指导创建和维持高效、有活力和参与度高的学习环境。从社会存在这一层面上看，为了增强在线学习社区的参与感和归属感，学习者的社会存在是至关重要的。这意味着学习者需要有机会展示自己的个性、与他人建立关系，并在社区中被看见和听到。从认知存在角度上看，学习者需要有机会在社区中构建和巩固知识。这可以通过鼓励学习者之间的对话、讨论和合作来实现。从教学存在角度看，在线学习社区和协作学习的成功需要导师或教育工作者提供明确的指导、支持和反馈。依据探究社区理论，在线学习社区和协作学习不仅需要“内容传递”，更需要导师或教育工作者设计活动、促进学习者间的对话以及直接参与教学活动。这种参与可以帮助学习者连接认知存在与社会存在，创造更有意义的学习体验。在探究社区理论中，学习者不仅仅是被动的信息接收者。他们需要积极参与、与他人合作并有批判性的反思和对话。探究社区理论鼓励学习者、教育者和社区本身都对学习过程进行持续的反思，以适应变化并提高效果。

（二）自主学习理论

本质上，自主学习是一种元认知的学习过程，强调学生的学习行为应该是自主和自控的。这一理论要求学生能够回答一系列关于学习的核心问题：为何学习、是否可以学习、应学习哪些内容及如何学习。其中包括自我规划、自我调整、自我指导、自我强化和自我发展等关键要素。在实际学习活动中，自主学习鼓励学生在开始学习之前进行预习、深入思考、选择恰当的学习方法并寻求必要的帮助，如查找相关文献和资料。在学习过程中，学生应能自我判断和审视自己的学习状态，进行有效的自我调节，并对自己的学习进行反思。学习结束后，学生须进行自我检查、自我总结和自我评价，如有需要，还要采取适当的补救措施。

国外的自主学习理论大致有七个流派，其中有三大流派对西方的学习理论产生了重大影响：第一，言语自我指导学派。此流派认为，自主学习能力的形成是由外部言语内化为内部自我指导言语的过程。要实现这个目标，教育者需要按照言语内化的顺序，将学习规则、策略等传授给学生，从而促进其自我指导和自主学习。第二，信息加工学派。这一学派主张自主学习的动机源于个体的自我信念。认知自我监控可以为学习者提供关于自我调节的反馈，使得他们的学习行为与设定目标更加匹配。策略的运用、控制和监视在此过程中扮演着至关重要的角色，使得学习者对自己的学习过程有更强的掌控感。第三，人本主义学派。该学派强调，自我实现是人类普遍的心理倾向。这种自我实现可以带来极高的成就感，被称为“高峰体验”。这一流派认为，为了实现自我，学习者需要积极主动地参与学习过程。

自主学习理论，强调学习者在学习过程中的主动性和自主性。自主学习被视为一个持续、终身的过程，其中，学习者自我管理、自我监控和自我评估他们的学习经验。

自主学习包括选择和应用适当的学习策略，对学习过程的自我认知和调控。学习者需要了解何时并为何采用某种学习方法，能够识别并分析学习任务的特性，运用多种策略来掌握新的信息，并保持冷静与自信。此外，有效的自我管理还包括估算完成任务所需的时间，监测自己的学习进度，并知晓何时寻求外部帮助。当学习者实现其学习目标时，他们通常会感到自豪和满足。自主学习不仅关于技能和策略，还体现了学习者对学习的热情和态度，表现为一种积极的心理状态和能力。真正的学习是主动的，由学习者的内在驱动力推动，能给学生带来积极的情感体验。这种内在的热情和兴趣是至关重要的。如果学生对学习感到好奇并对其充满热情，他们会发现学习不仅是一种责任，更是一种愉悦，其学习效果往往也更为出色。

自主学习理论为在线学习社区和协作学习提供了宝贵的理论支持和实践启示，有助于更好地设计和实施在线教育活动，满足学习者的自主学习需求。在线学习社区往往提供了一个更为开放和自由的学习环境，学习者可以基于自己的兴趣、需求和节奏进行学习。自主学习理论强调了学习者的主动性和自我管理能力，这与在线学习的特性相契合。教育者和平台提供者可以设计更具灵活性的课程和资源，以满足不同学习者的自主学习需求。协作学习要求学习者主动参与、共同探讨和解决问题。自主学习理论中的自我规划、自我调整和自我指导等要素可以帮助学习者更有效地参与到团队中，进行积极的交流和合作。

在线学习环境中，学习者可能面临信息过载的问题。自主学习理论鼓励学习者知道何时以及如何寻求帮助。教育者可以引导学习者在丰富的在线资源中筛选、评估和使用信息，培养其自主学习和自我求助的能力。此外，在远程和在线学习环境中，学习者可能会感到孤独或缺乏动力。自主学习理论中的自我强化和自我发展的思想可以为教育者提供策略，帮助学习者建立自信、保持积极态度并克服在线学习的挑战。

（三）情境认知理论

情境认知理论是继行为主义理论之后的又一重要理论，代表人物有布伦特（Brent）、诺曼（Norman）、威廉姆（William）等。情境认知理论强调知识、认知和学习是情境性的，也就是说，它们是在特定的环境、文化和实际活动中构建和使用的。情境认知理论认为知识并不是与实际情境脱离的抽象结构，而是与实际活动和环境紧密关联的。知识的产生、发展和应用都与特定的情境相关。在这个理论框架下，知识不再被看作被动地从教师那里获得的信息，而是在实际应用中构建的。因此，学习变得与日常生活和实际经验更为相关。教师的角色也因此转变，从传统的信息提供者变为创建真实和有意义学习环境的设计师。通过为学生提供各种实际的情境和任务，教师可以鼓励学生通过自主或合作的方式进行深入的探究。

情境认知理论也为在线学习社区和协作学习提供了一定的理论支持，它强调真实性、协作和实践在学习过程中的核心地位。因此，在线学习内容应当尽量接近学习者的真实环境和需求。例如，针对工作环境中的实际问题提供的案例研究或模拟活动将更有助于学生的学习和应用。情境认知理论强调知识的社会性。而在线学习社区通过讨论区、项目团队和实时聊天等功能促进学习者之间的交流和协作，使学习者能在实际的社交互动中构建和巩固知识。此外，在线学习平台不仅应该提供知识内容，还应为学习者创造沉浸式的学习环境，其中包括真实的任务、反馈和与其他学习者的互动。

二、在线学习社区和协作学习的应用原则

在线学习社区和协作学习在高校教学中的应用，可以丰富教育资源、促进学生之间的互动和合作，并更好地满足学生多样化的学习需求。但为确保其有效性，高校在引入和使用这些方法时需要遵循以下原则（见图 7–2）。

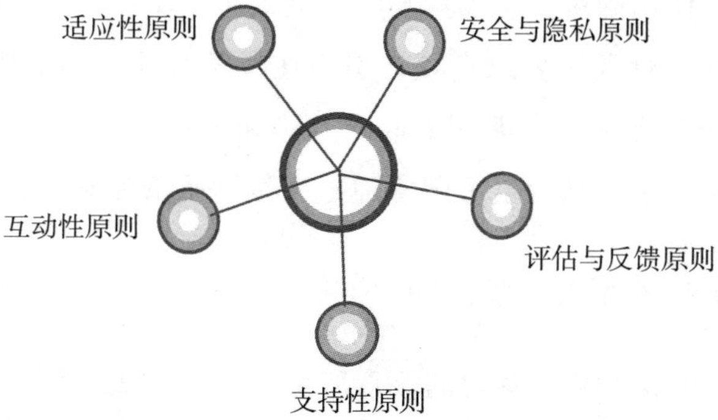

图 7–2　在线学习社区和协作学习的应用原则

（一）适应性原则

高校应根据教学目标、学生的背景和需求及可用的技术和资源来设计和选择在线学习社区和协作学习活动。因为并不是所有的课程或内容都适合在线或协作的方式，所以高校要根据具体情境进行选择和调整。

在线学习社区和协作学习在高校教学中的应用，应当与高校的教学目标，学生的学习背景、需求，以及所使用的教育技术资源紧密结合。适应性原则的核心思想在于不同的课程、内容、学生群体和技术环境之间存在显著差异，因此需要对其进行有针对性的调整，以确保教学的有效性。在高校教学改革中，在线学习社区不仅是一个技术平台，而且是一个能够促进学生互动、探索和合作的学习环境。对于某些科目，如计算机编程或数字艺术，在线社区可能非常适合，因为学生可以轻松地共享代码、项目或设计。但对于其他课程，如古典文学或实验室科学，传统的面对面互动可能更有益。同时，学生的背景和需求对教学方法的选择产生影响。例如，对于已经习惯于数字技术和社交媒体的学生而言，在线学习社区可能更具吸引力和实用性。但对于那些缺乏数字技术经验或对在线互动持保留态度的学生而言，过度依赖在线方法可能导致他们感到孤立或困惑。此外，不同的技术资源也会对教学方法的选择产生影响。高校在引入在线学习社区和协作学习时，需要考虑到技术的可用性、稳定性和易用性。使用不合适的技术平台可能会导致技术故障、数据丢失或学生使用困难，从而影响学习的效果。

因此，适应性原则要求高校在引入在线学习社区和协作学习时，进行全面的分析和评估，确保所采取的方法和工具与课程内容、学生需求和技术环境相匹配，从而最大限度地提高教学质量和学生满意度。

（二）互动性原则

在线学习社区和协作学习的核心是互动。高校应鼓励学生之间、学生与教师之间及学生与内容之间的多层次互动，以促进深入的学习和理解。

互动性原则强调教师与学生、学生与学生以及学生与教学内容之间的交互和沟通的重要性。这种交互不是单纯的信息交换，而是一个深入的、有目的的学习过程，旨在推动学生的认知发展、情感交流和技能提升。在线学习社区和协作学习的本质在于合作与互动。传统的教学模式往往以教师为中心，学生很少有机会主动参与和表达。然而，在数字化的在线环境中，学生有更多的机会参与讨论、提出问题、分享资源和合作完成任务，这能够在很大程度上增强了学生学习的深度和广度。

对此，教师可以设计互动性强的在线活动，如小组讨论、项目合作和案例分析，确保学生有足够的机会参与和交流。教师也应鼓励学生提问、发表评论和分享资源，从而使学习更加开放和民主。教师还应当时刻关注学生的反馈，调整教学方法，确保学生在交互的环境中真正受益。

（三）支持性原则

尽管在线学习社区和协作学习鼓励学生的自主和主动参与，但教师、技术和其他资源的支持仍然是必不可少的。高校应提供技术培训、学术辅导和其他形式的支持，以确保学生可以充分利用在线学习社区和协作学习的优势。

支持性原则强调为学生创造一个积极、鼓励性且包容性的学习环境，确保他们能够在面对学习挑战时，感受到充分的支持和鼓励。在线学习社区和协作学习，由于其特有的远程、虚拟和多元化特点，可能会给学生带来不同程度的焦虑和不安，这也使支持性原则在此背景下尤为重要。

因此，教师应确保学生在进入在线学习社区和协作学习环境时，对所用技术和工具有充分的了解。这包括提供技术培训、发布在线指南或举办疑难解答的在线会议。这样，学生在遇到技术问题时，可以迅速找到解决方案，不至于因技术难题而放弃学习。同时，教师应鼓励学生之间的互助和合作，使他们能够为彼此提供支持。当学生之间建立了良好的合作关系时，他们在学习过程中遇到的问题往往能够得到同伴的帮助，这样的相互支持不仅有助于解决实际问题，而且有助于增强学习社群的凝聚力。另外，为了增强学生的学习动力和自信，教师还应定期向学生提供正面的反馈和鼓励，强调他们在学习中取得的进步，而不仅仅是强调学习成果。当学生感受到他们的努力得到了认可时，他们就更可能积极地参与在线学习社区和协作学习，充分发挥自己的潜能。

（四）评估与反馈原则

高校应定期评估在线学习社区和协作学习的效果，并根据反馈进行调整。这包括学生的满意度、学习成果、技术问题及其他与学习相关的因素。

评估不仅是对学生学习成果的测量，而且是对学生学习过程的深度理解，同时为学生未来的学习提供方向。反馈则是评估的直接产物，它为学生提供了关于他们当前学习状态的清晰视图，并给予他们改进的建议。在线学习社区和协作学习的本质在于动态的、多方的互动和合作。在这种环境中，评估与反馈不仅来自教师，还来自同学、在线资源甚至是外部的社区成员。这种多元化的评估和反馈为学生提供了全面的学习视角，有助于学生从多个角度理解和改进自己的学习。遵循评估与反馈原则的重要性体现在其能确保学习过程的持续性和有效性。及时、准确的反馈可以帮助学生迅速调整学习策略，避免学生走入歧途，同时增强学生学习的自信和动力。而多元化的评估方法则有助于捕捉学生的全面能力，促进其整体成长。

为了确保评估与反馈的有效实施，教师应在教学设计中融入多种评估方法，如格式化评估、同伴评估和自我评估，确保评估的广度和深度。同时，教师应及时给予学生具体、建设性的反馈，明确指出学生的长处和需要改进的地方，并给予具体的建议和策略。此外，鼓励学生在在线社区中分享自己的学习经验和困惑，与他人互动和合作，从而获得更为丰富的反馈，进一步推进自己的学习。

（五）安全与隐私原则

在线学习社区涉及大量的学生数据和互动。随着信息技术的迅速发展，大量的个人数据被上传、分享和分析，而这些数据往往涉及学生的个人信息、学习习惯、评估成绩等敏感内容。如果这些信息被不当使用或遭到泄露，可能会对学生造成不可估量的伤害，从而影响其学习经验和心理健康。因此，对于高校和教育机构来说，确保在线学习社区和协作学习环境的安全性，不仅是遵循法律和道德的责任，还是确保学生积极参与、充分互动和自由表达的基础。只有在安全和私密的环境中，学生才能放心地分享自己的想法、交流经验和争取帮助，而不必担心自己的信息安全。对此，高校应确保学生的隐私受到保护，并防止网络欺诈和其他安全问题。

高校应为学生提供相关的安全和隐私教育，让学生了解在线环境中可能存在的风险以及如何避免这些风险。例如，教育学生不随便分享自己的个人信息，不点击不明链接，不下载不明来源的文件等。高校还须确保在线学习平台和工具的安全性，如使用经过验证的安全软件、定期进行安全检查和更新、为学生提供安全的网络连接等。同时，应确保学生的数据存储和传输过程中的加密，防止数据在传输过程中被窃取。除此之外，高校还应制定明确的隐私政策，并确保所有参与者都能遵守。例如，明确规定哪些数据可以被收集，如何安全使用这些数据，以及在何种情况下可以与第三方分享这些数据。同时，高校须设立相应的机制，让学生和教师可以定期查看和管理自己的数据，确保数据的准确性和完整性。

第三节　在线学习社区和协作学习的实施策略与工具

一、在线学习社区和协作学习的实施策略

（一）加强教师的指导监督

一般认为，在线学习社区和协作学习，只是学生自发、自主地进行学习和交流，但实际上，教师仍然是这一过程中的关键角色。教师不仅仅是传统意义上的知识的传递者，更是这个学习过程中的引导者和监督者。教师的存在可以为学生的学习过程提供方向，确保其学习的深度和广度，并确保其学习活动的有效性。与传统的面对面教学不同，协作学习打破了课堂时间和地点的限制，但也带来了更大的挑战。教师需要在学生的学习过程中，时刻保持警觉，随时为学生提供支持。利用网络学习平台，教师可以更为轻松地对学生的学习进度和状态进行实时监控，从而做出相应的调整和干预。

此外，为了确保在线学习社区和协作学习的效果，教师还需要对学生的学习活动进行定期评估，及时纠正可能出现的偏差。这不仅可以帮助学生更好地理解和掌握知识，还可以促进他们的合作精神和团队意识。教师在在线学习社区和协作学习中，不仅要关注学生的学习成果，更要关注他们的学习过程。教师可以通过设定讨论主题、安排个别交流和帮助、建立定期会面制度等方式，激发学生的学习兴趣，引导他们深入探讨和思考。然而，正如所有的教学模式都需要激励机制一样，在在线学习社区和协作学习中，教师应该对学生的表现给予相应的奖励和惩罚，以激励学生更加积极地参与学习活动。

（二）科学地安排学习小组成员

在高校教学中实施在线学习社区和协作学习，如何有效地安排学习小组成员是教育实践中的一大核心问题。高效的团队合作往往基于成员间的相互补充和协调，这要求教师在组建学习小组时，必须采取科学、细致和周到的方法。学习小组的组成原则应该体现“互补互助、协调和谐”的理念。这意味着，教师要充分考虑学生之间在学习能力、学习风格、特长及性别等方面的差异性。这样的多样性组合不仅能够促进学生彼此之间的互相学习和交流，而且更有利于激发学生的学习热情和积极性，有助于他们在团队合作中得到全面的成长。

明确的分工和角色分配是确保协作学习效果的关键。在团队合作的初期，小组成员就应制定详细的个人责任分工表，并提交给教师进行监督和指导。分工不仅要明确，还要随着合作进展而灵活调整。教师应从学生的兴趣和能力出发，合理分配各种角色，为学生提供多种角色体验的机会，从而培养他们的协作意识和责任感。此外，每个学习小组都应该设置小组长，这样不仅可以加强小组内部的管理和协调，还可以让学习小组更有效地与教师进行沟通和反馈。小组长作为学习小组的核心，需要肩负起统筹协调和整体策划的重任，他们的作用在于确保整个学习小组的工作进展顺利，并确保每个成员都能在学习和合作中得到最好的学习效果。

（三）把握小组学习的兴趣和时间

为了确保高校教学中在线学习社区和协作学习的顺利进行，教师必须细致地平衡学生的学习兴趣与时间管理关系。教师应在在线学习社区和协作学习的全程中寻找机会，使学生保持对学习的持续热情。只有当学生对某个学习主题感兴趣时，他们才会更加投入、更愿意探索和深入研究。这种兴趣源于两个方面：一是对学术内容的兴趣，二是在协作过程中获得的成就感。为此，教师应当积极关注学生在学习过程中的表现，并及时地给予他们鼓励和肯定。这种来自同伴或教师的认可不仅能够激发学生的积极性，还能够释放学生的潜能。因此，学生在感受到自己的贡献受到认可和珍视时，他们更有可能保持热情并持续投入在线学习社区和协作学习中。然而，仅有兴趣还不足以确保在线学习社区和协作学习的实施效果。时间管理在其中也起到了关键作用。教师需要提前明确各个学习任务的时间节点，确保小组成员都明确知晓自己的责任和预期的任务完成时间。当然，对于时间的要求不应严格到使学生感到压力巨大，而应该适度地为学生创造轻松愉悦的学习氛围。这种结构化的时间管理方式不仅能促使学生在规定的时间内完成任务，而且有助于学生在团队中相互沟通、分享进度和资源，加强团队合作。

（四）确定小组学习任务

在线学习社区和协作学习中小组学习任务的设定，对于教学效果的质量起着关键作用。有效的小组学习任务，能够引导学生达到既定的学习目标。因此，教师须在教学大纲或总体教学目标的框架下，将其细化为一系列具体的子目标。这些子目标则需要进一步转化为实际、可操作的小任务。这样做的目的是确保学生在完成这些具体任务的过程中，能够逐步达到预定的学习目标，从而更系统、深入地掌握知识、方法和技能。由于每个学生和学习小组都有自己独特的背景、特点和兴趣，因此，任务的设计应当丰富多样，贴近学生的实际生活，这样才能引起学生的兴趣并激发学生学习的热情。当学生有机会根据自己或团队的特长、偏好来选择任务时，就更容易维持学习的动力，而且更容易取得高质量的学习成果。现实生活中，解决问题往往需要多学科的知识结合。因此，在线学习社区和协作学习的任务设计不应局限于某一学科，而应融合不同学科的知识和方法。例如，通过将信息技术视为一种学习工具，其他学科的内容可以作为其实践的载体，或者可以将语文和历史知识结合，更加深入地分析文学作品的背景。

（五）重视过程性评价

传统的评价模式往往着重于学习的结果，如期末的分数或考试成绩。然而，在线学习社区和协作学习模式要求教师重视过程性评价，将学生在学习过程中的付出、努力和进步纳入评价范畴之中。比如，对学生如何收集和整理资料、如何分析和处理信息以及在遇到问题时如何综合运用所学的知识和技能来找到答案等过程进行评价。过程性评价关注的不仅仅是知识的掌握和应用，它更多地强调学生在学习过程中的态度、技能、方法和实践经验。例如，学生是否能够积极地参与小组讨论，是否能够与他人有效地合作，以及在实际操作中是否能够独立思考、解决问题。过程性评价也是培养学生创新精神和创新能力的重要途径。它不仅关注学生的知识掌握情况，更在意他们在学习过程中是否敢于尝试新的方法，是否有能力从失败中汲取教训，以及是否能够持续地、主动地追求进步。

因此，在学生学习的每一个阶段，教师都应该记录学生的表现，并及时给予反馈，让学生明白自己的优点和需要改进的地方。教师应定期与学生进行沟通，了解他们在学习过程中的困惑和需求及他们对自己的评价。除了教师的评价外，还可以引入同学间的互评、学生自我评价等方式，让学生从不同的角度理解自己的表现。

二、在线学习社区和协作学习的实施工具

在线学习社区和协作学习的实施已成为现代教育的一个重要趋势。随着技术的发展，各类工具不断涌现，旨在满足各种学习和协作的需求。在此背景下，钉钉、腾讯会议和超星学习通成了在教育领域广泛应用的三大代表性工具。它们各具特色，能够为教师和学生提供方便的在线交流、协作和学习平台，从而丰富教育的形式和内容。因此，这里将深入探讨这三款工具，解析它们如何在实际应用中助力在线学习社区和协作学习。

（一）钉钉

钉钉（Ding Talk）是由阿里巴巴集团打造的免费沟通和协同的多端平台。学校可以利用钉钉群开设直播课堂；教师可以自由地为学生进行直播，学生随着教师的直播主动学习并进行师生互动；教师可以随时根据学生的反馈进行教学调整。直播内容自动保存，学生课后可随时观看回放，有利于学生的个性化学习。

钉钉的许多功能都可以支持在线学习社区和协作学习的开展。比如，钉钉具备视频会议功能，教师可以实时地与学生开展在线授课，支持大型的视频会议，使得一位教师可以同时与数百位学生互动。在作业与测验板块中，教师可以在平台上布置作业，学生可以在线完成并提交，而教师则可以在平台上批改并给予反馈。此外，钉钉还提供了文本、语音和视频聊天功能，使得教师和学生、学生与学生之间的交流变得方便快捷。教师也可以轻松地发送通知或公告给所有学生，确保信息的即时传达。教师还可以创建讨论区或论坛，鼓励学生之间的互动和讨论，促进协作学习。总的来说，钉钉作为在线学习社区和协作学习的实施工具，为教师和学生提供了一个全面、集成的平台，支持从教学、交流到管理的各种功能。许多教育机构选择使用钉钉作为远程教学的主要工具，证明了其在教育领域的实用性和可靠性。

（二）腾讯会议

腾讯会议是由腾讯公司推出的一款高效的视频会议软件，它在短时间内赢得了广大用户的认可，尤其在教育和商务领域中，其实用性和稳定性均得到了广泛的赞誉。在教育领域，腾讯会议为在线学习社区和协作学习提供了强大的支撑。

腾讯会议的设计思路是使沟通无障碍，这种无缝沟通的理念为在线学习社区提供了重要支持。在教学过程中，即时反馈和交流是提高教学效果的关键，腾讯会议通过高清的视频和音频质量，确保了教师与学生之间的沟通无阻碍。同时，腾讯会议支持大规模的在线视频会议，可以容纳数千人同时在线，这为大型的线上讲座或研讨会提供了便利。腾讯会议还融合了各种实用的功能，如屏幕共享、实时笔记、互动白板等。这些功能在协作学习中发挥了重要的作用。例如，当教师解释一个复杂的概念时，他们可以使用互动白板来绘制图形或图表，帮助学生更直观地理解。当学生进行团队项目时，他们可以共享自己的屏幕，展示他们的研究成果或进行协同编辑。

腾讯会议不仅为教师提供了一个高效的教学工具，而且为学生创造了一个与同学互动、与教师交流的平台，为协作学习提供强大的技术支持。

（三）超星学习通

超星学习通由超星教育科技集团推出，是针对高等教育和基础教育推出的一款深受欢迎的在线学习平台。这一平台致力于为广大教育者和学习者提供便捷、高效的在线教育解决方案。

超星学习通作为一个综合性的在线教育平台，涵盖了从资源共享、课程管理到在线测评的多种功能。其中，资源库具备丰富的教学视频、文献、习题和案例，为教育者提供了便捷的教学支持。教师可以方便地上传和管理教学资源，而学生则可以随时随地进行自主学习，大大提高了学习的自由度和灵活性。协作学习是当今教育的一大趋势，超星学习通为此提供了一系列工具。例如，其在线讨论区和小组功能允许学生进行话题讨论、分享学习心得或合作完成任务。这不仅促进了学生之间的交流和合作，还为教师提供了一个了解学生学习状况、引导学习方向的平台。超星学习通的在线测评功能也不容忽视。通过智能化的测评工具，教师可以轻松创建各种形式的测验和考试，从选择题、填空题到论述题等题型。这不仅为学生提供了及时的反馈，帮助学生了解了自己的学习状况，还大大减轻了教师的工作负担。此外，超星学习通的统计分析功能为教育者提供了宝贵的数据支持。通过对学生的在线行为、测评成绩等数据进行分析，教师可以更加精准地了解学生的学习状况，为学生提供更有针对性的教学支持。

从不同维度看，以上三款实施工具，都有其独特之处，见表 7–1。

表 7–1　三款实施工具的对比

功能 / 特点	钉钉	腾讯会议	超星学习通
定位	在线办公和成员协作平台	视频会议软件	教育在线学习平台
视频会议	支持	核心功能	支持
文档分享	支持	支持	主要为教学资料分析
课程管理	有针对教育的板块，如钉钉班课	不支持	核心功能
在线测评	支持	不支持	涵盖各类题型
讨论区 / 群聊	支持	支持	支持，强调学习交流与合作
任务分配	支持，适合项目管理	有待加强	适合教学任务、作业发布
统计分析	支持，适用于考勤	不支持	支持，针对学习学习数据

由表 7–1 可知，钉钉拥有丰富的插件和应用生态，但是对于特定的教育场景可能不如专门的教育工具灵活。腾讯会议专注于视频会议，稳定性和实时性较好，适用于线上授课、讨论和协作，但是它主要为视频会议工具，缺少如课程管理和测评等教育功能。而超星学习通是定制化的教育在线平台，提供从课程管理到在线测评的全套工具，尤其适用于高校，但是相较于前两者在成员协作和视频会议上功能有所欠缺。

在实施在线学习社区和协作学习时，除了常规的视频会议功能，钉钉班课为可作为教育者的在线教学平台。教师可以布置作业、发放资料和进行在线测试，还可以监控学生的学习进度和出勤情况。而腾讯会议主要用于实时授课和团队讨论，教师可以实时解答学生问题，支持屏幕共享功能，使得课件展示更为流畅。超星学习通可作为完全的在线学习平台，支持完整的课程管理、资料分享、讨论和测试功能，适合混合式学习和远程教育模式。总之，教育者在开展教学时，可以根据不同的需求对上述工具进行灵活选择或结合使用，从而提高教学效果。

第四节　在线学习社区和协作学习在高校的典型案例分析

一、在线学习社区案例：中国农业大学线上学习社区

随着移动互联网和社交网络的快速发展，许多高校积极投入在线学习社区和协作学习的研究与实践当中。中国农业大学信息与电气工程学院基于学生特点和课程内容，打造了线上学习社区。

在该学院，课程《程序设计 II》被视为计算机科学与技术专业、数据科学与大数据专业的核心。它不仅是对《程序设计 I》的延伸，更重要的是，它展现了学生在面对问题时的综合处理能力，从理解、建模，到解决方案的设计、编码和调试，几乎涵盖了程序设计的所有关键环节。为了更有效地教授这一课程，学院引入了现代的在线教育工具。其中，腾讯会议作为主要的直播工具，它的语音直播和桌面共享功能使得教师可以实时演示编程操作。而“学吧”平台成为支撑整个学习社区的基石，它为教学提供了稳固的网络平台。在这个社区中，教师扮演组织者的角色，而学生则是社区的主体和贡献者。

教师利用直播为学生指明方向，通过实际操作和演示与学生进行互动，确保知识与技能得到有效的转移。每 15 分钟的教学讲解之后，学生都将用同样的时间进行实践练习，确保理论与实践相结合。但学习的效果并不仅仅取决于课堂的传授，评估也同样重要。“学吧”平台的实时评判功能使教师能够及时查看和评估学生的学习状态，从而为学生提供更有针对性的帮助。此外，答疑解惑是教学的重要环节，除了传统的论坛答疑，教师还尝试了微信语音和电话答疑，提供多样化的互动渠道。

社区内的互助与协作也被视为提高学习效果的重要因素。学生可以

在论坛上互相答疑，分享经验。为了激励学生更加积极地参与社区，学院还推出了一系列激励机制，如为高质量帖子打分。这种乐于助人的行为不仅会获得社区的认可，而且会在平时的成绩中得到体现。

二、协作学习案例：浙江财经学院市场营销课堂网络协作学习

浙江财经学院的研究者构建了基于网络的协作学习模式，并将其应用于市场营销课堂当中。基于网络的市场营销学课程的协作学习将主要分为三个部分：营销理论的协作学习、营销专题讨论的协作学习、营销相关项目策划的协作学习。教师在这个系统中扮演着发起者、指导者和监督者的角色，整个学习过程以学生为主体，非常强调学生的参与，是网络协作学习理论在市场营销课程教学中的一次创新性的应用，对提高市场营销课程的教学效果具有重要的意义。

营销理论是学习市场营销课程的基础，主要涉及教师在一个同步的环境中向学生系统性地传授营销知识。但与传统教学不同的是，在基于网络的协作学习模式中，学生可以根据自己对理论的掌握情况选择是否进入即时交互系统与其他学生或教师进行交流。当遇到理解上的难题时，学生还可以转入在线答疑系统，得到教师更为具体和针对性的解答。

营销专题讨论是运用已掌握的营销理论来分析讨论某一具体的营销实践或营销方案，如讨论某个公司营销战略的可行性等。教师从众多营销案例中挑选出具有代表性的专题，将其作为讨论的焦点。但在这个环节，教师的角色主要转化为引导者，引导学生在专题论坛上自主展开热烈的探讨，这样既锻炼了学生的分析能力，也培养了学生的团队协作精神。

营销项目策划是从整体上把握营销，包括策划该项目的产品策略、渠道策略、价格策略、促销策略等，是对营销理论运用的升华，也是营销课程教学的一种重要方法。学生须在教师的指导和监督下，依据具体

的项目主题，进行小组分工和协作。项目进展监控系统成为这一过程中的重要工具，学生在其中逐步录入各小组的项目进度，上传相关的策划资料。

总之，浙江财经学院成功地将网络协作学习模式引入市场营销课程中，使得学生在学习的过程中不仅掌握了专业知识，还培养了协作和实践的能力，真正实现了教学与实践的完美结合。

从这两所高校的例子中，我们可以发现，无论是在线学习社区还是协作学习，其设计都要明确教学目标。正如中国农业大学针对《程序设计 II》课程特点打造了在线学习社区，而浙江财经学院则构建了基于网络的市场营销课程协作学习模式。此外，选取合适的工具来支持教学活动也是关键。例如，中国农业大学利用腾讯会议进行直播教学，同时将学吧教学平台作为支撑；浙江财经学院则注重即时交互系统和在线答疑系统，为学生提供实时的互动和反馈。在协作学习中，教师应从传统的教授角色转变为发起者、指导者和监督者，鼓励学生自主学习和互相协助。高校在实施在线学习社区和协作学习时还应持续收集反馈，根据学生和教师的需求进行调整和完善，确保在线学习社区和协作学习模式始终适应教学的发展。高校在实施在线学习社区和协作学习时，不仅要结合技术和教学内容，还要注重培养学生的自主学习和团队协作能力，同时要持续进行创新和优化，确保教学活动的效果和效益。

第八章　智能教室在高校教学改革中的应用

第一节　智能教室的定义与特点

作为结合了先进信息技术、人工智能与教育理念的综合体，智能教室不仅是一个物理空间，而且代表一种新的学习方式和未来的教育趋势。智能教室具有独特的特点和无限的可能性，其出现和普及预示着一个更加开放、自主和个性化教育新时代的到来。

一、智能教室的定义

目前智能教室暂时还未形成一个统一的定义，研究者从不同的角度对智能教室进行了界定和描述，与之相近的概念还有智慧教室、未来教室等。黄荣怀等认为，在传感技术、网络技术、富媒体技术及人工智能技术充分发展的信息时代，教室环境应是一种能优化教学内容呈现、便利学习资源获取、促进课堂交互开展，具有情景感知和环境管理功能的新型教室，这种教室被称为智能教室。[①]陈卫东等认为，智能教室就是一个能够方便对教室所装备的视听、计算机、投影、交互白板等声、光、

① 黄荣怀，胡永斌，杨俊锋，等．智慧教室的概念及特征[J]．开放教育研究，2012，18(2)：22-27.

电设备进行控制和操作，有利于师生无缝地接入资源及从事教与学的活动，并能适应包括远程教学在内的多种学习方式，以自然的人机交互为特征的，依靠智能空间技术实现的增强型教室。[①]杨宗凯认为，未来的教室一定是云端教室，包括电子课本、电子课桌、电子书包、电子白板等，在资源方面，由模拟媒体到数字媒体，再到网络媒体，资源最终都在教育云上，内容达到极大丰富，从而满足个性化的学习。[②]林沛认为，智能教室是一个能够方便对教室所有设备（计算机、投影、音箱、交互白板等）及环境（温度、光线、空气质量等）进行智能控制和操作，有利于师生无缝地接入资源及从事教与学活动，并能适应包括远程教学在内的多种学习方式，以自然的人机交互为特征的，依靠移动通信、云计算、物联网、大数据等技术实现的增强型教室。[③]

综合以上观点，笔者认为智能教室是指应用现代信息技术手段，如物联网、人工智能、云计算等，对传统的教室环境进行了升级和改造，使其具备更加先进、智能的教学功能和交互体验的教室。智能教室的核心目标是为学生和教师提供一个更为高效、舒适、个性化的学习和教学环境。

智慧教室的总体架构一般包括四个层次：基础设施层、应用支撑层、综合管理层、综合服务层。智慧教室的基础设施层，为整个教室的智能化运作提供必要的硬件环境。它涵盖了从基本的活动桌椅、灯具、空调等到多媒体设备，以及高端的物联网感知系统和服务器集群等。这一层次不仅关注教室的基本功能性需求，还涉及教室的环境舒适度，如通风、隔音等辅助设施。可以说，基础设施层为智慧教室奠定了实物基础，是一切智能化教学活动得以进行的前提。

应用支撑层可以看作智慧教室的“大脑”，它通过集成各种软件系

① 陈卫东，叶新东，张际平．智能教室研究现状与未来展望[J]. 远程教育杂志，2011，29（4）：39-45.

② 杨宗凯．教育信息化十年发展展望——未来教室、未来学校、未来教师、未来教育[J]. 中国教育信息化，2011（18）：14-15.

③ 林沛．智能教室构建智慧课堂[J]. 信息安全与技术，2015，6（7）：91-93.

统，为教室的每一个硬件设备、每一位使用者提供智能化的信息支持。它保证了设备与设备、设备与人、人与资源之间的高效沟通，可让信息流在智慧教室中畅通无阻。更为重要的是，应用支撑层将各种信息数据进行统一管理，确保信息资源能够根据需求进行合理分配，还实现了与学校其他系统的无缝对接，极大地增强了教育信息化的整体效益。

综合管理层依托应用支撑层的强大功能，将智慧教室的管理提升到了一个新的高度。通过统一的门户、认证和权限管理平台，这一层次实现了对智慧教室的全方位管理，无论是环境、服务，还是资源，都得到了高效的组织和调配。而且，它具有很强的移植性和伸缩性，为教育信息化的长远发展提供了稳固的基石。

综合服务层的主要功能是满足终端用户的需求。终端用户无论是使用台式电脑，还是平板、智能手机，都能够轻松访问教学资源，处理教学任务，并与其他终端用户进行有效的交互。这种便捷性能够确保教育的实时性和互动性，使得智慧教室真正地促进教育的现代化发展。

二、智能教室的特点

随着科技的迅猛发展，教育领域也迎来了深刻的变革。当先进的信息技术与当代的教育理念完美结合时，一个全新的教学模式——智能教室应运而生。智能教室不仅是一个物理空间，更是一个融合了多种媒体与技术的智能教学平台。其核心特点是具有智能性、开放性、人性化、交互性和混合性。

（一）智能性

智能教室拥有计算机、交互式白板、平板、数字化桌椅、录播系统和众多配套的教学软件，有助于营造良好的教学环境。这些技术元素的综合应用，使得智能教室的特性趋向于真正的“智能”（图 8-1）。这种智能性不仅体现在硬件设备上，更深层次地融入教室的各项功能中。例如，课堂笔记可以自动化生成，课程的实时录制成为可能，设备间的控制更是达到了自动化的程度，而智能远程教学则突破了地理限制，为师生创造了更为灵活的互动空间。

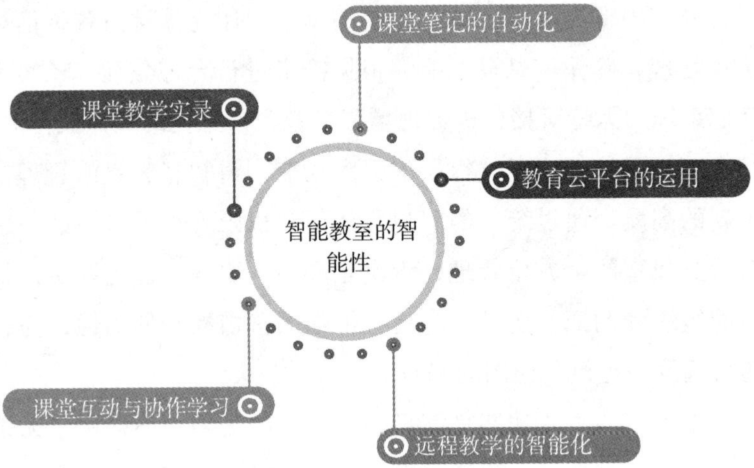

图 8-1　智能教室的智能性

1.课堂笔记的自动化

在传统教室中，学生常常在尝试跟随教师的讲解进度和做笔记之间挣扎，导致很多重要信息无法及时被学生捕捉并记录。这种模式下，学生的学习效率受到了很大的制约。然而，随着智能教室的出现，这一问题得到了有效解决。在智能教室的环境中，学生无须分心于笔记，他们可以全心投入听讲中，因为教师的所有板书都能够自动保存。这些资料不仅可以被快速转化为电子文档，传输至每个学生的个人终端，还可以根据需要实时打印。这种自动化的笔记功能，不仅帮助学生解放了双手，更重要的是，它极大地提升了学生在课堂上的学习效率和质量。

2.课堂教学实录

在教学中，实时记录课堂内容与事件比单纯的笔记更为关键。在智能教室中，不仅教师的板书、讲义演示可以被记录，课堂上的音频、视频及其他与教学相关的所有活动也可以被翔实地捕捉。这一切得益于先进的智能视讯设备，该设备不仅能够进行实时录制，还能自动将这些内容上传到教育云平台，进而形成丰富的教学资源库。如此，学生在任何时间、任何地点都能回放课堂内容，这样的设定不仅有利于学生的复习，还为那些偶尔缺课的学生提供了宝贵的机会，帮助他们补齐错过的课程内容。

3.课堂互动与协作学习

在现代教学中，课堂互动及协作学习是有效教育的核心组成部分。智能教室正是以此为核心理念，具备种种的智能化交互方式。其中，交互式电子白板便是其中的代表性装置。这个装置不仅仅是一个简单的显示屏，它完美融合了硬件和软件技术，并与教育云平台深度链接。教师可以利用这个白板自如地展示各类教学材料，或是调用应用软件辅助教学。更为关键的是，这样的设置能够在课堂中，通过无线网络，促进教师与学生、学生与学生之间的互动。在这样的教学环境中，学生不仅可以在课堂上进行小组间的讨论与合作，还能与远在千里之外的同学或专家进行交流与合作。这样的设置不仅打破了空间的束缚，更为学生提供了广阔的学习与合作平台。

4.远程教学的智能化

远程教学作为智能课堂的重要分支，体现了教育的无界化和多维度延伸。在这样的教学模式下，智能教室不仅是一个单纯的实体空间，更是一个融合了教育资源与远程交互技术的综合平台。通过对传统界限的突破，智能教室将自己提升为一个介于实体教室和远程教育系统之间的交互中心。在这样的配置下，教师不再受到键盘、鼠标和显示屏等传统工具的限制，可以更加自然地使用语音、手势乃至身体语言等方式与远程的学生互动。这使得教学过程更加生动、流畅，也更具亲和力。在这种模式下，教师有能力同时为现场与远程的学生授课，有效地实现了教育的无缝链接和拓展。

5.教育云平台的运用

教育云平台作为基于云计算技术所构建的现代教育信息系统，展现了其高效和灵活的资源管理与调配能力。此平台使得学生能够无障碍地利用各类个人终端设备如电脑、平板和手机，随时随地接入、获取所需的学习信息和资源。得益于教育云平台强大的计算和存储能力，它不仅为远程教育提供了丰富的在线资源，还确保了数据的安全、稳定与可靠性。更为重要的是，该平台推动了学习资源的集体建设与广泛分享，致力于为每个学生提供量身定制的学习支持和体验。

（二）开放性

智能教室的开放性是其核心特点之一，旨在为学生和教师提供更为自由和灵活的教育环境。这种开放性不仅体现在教学组织的形式，也涵盖了教学资源的使用和分享。为适应多变的教学模式和活动，智能教室内的桌椅应设计得能够轻松移动和重新配置，以确保每种教学需求都能得到满足。同时，这种教室结构也意味着不再受传统教学模式的束缚，而是能够随着教育的进步和创新不断适应和演变。智能教室的个性化设置方式见表 8–1。

表 8–1　智能教室的个性化设置

模式	特点
传统教室模式	行数、列数较少，适合师生双向交流，能够促进学生之间的合作学习
培训模式	加强学生独立学习的能力，方便教师随时观察与指导学生
电影院模式	多排，面向同一个方向，可以将信息有效地传递给多人
宴会厅模式	分组，每组围绕一张大型课桌，可以随时移动座位，进行多维度的信息传递
咖啡馆模式	一般 3 ～ 5 人，能够促进学生相互之间面对面的交流

（三）人性化

智能教室强调以人为中心的设计理念，确保为教师和学生创造舒适、高效且友好的学习环境。在教室的设计中，无论是从装修材料的选择还是从家具布局的考虑，都体现出绿色环保和对所有人都友好的原则。绿色、环保的设计思路不仅关心地球的未来，而且注重为学生创造健康的学习氛围。此外，无障碍设计考虑到了特殊人群的需求，使得每一个进入教室的人都能够轻松、自由地学习。

技术的应用进一步强调了智能教室的人性化。通过多媒体设备，教师能够更为自由地展示和传递信息，而不是受制于传统教具。例如，交互式白板技术不仅允许教师充分利用身体语言进行讲解，还减少了他们在教室内的移动，避免分散学生的注意力。这样的设计使得教学过程更为流畅，也增强了学生的参与度和学习兴趣。因此，智能教室通过各种方式确保教学活动，既高效又人性化，体现了“以人为本”的教育理念。

（四）交互性

在传统的教室环境中，课堂互动往往受限于物理空间和传统教育工具。而智能教室依托先进的信息技术和多媒体设备，在一定程度上能够拓宽课堂互动的可能性。这不仅有利于教师和学生之间的直接沟通，更能深化学生与学生之间、学生与资源之间的连接。学生不再仅被动地听讲，而且可以实时地与教材、教学资源乃至其他学生进行互动交流。这种多方位、多维度的交互关系，让学生更容易沉浸于学习过程中，更加主动地参与教学活动，从而提高学习效果和积极性。此外，智能教室将教室转化为一个真正的互动舞台。在这里，每个学生都可以成为学习的主体，每种资源都可以成为他们探索的对象。而教师更是成了真正的指导者和协调者，他们能够根据每个学生的需要，为其提供个性化的教学内容和指导。

（五）混合性

得益于现代信息技术的发展，智能教室重新定义了传统的教学空间和方法，可以实现多种教与学活动的混合、虚拟课堂与真实课堂的混合、正式课堂与非正式课堂的混合。借助网络和多媒体技术，智能教室能够提供丰富的学习资源和情境，使虚拟现实技术成为可能。例如，学生可以在虚拟的环境中进行实验，这样不仅能够让学生更直观地验证科学知识和实验原理，还能让学生身临其境，提高学习的兴趣和参与度。在传统教室中，学生常常被限制在固定的时间和地点学习，但在智能教室中，学生可以在任何时间、任何地点进行深入的学习和探索。这种教与学的灵活性为学生提供了更加个性化、自主化的学习路径。远程互动课程的引入，使得地域界限不再成为教与学的障碍。不同地点的学生和教师可以实时互动，共享教学资源。这就仿佛让所有的参与者聚集在同一个学习空间，实现真正的全球化教学。

第二节　智能教室的技术组成与功能分析

随着科技的快速发展和教育领域的不断创新，智能教室越来越受到高等教育领域相关学者的关注。它不仅可以改变传统的教学模式，还能够为教与学提供更为高效、互动和个性化的环境。本节主要探讨智能教室的技术构成及其带来的功能革新。这些技术和功能是智能教室得以实现其独特价值的核心基石，也是我们进一步探索其深远影响的关键。

一、智能教室的技术组成

智能教室依托于先进技术的支持，为教师和学生提供了充满交互性、高度便利的学习环境。一般来看，智能教室的主要技术有以下几种（图 8–2）。

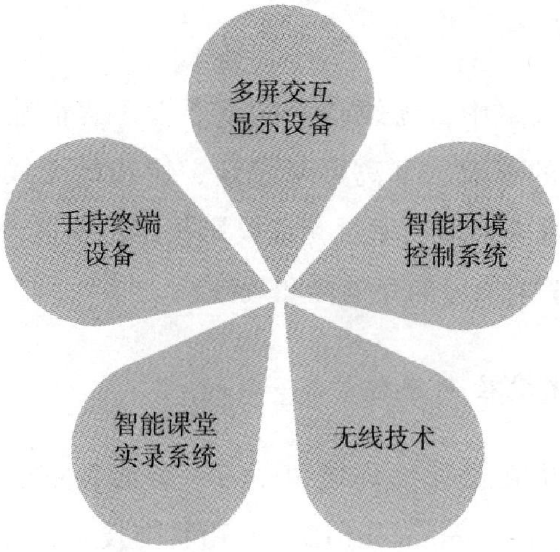

图 8-2　智能教室的主要技术

（一）多屏交互显示设备

智能教室的显示技术不再局限于传统的投影仪或单一的显示屏。多个显示终端的出现，不仅适应了大班教学的需要，还鼓励小组合作和多角度的资源展示。交互白板作为其中的代表，它不只是单纯的显示设备，更带有交互功能，允许教师和学生实现多样化的沟通和操作。

（二）手持终端设备

随着移动设备的普及，手持终端成为学习的有力工具。无论是电子投票、问题反馈还是小组讨论，都可通过计算机或手持设备轻松实现。教师也可以通过这些设备实时观察学生的学习情况，从而更好地给予学生指导。

（三）智能课堂实录系统

智能教室注重学习过程的记录和反思。通过高清摄像机，学生的学习过程、小组协作甚至教师的讲解都可以被记录下来。储存在云端的录像材料为学生课后复习提供了便利，也是教师教学反思的宝贵资料。

（四）无线技术

在现代智能教室中，无线技术的重要性不言而喻。无论是小组间的合作还是资源的获取，都离不开稳定、快速的无线网络。值得一提的是，学生的学习成果可以通过无线投影技术迅速展现在教室的大屏幕上，有助于提高学生学习的互动性和效率。

（五）智能环境控制系统

为了保证学生在最佳的环境中学习，智能教室引入基于射频识别（radio frequency identifiction, RFID）的物联网技术，可以智能地调节光线、电力、声音和温度。无论是根据外部光照调整室内照明，还是依据季节气候调节室内温度，都体现了教室对学习环境的细致关怀。

二、智能教室的主要功能

智能教室作为现代教育的创新环境，充分结合了先进的技术与教育的需求，为学生和教师创造了互动性强、舒适度高、资源丰富的学习场所。它的主要功能包括以下内容（图 8–3）。

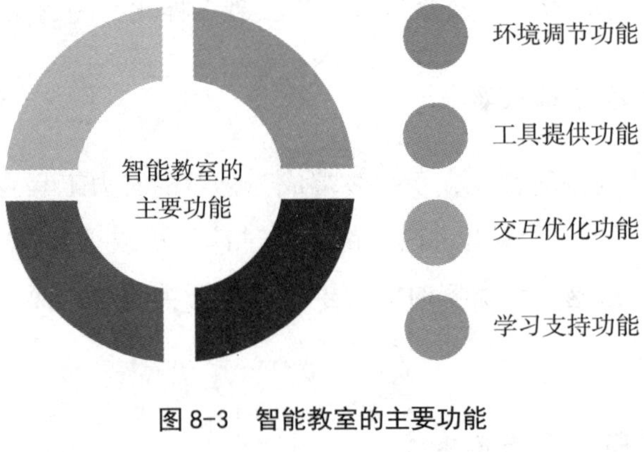

图 8–3 智能教室的主要功能

（一）环境调节功能

1. 物理环境调节

智能教室不再是一个僵化的空间。根据室内的温度、湿度及学生人数，智能教室可以智能地调整温度、湿度、照明和色彩，确保为学生提供最舒适的学习环境。

智能教室内部的传感器可以实时检测室内温度、湿度以及学生人数等变量，并据此调整空调、加湿器和照明系统的运作，确保教室始终处于对学生学习最有利的状态。例如，当感应到室内光线偏暗或者天气阴沉时，照明系统会自动增强亮度，保持良好的视觉条件；当教室人数多时，空调会增大风量以保持适中的温度。此外，智能调色系统可以根据教学内容或学生的情绪，自动或由教师控制调整教室的色彩氛围，如使用蓝色调集中学生的注意力，或使用暖色调放松学生的心情。

2. 人际环境建设

智能教室注重营造和谐和平等的人际环境，鼓励师生之间、学生之间的交流和资源共享。先进的音响系统和麦克风能够确保每个学生的声音都可以被清晰地听到，从而鼓励学生之间、师生之间的交流和分享。教室的布局和家具设计也注重促进互动与合作，如以可以移动和组合的桌椅方便学生进行小组讨论或大组合作。

3. 资源环境优化

在资源方面，智能教室能够进行个性化推送，并强化资源的共享能力。通过连接云端数据库，教室内的各种设备都可以快速获取和展示所需的教学资源，无论是视频、音频、图文还是模拟实验。此外，通过学生的学习历史和喜好，教室的系统还能为每个学生推送最符合其需求的资源，打破传统的教学模式中的信息孤岛。

（二）工具提供功能

智能教室装备了一系列丰富且智能的学习工具，这些工具旨在激发学生的潜能，并帮助他们获得更好的学习效果。在智能教室中，多屏交互显示设备如交互白板、触摸屏等，为师生提供了一个动态、直观的教学界面。教师可以在白板上直接书写、绘图、播放多媒体资源，而学生则可以通过这些设备与教学内容产生互动，如提问、投票或者完成一些实时的练习。另外，平板电脑、智能手机和其他手持终端设备已经成为智能教室中的标配。它们为学生提供了私人化、灵活的学习空间，无论是浏览教材、完成作业，还是与小组成员进行在线合作，都变得方便迅捷。在智能教室中，基于 VR 和 AR 技术的模拟实验工具，允许学生在无须真实实验材料或设备的情况下进行各种科学或技术实验。这不仅降低了实验的成本和风险，还让学生能在任何时间、地点体验并重复实验。

智能教室所提供的工具集成了现代信息技术的众多优势，有针对性地服务于教学和学习的每一个环节，能够在很大程度上提高教学活动的效率和效果。这不仅为教师提供了更多的教学选择，更使学生在一个充满可能性的环境中发掘并发挥出自己的最大潜能。

（三）交互优化功能

简单、自然且友好的交互界面，可以为学生提供高效的信息获取及交流平台，从而提高他们学习、讨论和协作的效率。在智能教室中，人与人、人与机器以及人与信息之间的交互都能够得到一定程度的增强。交互白板、触摸屏及其他多媒体设备，使得教学内容不再局限于纸质材料或单一媒体。教师和学生可以在这样的环境中轻松地分享、演示和讨论内容，强化了双向沟通与反馈。手持终端设备的普及和应用进一步丰富了课堂互动。学生不仅可以随时查阅与课堂内容相关的信息，还能通过电子投票、问题反馈等方式，更为积极地参与到教学过程中。这种互动方式为教师提供了即时的反馈，使得教学调整更加及时、精准。人机交互的简洁与自然，尤其是通过语音识别、手势控制等技术的应用，大大简化了操作流程，为师生创造了一个高效、便捷的学习空间。这种交互方式不仅增强了学生的参与度，还使得学习过程更为生动、直观。在远程教育方面，智能教室打破了地理位置的束缚，学生可以与远程的专家或同伴实现实时互动，这种交互形式不仅拓展了学习资源，还为学生带来了更为广阔的学术交流空间。

（四）学习支持功能

除了提供传统的学习工具和环境，智能教室还专门为学生提供了方便快捷的学习支持服务。其中，线上与线下的学习方式得到了有效结合，同时正式与非正式学习也实现了有机融合。这样的设计，使得每个学生都能够根据自己的需要和兴趣进行个性化的学习，确保教学的高效与公平。学生可以在现实的课堂中与教师进行面对面的互动，也可以利用线上资源进行自主学习和研究。这种双轨制的学习模式不仅增加了学习的深度和广度，还使学生能够根据自己的节奏和风格进行学习。在智能教室中，学生不仅可以参与到系统、规范的课程学习中，还可以参与各种讨论、实验和实践活动。这种学习方式鼓励学生探索、发现和创新，也使得学习过程更为有趣和生动。

此外，智能教室还通过个性化的学习支持服务，确保每个学生都能获得他们所需的资源和指导。无论是通过智能推荐系统为学生提供定制化的学习资源，还是为学生提供个性化的学习建议和辅导，智能教室都确保了教学的公平性和高效性。

第三节　智能教室在高校教学中的应用模式与实践策略

一、智能教室在高校教学中的应用模式

在高等教育领域，传统的教学模式正在经历一场由信息技术引发的深刻变革。智能教室作为这场变革的产物，为高校教学提供了创新的教学环境。这种创新不仅意味着教学物理环境的转变，更意味着教学策略和方法的演进。凭借信息技术的支持，项目化学习、研究性学习以及探究式教学等教学模式在智能教室的环境中都能够得到较好的应用效果。这些教学模式都坚持一个核心理念：学生是学习的中心。在该理念指导下，学生从被动接受知识的对象转变为主动探究的主体，而教师则从传统的知识传递者转变为学生学习的引导者和支持者。这与智能教室的建设初衷是一致的，智能教室最大的特点便是以学生为中心，通过创造智能化的学习环境，让学生掌握学习的主动权，提升教学质量和教学效果。

（一）项目化学习

项目化学习（project-based learning，PBL）是一种以学生为中心的教学方法，其核心思想是让学生通过对真实世界问题的研究和解决来进行学习。与传统的教学模式不同，项目化学习强调学生的主动性、探究性和实践性，鼓励学生主动探索并独立构建知识，以获得实际经验和自我成长为教育目标。在此过程中，学生以特定的学习项目为中心，审慎地选择和利用最佳学习资源，通过实践经验、深度吸纳和积极创新来整合并完善所学的知识，从而培养特定的技能并实现其全面发展。

项目化学习是一种以学生为中心的教学模式，主要由以下六个步骤构成（图 8-4）。

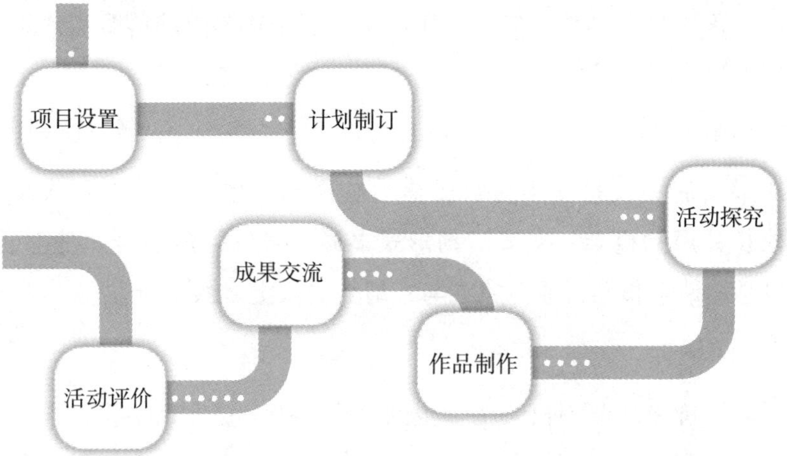

图 8-4　项目化学习的主要步骤

1.项目设置

选择一个合适的项目是至关重要的，因为这关系到学生的投入与兴趣。一个好的项目不仅与学生的日常生活经验紧密相关，还能跨越多个学科，富有深度，为学生提供深入探究的空间。当然，项目还需要具备可评估性，确保学生在这一过程中实现的学习目标。

2.计划制订

在这一阶段，学生需要对项目的时间线和各项活动进行精确规划。这不仅涉及整体的时间分配，还要对每个小环节的活动进行预先设想。虽然一些教材可能已为教师提供了参考的项目流程，但教师仍可根据实际情况进行适当调整。

3.活动探究

学生在这一过程中将大部分时间用于学习和技能的培养。通过真实的场景、团队合作与反思，学生搜集信息，验证假设，并逐渐明确自己的学习方向，获得问题的答案或解决方案。

4.作品制作

学生会利用所学知识和技能制作出具体的成果，这些成果可以是研究报告、实物模型或其他形式。作品不仅是知识与技能的直观体现，而且是学生努力的成果。

5. 成果交流

成果交流不仅是学生对自己努力的展示，也是与其他团队共享经验、取长补短的机会。交流活动形式多样，可以是展示会、辩论会等，也可以是邀请家长和行业专家参与，请其提供宝贵的反馈。

6. 活动评价

活动评价一环节不仅关注学生的最终成果，更注重学生在学习过程中的各种体现，如实验记录、活动记录等。评价方式也变得更加多元化和全面，结合了定量与定性、形成性与总结性的评估方法，真实反映学生的学习状态。

在高校教学中，智能教室为项目式学习提供了得天独厚的环境。这些教室配备了先进的技术设备，使得教学活动更为灵活和多元。为了在此背景下成功实施项目式学习，我们需要融合技术和教学，创造一个真实、互动和探索性的学习环境。首先，在课程设计阶段，教师应确保学习项目与学生的真实生活和职业需求紧密相关，这样既能激发学生的学习兴趣，也能确保学生所学知识和技能的实用性。与此同时，借助智能教室中的各种技术工具，如互动白板、VR 设备等，教师可以为学生制定出与真实工作环境类似的任务。其次，鼓励学生进行团队合作。智能教室的开放空间设计和丰富的技术设备支持，为团队合作提供了方便。学生可以自由分组，利用这些设备进行信息搜索、资料整理、方案设计等活动。在团队合作的过程中，学生不仅能够学习到专业知识，还能培养团队合作、沟通协调等重要的软技能。再次，提供丰富的资源支持也是关键。智能教室通常连接有大量的数字资源，学生可以轻松地访问到最新的研究资料、在线教程等。教师应指导学生如何筛选和评价这些资源，确保所用信息的准确性和可靠性。当然，技术只是工具，真正的教学仍然依赖于教师和学生的互动。教师应充分利用智能教室中的技术手段，与学生进行有效的互动，鼓励他们提出问题、分享见解、展示成果。通过这种方式，教师不再是单一的知识传递者，而是学生学习过程中的引导者与支持者。最后，项目式学习的评价也非常重要。利用智能教室中的技术，教师可以更加方便地对学生的学习过程进行记录和评价。除了对学生的最终成果进行评估，教师还应关注学生在学习过程中的表现，如团队合作能力、问题解决能力等。总之，智能教室可以为高校教学中的项目式学习提供强大的支持。教师需要善于利用这些资源和工具，为学生创造真实、互动和探索性的学习环境，帮助学生更好地掌握知识和技能。

（二）研究性学习

研究性学习（research-based learning，RBL）是一种以学生为中心，鼓励学生通过自主的研究活动来进行深入学习的教育方法。该方法强调学生应该参与到真实、有意义的研究过程中，而不仅仅是被动地接受知识。在研究性学习模式下，学生深入参与研究活动，利用科研方法来解决具体问题，目的不仅在于完成科研任务，更在于通过这一过程对关键知识进行建构并达到深入的理解。其学习成果主要通过论文、报告或设计等形式展现。无论是研究性学习还是项目化学习，都强调小组协作的重要性。因此，研究性学习可以视作项目化学习的一种特定形式。与传统的接受式学习（教师主导、学生被动接受的授课方式）相比，研究性学习更偏重学生的自主深度学习。这种学习方式鼓励学生以问题为中心，着重于解决实际问题。它不仅强调问题的提出和解决，还注重学习成果的具体表现，如通过报告或创建数据库等方式来展示他们的发现和解决策略。

研究性学习遵循一个标准化的流程，主要包括开题、研题和结题三个阶段。在开题阶段，学生需要将所选择的课题概况呈现给相关的教师、专家和科技人员，接受他们的评审。经过综合考虑，科研管理部门会决定是否批准该选题。研题阶段是学生按照开题报告的具体方案进行课题研究的关键时期。在这一阶段，学生可能会在研学旅行中进行相关研究，并途中通过课题中期成果检查或以学习记录单的形式来记录和监控研究进展。在结题阶段，学生会基于所完成的研究撰写结题报告，并进行答辩或展示。这份报告可以是论文或研究报告的形式，也有可能包含两者。其中，研究报告有多种形式，如综合研究报告、科研报告、实验设计、调查报告和读书报告等。研究性学习的真正意义在于它为学生提供了一种类似专家的思考与问题解决模式。这种模式能引导学生像专家那样深入思考，并能为学生提供一整套科学的思维方法。

在智能教室中开展研究性学习，教师可以充分利用现代化的技术设备，以及与之配套的教学资源，为学生创建富有挑战性、创新性和探究性的学习环境。为确保学习的深度和广度，教师应设计与真实生活、学科或跨学科相关的课题。通过智能设备，学生可以访问大量在线数据库和图书馆资源，对课题进行前期调研。此外，互动式白板和投影设备也能为学生展示实验演示、模拟实验和案例分析，使得学习过程更为生动和直观。

智能教室的特色之一是其协作功能。学生可以在小组内共享资源、讨论课题并协同完成任务。教师可以实时监控每个小组的工作进展，并在必要时给予及时的指导和反馈。此外，利用智能设备进行数据分析和建模，学生可以对收集的数据进行深入分析，进一步加深对课题的理解。智能教室中的各种软件工具也为学生提供了模拟、计算和设计的能力，帮助他们从不同的角度深入探索课题。在研究成果展示环节，学生可以通过多媒体手段将他们的研究成果以动画、图表、视频和其他形式展现出来，这不仅使学习更为具体化，而且能够锻炼学生的技术应用和公开演讲的能力。

（三）探究式教学

探究式教学是一种以学生为中心的教学方法，强调学生的主动参与、独立思考和创新能力的培养。与传统的“灌输式”教育方法不同，探究式教学鼓励学生主动地去寻找、分析和解决问题，从而真正理解和掌握知识。探究式教学强调学生的主体地位，目的是锻炼学生的探究能力。在这一教学过程中，部分教学内容被转化为问题，从而激励学生自我探究，进而培养学生解决问题的技巧并使其形成科学的态度与思维。这种教学方式鼓励学生在理论指导下进行实践，再从实践经验中进行总结和提炼，从而深化教学内容的理解。探究式教学的核心环节涉及提出科学假设、验证这些假设及基于收集的数据为其提供科学解释。这意味着教师应将预设的观点和即将执行的实验明确传达给学生，并分享从中得到的信息，帮助学生将这些信息融合成科学的解读。

探究式教学模式不仅强调已有的知识和经验，还注重学习的过程和结果。为了更好地吸收新的知识，教师必须从学生已经掌握的知识出发，以此激发他们的学习热情。教师要让学生深入研究事物和现象，让他们明白新知识与旧知识之间的联系，从而使其更好地掌握并应用所学知识。在这一过程中，要强调科学方法与知识并重，帮助学生通过实际的实践活动，如实验、调查等，去理解、收集并分析信息。不同于传统的教学方法，探究式教学鼓励学生参与到知识的获取中，让他们在实际情境中积累经验，自主地得出结论。这不仅有助于学生从多个角度去认识和理解知识，更能激发学生的内在学习动机，提高学生的研究能力，使得学生能够应对实际问题时，展现出扎实的知识和灵活的思维。

此外，探究式教学非常重视知识的实际应用。学生不仅要学会知识，还要知道如何将它们用于解决实际的问题。这种教学模式能够帮助学生跨越学科的界限，去解决那些涉及多个学科领域的复杂问题。这种接近实际的学习方法，更有助于提高学生的实践能力和知识应用技巧。探究式教学还强调学生的主体性和自主性，鼓励学生充分展现自己的积极性和创造力。在这一背景下，教师与学生之间不再是单向的教与学的关系，而是建立在尊重和指导之上的双向互动。这样的教与学的关系确保了学生在探究过程中既有足够的自由度，又能得到适时的指导，从而确保了学习的效果和质量。

在高校教学中，智能教室借助其丰富的技术手段，可以为教师和学生创造高度互动、富有创造力的学习环境，这与探究式教学的理念高度契合。利用智能教室中的交互式白板和高清投影，教师可以展示各种复杂的概念、实验和模型，让学生直观地感受和理解。例如，在物理或化学课程中，通过模拟实验，学生可以亲身参与、观察各种现象的发生，并试图寻找其背后的原因。这种寓教于乐的方式，能够激发学生的好奇心，从而驱使他们去主动探索和发现。

智能教室中的实时数据分析和反馈系统能帮助教师对学生学习进度进行即时把握。通过分析学生的在线互动、测试成绩和参与度，教师可以及时调整教学策略，确保每个学生都能在探究中得到最大的收益。此外，智能设备如虚拟现实和增强现实技术，可以为学生带来沉浸式的学习体验，使他们置身于所学的环境中，从而更加深入地理解知识。同时，智能教室可以为师生间的互动提供更多的可能性。借助在线讨论平台和即时通信工具，学生可以在任何时间、任何地点与教师和同学沟通交流，分享他们在探究过程中的发现和疑惑。这种不受时间和空间限制的交流方式，能够增强学生的学习动机，也可以为学生提供更多的资源和支持。此外，智能教室中的个性化学习系统能够根据每个学生的学习情况，提供定制化的学习资源和建议。这样，每个学生都能根据自己的兴趣和需要，选择最适合自己的学习路径，进行深入的探究，从而使学生在探究的过程中获得更多的乐趣和收获。

二、在高校教学中应用智能教室的实践策略

（一）内容与技术相结合

智能教室的出现和发展，不仅是技术的提升，更是对传统教育模式的补充和完善。当然，单纯的技术，如高清投影、VR、实时反馈等，虽然为教学带来了更多的便利，但如果不能与教学内容相结合，就很可能会成为华而不实的花招。

高校教学的核心始终是内容。技术只是传递和加工内容的手段。一个生动的例子是，即使我们有最先进的烹饪器具，如果我们的食材和烹饪技巧不到位，那么出来的菜品也不会吸引人。同样，智能教室提供的各种技术设备，如果不能与教学内容深度融合，则很可能导致形式大于内容。

在高校教学中应用智能教室，首要任务是确保教师对所教内容有深入的理解，并且能够灵活运用各种教学方法。在此基础上，教师需要对智能教室中的技术设备和功能有一定了解，并知道如何将其与教学内容相结合。例如，当讲解某个抽象概念时，教师可以利用交互式白板进行直观的演示，或通过 VR 技术为学生创造沉浸式的学习环境，让学生更为直观地感受和理解该概念。此外，内容与技术的结合还需要反思和调整的过程。教师可以通过智能教室的数据分析功能，了解学生对于某种教学方法或技术的反应，从而对教学内容和方法进行适时的调整。这种基于数据的教学决策，不仅能够提高教学效果，还能使教学更加个性化，满足不同学生的学习需求。

（二）建立教学资源库

在智能教室的背景下，建立教学资源库成为高校教学不可或缺的环节。这是因为智能教室并不仅仅代表一个物理空间，而且是一种新的教学模式，它涉及的是如何运用现代技术手段，使教育教学更加高效、个性化和富有创新性。教学资源库就像是一个巨大的知识仓库，它能够帮助教师和学生快速找到所需的教学资源，从而提高教学的效率。而在智能教室这样的环境中，由于技术手段的支持，我们不再受制于传统的教科书或者纸质资料，而是可以更广泛地获取、使用和分享各种形式的教学资源。建立教学资源库是对传统教学模式的补充和延伸。传统的教学往往依赖于教师的授课，而学生则是被动的接受者。但在智能教室中，我们可以通过教学资源库为学生提供更多的自主学习机会。如此，学生不仅可以按照自己的节奏和兴趣进行学习，还可以根据自己的需要选择最适合的学习资源。

建立教学资源库，首先要做的就是进行资源的收集和整理。高校各个学科都有丰富的教学资源，但这些资源往往分散在不同的地方。因此，需要有一个统一的平台，将这些资源进行整合和归纳。同时，对于这些资源的质量需要进行筛选和审核，确保其适合于教学使用。除了资源的收集和整理，还需要考虑资源的更新和维护。随着科技和学科的进步，一些老旧的教学资源可能不再适用，而新的资源也会不断产生。因此，教学资源库应该是一个动态的系统，可以随时进行调整和更新。与此同时，对于教学资源库的使用，也需要提供一定的指导和培训。尤其是对于那些不熟悉智能教室环境的教师来说，他们可能会对如何利用资源库感到困惑。因此，需要有专门的培训课程，帮助他们掌握资源库的使用技巧，使其在教学中能够得心应手地对相应资源进行应用。

（三）构建协同学习网络环境

与传统的教室相比，智能教室更加强调技术与教学的结合以及教学的互动性和协作性。在这样的背景下，构建协同学习网络环境成为提高教学质量和效果的重要手段。

协同学习网络环境是一个将学生、教师及各种学习资源连接在一起的虚拟空间。在这个环境中，学生不再是孤立的学习者，而是可以与他人进行交流和合作，共同完成学习任务。与此同时，教师也可以根据学生的学习情况，实时地调整教学策略，提供更加有针对性的教学支持。构建协同学习网络环境的重要性在于它能够打破传统教学的局限性，促进学生之间的交流与合作，提高学习的效果。研究表明，协同学习有助于培养学生的团队合作能力、批判性思维能力和解决问题的能力。在智能教室这样的高度技术化的环境中，构建协同学习网络环境可以更好地利用技术的优势，实现教学的个性化和深化。

在智能教室中，高校应为学生和教师提供一个易于使用、功能齐全的在线学习平台。这个平台应该支持多种形式的交流和合作，如在线讨论、团队合作、实时反馈等。与此同时，平台上还应该有丰富的学习资源，如视频、文档、模拟实验等，为学生提供多种学习方式。除了在线学习平台，高校还需要考虑到实际的教学活动。教师可以根据学生的学习需求和兴趣，设计各种形式的协同学习任务，如团队项目、小组讨论、案例分析等。在进行协同学习时，教师应该扮演一个指导者和协调者的角色，为学生提供必要的支持，确保学习活动的顺利进行。最后，为了确保协同学习网络环境的有效运行，高校还需要进行定期的评估和调整。可以通过对学生的学习效果、参与度、满意度等方面进行调查，了解协同学习网络环境的实际效果，根据调查结果进行必要的调整。

第四节　智能教室在高校教学应用中的典型案例

在当代高校教育中，技术的进步和应用正在不断改变教育的面貌。各高校都开始探索并应用智能教室，以期更好地促进学生的学习体验和提高教育效果。

一、美国哈佛大学智能教室

哈佛大学的智能教室融入了最尖端的信息技术和多媒体工具，构建了一个内容丰富、形式多样的学习空间。高清投影、电子白板和先进的音响系统为教学活动提供了强大支持，无论是多媒体展示、在线视频还是互动问答都非常便捷。而且，这种高度智能化的环境通过稳定的网络支持，使远程教育成为可能，为学生与教师之间打破地域限制提供了平台。

二、英国剑桥大学智能教室

英国的剑桥大学在智能教室的建设上采用了颇具前瞻性的云计算技术，这使得在线学习更为便捷和高效。高清摄像和音响系统的结合，不仅确保了远程教育的流畅性，还提供了极佳的互动体验。值得一提的是，剑桥大学的智能教室在数据处理和存储上有着卓越的表现，能够为学生提供更精准、个性化的学习资源和评估，这大大提高了教学效果。

三、德国路德维希–马克西米利安–慕尼黑大学智能教室

路德维希–马克西米利安–慕尼黑大学的智能教室引入了虚拟现实技术，为学生带来了前所未有的沉浸式学习体验。通过 VR 头盔和相关设备，学生可以深入虚拟的实验场景，进行模拟操作，仿佛身临其境。此外，该大学还为这一创新的学习方式提供了强大的计算支持和网络平台，让学生可以在虚拟空间中与他人实时互动和协作。

四、清华大学五道口金融学院智能教室

清华大学五道口金融学院，在与中国人民银行的协同合作下，自 2012 年 3 月成立之日起，就肩负起“培养金融领袖，引领金融实践，贡献民族复兴，促进世界和谐”的崇高使命。作为国内领先且国际一流的金融教育与研究平台，五道口金融学院不仅汲取了清华大学丰富的教育传统，而且与金融行业保持紧密的联系。为确保教学品质，五道口金融学院从成立伊始就重视构建现代化的教学环境。其中，“清华大学五道口金融学院信息化教学环境及视听应用系统工程”是该学院为提供技术先进、功能全面且使用便捷的信息化教学环境所投入的关键项目。教室的物理设计强调了现代与实用的结合。70 席的扇形阶梯教室内部，无论是声学设计的混响时间、隔声系数，还是 2 人座中预留的电源和网络插口，均严格参照国家相关标准设置。而为确保舒适的学习体验，讲台与大屏幕工作区域的照明可以调节，使其在 150 ～ 400lx 之间，学生作业面也在 200 ～ 400lx 的可调范围内。

感知网络方面，除了常规的有线网络，教室的每个角落均覆盖了 Wi–Fi 信号。同时，教室的门口装有人脸识别系统和 RFID 考勤机，这不仅为管理带来便利，而且为每位进入教室的人员提供了一种安全、快捷的身份确认方式。此外，教室内的温湿度和光照传感器也确保了最佳

的学习环境。而在泛在技术的实现上，学院依托云计算技术开发了金融教育资源库和移动学习管理系统。这使得学生不论身在何处，都可以通过笔记本、平板电脑或智能手机等设备访问云端的学习资源，实现了真正意义上的随时随地学习。此外，为了得到更好的教学效果，五道口金融学院的智能教室还融合了可视管理系统的智能控制子系统、增强现实系统的交互演示子系统、视频会议子系统以及实时记录系统的课程录播子系统，使教室的功能更为完善和多元。

从以上案例中可以看出，在当今的教育领域，信息技术与多媒体设备的进步在推动智能教室的建设中发挥着核心作用。这些先进技术可以确保课件展示、视频播放和互动问答等教学活动高效且高质地进行。例如，剑桥大学引入云计算技术，使数据的存储和处理更为迅速和安全；路德维希－马克西米利安－慕尼黑大学通过融合 VR 技术，为学生带来全新、富有吸引力的学习体验。从教学效果上看，智能教室的应用明显优化了教学过程。哈佛大学利用其技术实现了在线互动和远程授课，为师生之间的沟通和交流创造了更为便捷的途径。而在剑桥大学，智能教室为学生提供了一个更为高效的在线学习环境，从而增强了他们在课程和资源选择上的自主性。路德维希－马克西米利安－慕尼黑大学利用智能教室中的 VR 技术，让学生能够在虚拟环境中进行实验和模拟操作，旨在培养其实践和创新能力。因此，智能教室不仅标志着教育模式的进步，更标志着教育方式的深刻变革。信息技术、云计算和 VR 等技术手段，正在逐步改变传统的课堂模式，为师生带来更多的选择自由和高效的学习体验。

第九章　数据驱动的教学评估与反馈在高校教学改革中的应用

第一节　数据驱动教学评估与反馈的概述

教学评估与反馈是教育过程中对教学活动的效果进行评价和分析，并根据这些评价和分析为学生和教师提供有关其教学和学习的建议和指导的过程。它旨在提高学习的质量、增强教学的效果，并确保学生能够达到预定的学习目标。而数据驱动的教学评估与反馈是一种创新的评价方法，它依赖于在各种教学场景中的数据记录和采集，以实现对教学效果的深入分析。这种方法的核心思想是通过对数据的分析，教师可以更加准确地了解学生的学习状况、识别学习困难并制定有效的干预策略。数据驱动的教学评估与反馈，利用数据在不同平台之间的流转与累加，以达到整体效益优于部分总和的目的。该评估方法主要由以下几个部分组成：第一，多场景数据采集。这为教学评价提供了数据来源，使得教育者能够依据实际的教学数据进行量化分析。第二，多空间数据融合。这一步确保从各个教学场景中收集的数据能够按统一的标准进行整合，从而为后续的分析提供完整而一致的数据基础。第三，精准分析模型构建。数据驱动的方法被应用于深入挖掘学习效果的内在模式，从而为教学评估提供更为准确和深入的洞察。第四，分析结果的可视化。将复杂的数据分析结果转化为直观的图形和报告，这不仅便于教育者理解和解读，还为学生提供明确而具体的学习反馈。整体来看，数据驱动的教学评估与反馈方法强调了数据在教学评估中的核心作用，将传统评估方法与现代数据技术相结合，为教师和学生提供了更为全面和精确的教学效果分析和建议。

数据驱动教学评估与反馈的出现与计算机技术的快速发展有着紧密联系。计算机系统的高效运转依赖于其检错重发技术，即每当发送信息时，都会等待对方确认收到信息，若存在问题则会重新发送，确保信息的准确传输。同理，教学过程也可以被视为一种信息交换的动态，其中教师和学生互动，交换知识信息。为确保教学目标的实现，教学信息的传递与接收的效率和质量都要得到重视。如同计算机依靠其内置的反馈机制来实现目标一样，教学活动也需要借助教学评估这一反馈机制来检测其质量，并确保教学目标得以达成。教学评估不仅是评估体系的核心部分，更是保障教学质量和效果的关键环节。从宏观上看，各种评估手段，无论是阶段性的、多维度的，还是静态或动态的，都能够为教学提供信息反馈的有效渠道。然而，传统的评估手段往往存在时效性差的问题，无法在教学过程中迅速捕捉知识信息的反馈。因此，强调课堂中的实时教学评估，追求即时的反馈和调整显得至关重要。课堂教学是教育活动的核心，要实现高效的知识传递，就必须确保及时的信息反馈。无论是学生的一个小动作还是教师的一个眼神，都可能是信息传递的关键节点，都需要被即时捕捉和响应。今天，技术的发展为我们提供了更多可能性，如在课堂中为每个学生配备电脑终端，使他们能够实时回应教师的问题，从而让教师能够进行即时评估。教学评估与计算机即时数据反馈相结合的这种评价手段，与传统的评价方式相比，高效且更为准确。因此，为完善教学评估体系和提高教学质量，突出信息反馈的时效性十分关键。

第二节　数据驱动教学评估与反馈的理论基础与应用原则

一、数据驱动教学评估与反馈的理论基础

系统论是以系统为研究对象，研究系统中各个要素之间关系的综合性理论，它是数据驱动教学评估与反馈的理论基础之一。在高等教育领域里，教学评估与反馈已实现制度化，并成为高校科学发展的重要驱动力和教学科学管理的要素。

系统论为现代管理提供了一种系统化、科学化、定量化和现代化的方法和思维方式。在高等教育领域，教学评估与反馈是教育管理系统中的核心环节，它确保了教育体系的完整性、目标导向和效益。这种评估和反馈机制，通过制定明确的评价标准和指标体系，为高等教育机构提供了明确的努力方向和目标，起到了指导、激励、核查和监督的作用。同样，只有当数据驱动的教学评估与反馈以系统论为指导，它才能真正立足于现代科学的基础。因此，高校的数据驱动教学评估与反馈机制，应充分运用系统论的关键原理。

（一）整体原理

系统论强调，每一个实体都可以被视为一个“系统”，而系统由多个相互关联且互相依赖的部分构成，共同实现特定的功能。宏观角度下的高等教育可以被理解为一个由多层次、多结构和多要素构成的庞大系统，它拥有较长的运转周期。而从微观视角看，单一的学院或学校也构成一个系统，且这样的系统下包含众多的子系统，这些子系统进一步由更小的部分组成。这一整体观念要求我们在研究任何系统时，都应将该系统的整体性质和特征作为研究焦点，并深入探究各部分之间的相互关

系以及整体的功能和运作规律。因此，在进行高等教育数据驱动的教学评估与反馈时，对以下几点应予以考虑：

（1）当评估某一高校或其提供的专业时，评估标准应基于该高校或专业对国家建设和社会发展的实际贡献，重点关注其培养的人才的质量与数量。

（2）在评定学院或学校的办学水平时，不仅要关注其内部的各个子系统，还要查看各子系统如何影响整体的办学水平，确保整体性能达到最优。

（3）教育教学评估与反馈本身也是一个系统，包括评价机构、评价标准、评价方法和评价流程等多个部分，这也应被视为一个不可分割的整体。

（二）反馈原理

反馈原理是指依据执行系统返回的信息进行分析和判断，并对原始计划或指令产生影响，发挥调节功能，以确保达成预定目标。从控制学的视角看，数据驱动的教育教学评估与反馈实际上是一个过程，通过这一过程，原本开放的教育系统逐步转化为一个闭环控制的系统，旨在增强教育的调控功能，确保高校能够主动地适应经济和社会的发展。反馈的核心是信息的采集、处理和判断。在信息的收集中，应追求信息的全面性、系统性和客观性，而避免单一、随意和主观的倾向。这意味着，实施数据驱动的教育教学评估与反馈，不仅需要收集教师的信息，还需要收集学生的意见；既要关注学校内部的信息，也要关注学校外部的信息；既要考虑当前的情况，也不忘过去的经验。总体上，应采用多种方式广泛地收集能够全面反映实际情况且具有实效性的信息，确保信息的完整性和准确性。对于所收集的信息，须进行精准的处理和筛选，确保信息的真实性、清晰性和简洁性。只有当我们获得及时、准确和有用的反馈信息时，才能为做出正确的决策提供坚实的基础，进而有效地调整教学过程，使之更接近理想的目标。

（三）有序原理

系统的有序性体现了其内部元素的有机联系和正常运作。一个结构稳定、纵横交织的立体网络模式，成为确保系统有序性的关键。高等教育机构是一个由众多横向元素和纵向层次构成的复杂结构体系。这些体系一般包括：物质结构，如校园建筑、设备、图书资源、教育工具和教育经费等；人员结构，如教师团队、科研团队、管理团队、后勤服务团队和学生团队等，组织结构，如党务组织、行政机构、教学机构、科研机构和后勤管理机构等，以及学科或专业设定和课程结构。可以说，高等教育的内部组织结构是一个多面、多层、多形态、多功能和多目标的动态系统，其复杂性使得对其进行量化分析具有挑战性。因此，在进行高校数据驱动的教学评估与反馈时，应基于有序原理，深入探讨其内部各子系统间的联系、子系统与整体之间的互动，并寻找其中各元素之间的最佳结构配置，以实现整体优化的目标。

（四）动态原理

因为高校是一个持续变化和演进的环境，评估与反馈系统需要定期收集和更新数据，以捕捉教学实践中的任何变化。数据驱动的评估不应只关注某一时刻的数据快照，而应跟踪数据的长期趋势，以了解教学实践的发展方向和速度。除了评估当前教学的状态，还需要评估其发展潜力和未来的可能趋势，从而为策略调整和决策提供参考。随着时间的推移，评估工具和方法可能需要做出调整以应对新的挑战或改变。遵循动态原理意味着评估系统本身也要具有一定的适应性。此外，为确保全面性和准确性，评估过程应包括多方的意见和视角，如教师、学生、行政人员等，也要考虑外部的声音，如行业专家或其他学校的经验。

二、数据驱动教学评估与反馈的应用原则

数据驱动教学评估与反馈的应用原则主要包括发展性原则、合理性原则、目的性原则、效益性原则、反馈性原则等（图 9–1）。

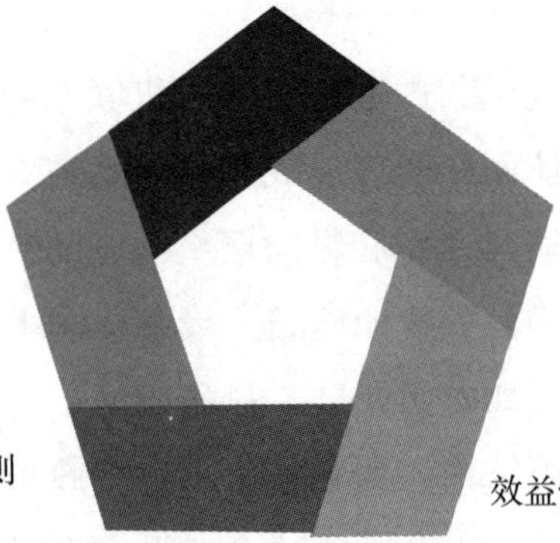

图 9-1 数据驱动教学评估与反馈的应用原则

（一）发展性原则

数据驱动的教学评估与反馈是现代教育评价的重要组成部分，但要真正发挥其价值，就要坚守“发展性原则”。这个原则的核心在于评价的目的不仅是对过去的教学行为进行评判，而且是为促进未来发展，包括学生的学习发展和教师的专业发展。

学生是教学的中心。教学评估应侧重通过数据驱动的方式，识别教学中的长处和短板，以此来优化教学策略，进而助力学生在各个方面（无论是认知还是情感）都能够得到全面的成长。此外，基于数据的评估还能针对性地诊断学生在学习中的困难和挑战，为教师提供精准的指导方向，也能引导学生根据自己的学习情况，采纳合适的策略来提升自身的学习效果。

教师的专业成长也是教学评估的重要考量之一。而数据驱动的评估方法，正是能够为教师提供关于教学过程中的深入、具体的反馈。这些反馈不仅能够让教师了解自己的教学效果，更能助其找到可能的改进之法，从而提高教学质量。而这样的评估过程，也是教师自我反思的过程，它能让教师有机会与同行或专家进行深入交流和分享，从而进一步推动教师的专业成长。

（二）合理性原则

教学评估作为教学活动的关键部分具有双重意义：一方面，它确保课程得以有效实施；另一方面，它作为教学流程的有机组成，能够推动学生的学习进步。而在教学评估中，数据驱动的方式日渐受到重视。在实施数据驱动的教学评估与反馈时，应遵循合理性原则。

合理性原则要求，数据驱动的评估须选择那些实际有助于提高教学效果的评价方式。简单地说，评估方式需要避免过于复杂，以防其过程本身成为教学的障碍。使用过于烦琐的评估程序可能会干扰日常的教学活动，导致评估起到反效果。评估的时机和质量也至关重要，评估不应仅仅是一个形式化的过程，而应当是一个能够为学生带来积极收获的活动。若评估方法不当，则它可能会给学生带来额外的压力，或导致学生对学习产生厌倦感。

评估是为了推动教学的进步，而不是成为教学的终极目标。数据驱动的评估方法如果遵循合理性原则，将更好地发挥其潜在价值，既能确保评估过程简洁、有效，又能确保评估活动本身为学生的学习带来真实、有意义的反馈。

（三）目的性原则

开展数据驱动的教学评估与反馈时，必须始终坚守目的性原则。只有确保评估的目标明确，与教师和学生的实际需求相匹配，才能确保评估真正起到其应有的效果，为教学改进提供有力的数据支持。

在教学评估中，选择评估方式以及实施方法都与其预期的目标紧密相关，因此，目的性原则在这一过程中显得尤为关键。当我们谈到数据驱动的教学评估与反馈时，它更是强调评估的目标明确性和对评估结果的明确预期。

对于教师而言，理解和选择不同评估方式的预期目标是基本的前提。不同的评估方式应用于解决不同的教学问题，其范围和适用性各有特点。教师需要深入了解各种评估方法的目的及其可能带来的效果，以便更有针对性地对其进行选择。例如，一种方法可能更专注于学生的知识掌握，而另一种可能关注学生的思维能力。选择评估方法要结合班级整体的实际情况，同时，教师也需要关注评估方法运用的技巧，确保评估结果真实反映教学实际情况。

对于学生，了解评估的重要性、操作和作用是关键。这不仅有助于他们对评估活动产生正确认知，还能增强他们的参与感和合作精神。数据驱动的评估方法，其透明度和反馈机制能使学生更容易理解评估的目的和价值。当学生清楚地知道评估的意图和预期结果时，他们会更愿意积极配合，从而提高评估的有效性。

（四）效益性原则

效益性原则是指最大化地利用教学资源，以求达到预期的教学目标。在数据驱动的教学评估与反馈中，应用效益性原则，具有十分深远的意义。

效益性原则强调的是在有限的时间、物质和精神投入下获得最佳的教学成果。在数据驱动的教学评估中，我们要关注每个教学环节和活动的投入与产出，通过数据的支持，判断哪些环节和活动是真正有效的，哪些可能需要调整或改进。例如，如果数据显示某一教学环节的投入与学生的学习成果不成正比，那么这一环节就可能需要重新设计。

教学效益并不仅是指教学的内容传递效率，还涉及学生的自主性发展和自信心的建立。数据可以帮助我们深入了解学生的学习状况，包括他们的学习成就、遇到的问题和不足之处。对于教师而言，这些数据反馈可以为他们提供关于教学方法和策略的直接指导，使他们能够针对性地为学生提供帮助和支持。此外，效益性原则鼓励教师与学生之间的互动和合作。通过数据驱动的评估，教师可以更明确地了解到哪些方法或策略对学生最有益，哪些可能需要调整。同时，学生也可以通过评估的反馈更明确地了解自己的学习状况，从而与教师合作，共同提高学习效益。

（五）反馈性原则

反馈性原则的核心意义在于确保评估的成果能够为进一步的教学提供指导与建议。当评估基于数据时，这些指导和建议将具有实证基础，可以为教学改进提供准确的方向。例如，数据可能显示学生在某一主题或概念上普遍存在误解，教师可以更加有针对性地对该主题或概念进行再次讲解或实践。

及时的评估反馈能够提高学生的学习自觉性。当学生能够了解自己在学习过程中的表现，他们便能够更明确地认识到自己的长处与短处，从而调整自己的学习策略。对于学生而言，及时、具体的反馈远比模糊、延后的评价更有助于他们的学习成长。此外，将评估信息量化是一个常见的策略，其目的是更明确地呈现学生的表现，从而让反馈更加具体。然而，这一做法并非适用于所有情境。量化的反馈在某些情境中可能十分有用，但在其他情况下可能并不恰当。例如，对于讨论和创意类的作业，简单的分数可能无法准确地反映学生的实际表现。

第三节　数据驱动教学评估与反馈的实施策略与工具

一、数据驱动教学评估与反馈的实施策略

数据驱动的教学评估与反馈强调使用学生的学习数据来指导教学活动和教育决策。为有效地实施数据驱动的教学评估与反馈，以下是一些建议的策略。

（一）数据收集和整合

教师使用多元化的数据来源，包括测试成绩、作业、项目、参与

度、互动等。测试成绩是学生在各种标准化或教师编制的测验和考试中的得分。教师可以使用纸质试卷收集学生的测试成绩，也可以使用电子测试系统进行在线评估。教师要将学生的考试得分导入电子成绩册或学习管理系统中，从而方便进行后续的分析。作业和项目是学生完成的日常任务和长期项目。教师可以要求学生在 LMS（learning management systent，培训管理系统）上传作业或通过电子邮件提交。教师要存储学生提交的所有作业和项目，利用评分工具对其进行评估，并在 LMS 或相关平台上汇总评分。参与度是指学生在课堂讨论、小组活动和其他互动环境中的活跃程度。教师可以用考勤工具或笔记记录学生的参与情况，或利用在线工具追踪学生的互动情况。教师可以将参与度数据与其他评估数据结合，形成学生的全面评价。互动是学生在线上平台或社交媒体上的互动情况，如在学习论坛中的发帖或评论。教师利用论坛、社交媒体平台的数据分析工具或 LMS 的跟踪功能收集数据信息，并结合其他数据源，如作业和测试成绩，以获得关于学生学习态度和能力的更全面了解。

教师还可以利用 LMS 或其他教育技术工具来自动化数据收集和分析，将收集到的数据进行统一存储、分析和生成报告。数据收集和整合是确保教学评估与反馈质量的关键。通过有效利用多元化的数据来源和先进的技术工具，教师可以更加精确和系统地评估学生的学习情况，从而为优化教育提供有力的数据支持。

（二）数据分析与解读

在进行数据分析之前，应确保已经收集了足够的、多元化的数据。有了这些数据，就可以开始对其进行量化和定性的评估，将它们与预先设定的基准或标准进行比较，以判断学生的学习进度或教育活动的效果。例如，对于测试成绩，可以计算学生的平均分、中位数或其他统计指标，以了解整体的表现趋势。同样，通过对作业和项目的评审，可以更好地了解学生在具体技能和知识点上的掌握情况。当数据经过基本的处理和整合后，应用更深入的分析方法可以进一步揭示其中隐藏的模式和关联。例如，数据挖掘和模式识别技术可以帮助教育者发现学生之间的学习差异、课程之间的关联性以及其他不易觉察的教育趋势。此外，对于学生参与度和互动的数据，分析这些数据可以揭示学生的参与度和参与的积极性，以及他们与教学材料或其他学生的互动模式。

解读分析结果时，应该结合教育的实际背景和教学目标。数据只有与实际情境、教育目标和学生需求相结合时，才能为教育决策提供有价值的见解。例如，如果发现某个课程单元的测试成绩普遍低于预期，这可能意味着教学材料需要改进，或者教学方法不适合学生。但这同样可能是因为测试本身设计得不够好，或者学生在测试当天普遍状态不佳。因此，对于每一项分析结果，都需要考虑多种可能的解释，并与实际教育环境和教育目标相结合，以做出明智的教育决策。

（三）周期性的数据审查

周期性的数据审查是确保教学评估与反馈持续有效和适应性强的关键策略。这种审查方式意味着在固定的时间间隔内，系统地回顾和评估收集到的数据，以及由此产生的教学策略或决策。通过定期地查看这些数据，教师可以及时识别趋势、挑战和机会，并据此进行必要的调整。

教育过程中，每一个阶段或学期结束，都是对数据进行审查的好时机。这时，教师可以查看从课程开始到现在累积的所有数据，比如查看测试成绩、作业、项目评分、学生的参与度和互动情况等，来评估学生的学习进度和教学方法的效果。在审查数据时，关键是要看整体的趋势，而不仅仅是看单一的数据点。比如，如果一个学生的某次测试成绩低于平均水平，这并不一定意味着他在整体上遇到了困难。但如果他连续几次的测试成绩都低于平均水平，那么就需要深入探究其原因了。同样，如果一个班级的整体成绩在逐渐提高，那么这可能意味着当前的教学方法是有效的，但如果成绩逐渐下滑，教师则需要重新考虑其教学策略。除了查看数据的趋势，周期性的数据审查还应包括对数据质量的检查。例如，如果数据收集工具或系统发生了变化，或者新的评估方法被引入，那么这些变化可能会影响到数据的可比性。在这种情况下，教师需要确保他们理解这些变化如何影响到数据，并据此进行解读。

审查过程结束后，教师应该基于其发现来做决策。这可能包括调整教学策略、为学生提供额外的支持或资源，或者改变数据收集和分析的方法。最重要的是，周期性的数据审查提供了一个机会，使教师能够确保他们的教学活动始终基于最新、最相关的信息，从而为学生提供最佳的学习体验。

二、数据驱动教学评估与反馈的主要工具

数据驱动的教学评估与反馈需要依赖多种工具来进行数据的收集、分析和呈现。以下是一些主要的工具：

（一）LMS

LMS 不仅能够为学习活动提供一种组织化的方式，还可以提供大量的数据，帮助教师更加精确地进行教学评估与反馈。例如 Moodle、Chamilo 等，通常整合了多种功能，包括课程内容管理、作业提交、在线测验、论坛讨论和成绩管理等。这些功能可以为教师提供丰富的数据资源。例如，教师可以追踪学生在 LMS 中的活动，了解他们何时登录，他们花了多少时间在某个具体课程材料上，或者他们在哪些活动中遇到困难。通过观察学生在在线测验中的表现，教师可以迅速识别哪些学生可能需要额外的帮助，或者哪些课程内容可能需要进行调整。此外，LMS 中的论坛和讨论区也为教师提供了宝贵的信息，他们可以从中了解学生对特定主题的理解和看法，或者发现那些经常被忽略的疑难问题。LMS 还能够自动收集和整合成绩数据，使教师可以轻松地查看学生的整体表现和进步。这不仅为教师提供了即时的反馈，还使他们能够在学期结束前采取措施，确保每个学生都能达成预期学习目标。

（二）学习分析工具

学习分析工具的核心价值在于它们能够处理、分析大量的数据，并以有意义的方式为教师呈现这些数据，从而促进更明智的决策和更精确的教学策略。当教师利用学习分析工具时，他们通常会从各种数据源中收集信息，这些信息可能包括但不限于LMS、学生信息系统、在线资源和电子图书馆等。这种综合性的数据收集方法为教师提供了一个更全面的视角，使他们能够全面了解学生的学习历程。分析工具中的算法和模型进一步深化了对这些数据的理解。例如，教师通过对学生的登录频率、资源访问和作业提交等行为进行分析，可以预测学生可能面临的挑战或风险。此外，这些工具还可以识别出学生群体中的特定模式或趋势，帮助教师了解哪些教学策略或资源对学生最有影响。但学习分析不仅仅关注学生的表现。通过对教学活动和教材的使用情况进行深入分析，教师可以得知哪些活动或资源更受学生欢迎，哪些可能需要进行调整或完善。这为教师提供了一个机会，以确保他们的教学策略与学生的需要和兴趣相匹配。

另外，学习分析工具也支持更有针对性的反馈。基于对学生学习数据的深入分析，教师可以提供个性化的反馈和建议，帮助学生了解自己的长处和不足，并制订相应的学习计划。

（三）在线测验和调查工具

通过在线测验和调查工具，教师可以实时地获取学生的反馈、了解学生的学习进度、掌握学生的理解程度，从而做出针对性的调整和改进。

在线测验工具允许教师迅速地创建和发布测验，无论是形式化的期中考试、期末考试，还是不定期的小测，都可以轻松地在线进行。这种即时的、动态的评估方式为教师提供了关于学生当前学习状态的即时数据。例如，教师可以通过这些工具迅速地了解学生在某个特定主题或概念上的理解程度，从而决定是否需要为该主题提供更多的辅导或资源。调查工具的应用范围更为广泛。除了对学术内容进行评估外，调查还可以用于了解学生对课程结构、教学方法、教学资源等的反馈和建议。这为教师提供听取学生的声音，了解他们的需求和期望，从而持续改进教学方法和内容的珍贵机会。当教育者使用在线测验和调查工具时，他们会得到大量的数据，包括学生的答题情况、时间使用、错误率等。这些数据为教师提供了宝贵的参考，可以帮助他们更深入地了解学生的学习情况和需求。但仅仅收集数据是不够的，关键在于如何解读和运用这些数据。教师可以通过对这些数据进行深入分析，了解学生在哪些领域表现出色，哪些领域需要加强。此外，教育者还可以根据数据调整教学内容和方法，为学生提供更个性化的支持和辅导。

在线测验和调查工具不仅提供了评估学生学习的方法，还为教育者和学生之间建立了一个开放、透明的沟通渠道。学生可以通过这些工具了解自己的学习进度，也可以为教师提供宝贵的反馈和建议。

第十章　创新教育模式在高校教学改革中的发展前景

第一节　创新教育模式在高校教学改革中的发展趋势

在 21 世纪的教育背景下，高等教育正面临着史无前例的挑战与机遇。全球化、信息化以及快速的科技发展对于高校的教学模式、教育内容和教育理念都提出了新的要求。为了适应这一变革，高校正在努力创新教育模式。整体来看，创新教育模式在高校教学改革中的发展趋势主要包括以下内容：

一、技术辅助教学

在全球化和信息化的背景下，技术已经深刻地改变了我们的生活方式，同样，它也正在重塑教育领域。对于高等教育来说，技术辅助教学成为近年来教学改革的明显发展趋势。这种转变背后的原因众多。当今的学生，尤其是“数字原生代”，已经习惯于使用技术来获取信息、交流和学习。对他们来说，技术不仅仅是工具，更是与生活紧密相连的一部分。此外，技术为教学带来了前所未有的便利和可能性。在线资源、虚拟实验室、模拟软件等，都为学生提供了更为丰富和个性化的学习体验。技术辅助教学的崛起也与当下的教育目标和理念有关。现代教育不再仅仅追求知识的灌输，而是注重培养学生的创新思维、批判性思考和自主学习能力。而技术，尤其是互动性强、能够促进主动学习的技术工具，正好能够满足这些目标。

面对技术辅助教学的发展趋势，高校应认识到技术并不是教育的替代品，而是一种强大的辅助工具。教师应深化对于技术的认识，通过专业发展和培训，确保自己能够熟练、适当地使用技术工具来辅助教学。与此同时，高校也需要建立一个有利于技术创新和实验的教学环境。这可能涉及鼓励教师尝试新的教学方法、提供技术支持和奖励等。高校应始终以学生为中心，确保技术的使用真正有助于提高学生的学习体验和学习效果。

二、跨学科的学习

跨学科的学习在高校教学改革中作为一个显著的发展趋势，其背后有着深厚的社会和学术逻辑。随着科技、经济和社会的高速发展，我们所面临的许多问题和挑战都不再是单一学科能够解决的。例如，气候变化不仅是一个环境科学问题，而且涉及经济、社会、政策、技术等多个层面。只有综合多学科的知识和方法，我们才能更好地理解和应对这些复杂问题。在这样的背景下，高校教学改革亟须调整和创新其教育模式，以适应这一趋势。跨学科的学习就是这样一种创新策略，它旨在培养学生具备多学科的知识体系，使学生能够跨越学科边界进行思考和研究。这种学习方式不仅可以帮助学生更好地理解和解决实际问题，还可以培养他们的创新思维和协作能力。

要实现跨学科的学习，高校需要进行一系列的教学和管理改革。例如，高校可以开设多学科交叉的课程或项目，鼓励不同学科的教师进行合作，设计和推出跨学科的课程。同时，高校还可以调整学科设置和培养方案，增加学生的学科选修空间，使学生能够根据自己的兴趣和需求选择跨学科的课程。除此之外，高校还需要加强师资队伍的培训，提高教师的跨学科教学和研究能力。

三、生涯导向教育

生涯导向教育着眼于学生的整个人生轨迹。它不仅关注学生在学术上的成功，更关心学生如何为未来的生涯做好准备，如何为持续的学习、工作和人生做出明智的选择。这种教育方式重视将课堂知识与实际应用相结合，鼓励学生对自己的兴趣和职业规划进行深入思考，从而在大学时期就能够制定出长远的发展策略。这也意味着学生不仅是为了考试和学位而学习，更是为了自己的未来而学习。

在当今社会，随着职业市场的快速变化，以及科技和经济的迅速发展，学生面临的职业选择和发展道路也变得越来越复杂。同时，高校学生毕业后的就业形势也日益严峻，这使得传统的以学术为导向的教育方式难以满足学生的实际需求。因此，高校教学改革亟须考虑如何更好地帮助学生为未来做好准备，而生涯导向教育就是一个有效的策略。为应对生涯导向教育这一趋势，高校需要做的不仅是调整课程内容和教学方法，更重要的是调整教育理念。高校应该更加关心学生的未来，为学生提供更多与职业规划、职业技能和职业发展相关的资源和支持。这可能涉及与企业和行业的紧密合作，开设与职业相关的实践课程，提供实习和实践的机会，以及为学生提供职业规划和就业指导等服务。

第二节　创新教育模式在高校教学改革中的挑战与对策

高等教育正处于一个变革的时代，随着社会、科技、经济的快速发展，创新教育模式被越来越多的高校所采纳。然而，这种改革不仅带来了许多机会，也带来了诸多挑战。

其中，一个明显的挑战是教师和学生对于新教育模式的适应性问题。长期以来，许多高校都采用了传统的教育模式，而突然的转变可能会导致教师和学生感到困惑或不适应。例如，教师可能需要重新设计课程，调整教学方法，甚至重新认识自己在教育过程中的角色。对于学生而言，新模式可能意味着他们需要更加主动地参与学习、掌握新的技能并与教师和同学在更深层次上进行互动。此外，资源和基础设施也是重大的挑战。许多创新的教育模式，如技术辅助的教学，需要先进的技术基础设施和专业的支持团队。而这对于资源有限或位于偏远地区的高校来说，可能是一个巨大的负担。再者，评估和认证也是一个关键问题。传统的评估方法可能不再适用于新的教育模式，这就需要高校寻找或创造新的评估工具和方法，确保教育的质量和效果。

对此，高校应提供持续的专业发展和培训，帮助教育者和学生适应新的教育模式。这不仅是技能训练，更重要的是培养一个开放、创新和合作的心态。在资源和基础设施方面，高校可以考虑与其他机构或企业合作，共享资源，或者寻求外部资金和支持。为了确保教育的质量和效果，高校可以与教育研究机构合作，共同研发新的评估工具和方法。

第三节　创新教育模式在高校教学改革中的未来展望

展望未来，随着技术的进一步发展，未来的教育模式将更加个性化和定制化。大数据、人工智能等技术的应用将使得教师能够根据每个学生的学习习惯、兴趣和需求为其提供量身定制的学习内容和路径。这意味着教育不再是“一刀切”的，而是为每个学生提供适合的教育体验。随着社会的变革，未来的工作环境和社会需求也在不断变化。为此，高校将更加重视培养学生的综合素质、创新能力和批判性思维，而不仅仅是传授知识。这要求高校在教育模式上进行更大的创新，如通过项目导向的学习、实践教学等方式，让学生在实际操作中学习和成长。与此同时，跨界合作在教育中的角色也将日益重要。未来的高校不再是孤立的学术堡垒，而是与企业、社区、政府等各方密切合作的开放平台。这样的合作不仅能为学生提供更多的实践机会，还能帮助高校及时调整教育内容和方法，以适应外部环境的变化。随着全球化的深入发展，学生需要具备跨文化交往能力，能够在多元文化的环境中有效工作和生活。为此，高校将更加重视国际交流和合作，如设立海外校区、与外国高校开展合作项目等，以培养学生的国际视野和跨文化交往能力。总体而言，创新教育模式将使高校教育更加适应未来的社会和经济环境，为学生提供更为丰富和有意义的学习体验。而这一切的背后，是对教育的深刻反思和不断探索，以及对学生和社会的真挚关爱。

参考文献

[1] 贺善侃．教育创新与创新教育 [M]. 上海：东华大学出版社，2012.

[2] 金国华．高校教育教学改革与创新探索 [M]. 桂林：漓江出版社，2013.

[3] 肖海荣，马中东，黄春平．大学在线教学：改革研究与实践 [M]. 北京：北京理工大学出版社，2022.

[4] 北京市教育委员会．高校教学模式创新的理论与实践 [M]. 北京：人民出版社，2015.

[5] 达巴姆．“互联网 +”时代高校课堂教学模式改革与创新研究 [M]. 长春：吉林人民出版社，2021.

[6] 钟绍春，钟卓，范佳荣，等．智能技术如何支持新型课堂教学模式构建 [J]. 中国电化教育，2022（2）：21–29，46.

[7] 罗映红．高校混合式教学模式构建与实践探索 [J]. 高教探索，2019（12）：48–55.

[8] 许健松．高校探究式教学模式的创新与拓展 [J]. 中国大学教学，2018（11）：35–37，42.

[9] 李贵安，刘洋，王力．翻转课堂教学模式下高校教师角色定位与课堂创新 [J]. 中国大学教学，2018（5）：69–72.

[10] 李小平，赵丰年，张少刚，等．VR/AR 教学体验的设计与应用研究 [J]. 中国电化教育，2018（3）：10–18.

[11] 陈冰，常莹，张晓军，等．研究导向型教学理念及相关教学模式探索 [J]. 中国现代教育装备，2017（11）：53–56.

[12] 任军．高校混合式教学模式改革推进策略研究 [J]. 现代教育技术，2017，27（4）：74–78.

[13] 王同聚．虚拟和增强现实（VR/AR）技术在教学中的应用与前景展望 [J]. 数字教育，2017，3（1）：1–10.

[14] 杜世纯，傅泽田．基于 MOOC 的混合式学习及其实证研究 [J]. 中国电化教育，2016（12）：129–133，145.

[15] 杜世纯，傅泽田．混合式学习探究 [J]. 中国高教研究，2016（10）：52–55，92.

[16] 李逢庆．混合式教学的理论基础与教学设计 [J]. 现代教育技术，2016，26（9）：18–24.

[17] 郭勇陈，贾佳丽，王皎琳，等 .VR 技术在高校经管类实验教学中的应用研究 [J]. 实验室科学，2016，19（2）：70–75.

[18] 田阳，冯锐．在线学习社区中社交学习策略研究 [J]. 远程教育杂志，2016，34（1）：37–45.

[19] 荆全忠，邢鹏．“互联网 +”背景下高校教学模式创新研究 [J]. 教育探索，2015（9）：98–100.

[20] 陈然，杨成．SPOC 混合学习模式设计研究 [J]. 中国远程教育，2015（5）：42–47，67.

[21] 孙雨生，程亚南，朱礼军．基于 MOOC 的高校教学模式构建研究 [J]. 远程教育杂志，2015（3）：65–71.

[22] 潘炳超．翻转课堂模式应用于高校教学的实验研究 [J]. 电化教育研究，2015，36（3）：83–88.

[23] 胡今鸿，李鸿飞，黄涛．高校虚拟仿真实验教学资源开放共享机制探究 [J]. 实验室研究与探索，2015，34（2）：140–144，201.

[24] 孟祥增，刘瑞梅，王广新．微课设计与制作的理论与实践 [J]. 远程教育杂志，2014，32（6）：24–32.

[25] 刘锐，王海燕．基于微课的“翻转课堂”教学模式设计和实践 [J]. 现代教育技术，2014，24（5）：26–32.

[26] 张其亮，王爱春．基于“翻转课堂”的新型混合式教学模式研究 [J]. 现代教育技术，2014，24（4）：27–32.

[27] 赵兴龙 . 翻转课堂中知识内化过程及教学模式设计 [J]. 现代远程教育研究，2014（2）：55–61.

[28] 李晓东 .“慕课”对高校教师教学能力的挑战与对策 [J]. 南京理工大学学报（社会科学版），2014，27（2）：89–92.

[29] 陈琳，陈耀华 . 以信息化带动教育现代化路径探析 [J]. 教育研究，2013，34（11）：114–118.

[30] 姚利民，段文彧 . 高校教学方法改革探讨 [J]. 中国大学教学，2013（8）：60–64.

[31] 朱宏洁，朱赟 . 翻转课堂及其有效实施策略刍议 [J]. 电化教育研究，2013，34（8）：79–83.

[32] 卢强 . 翻转课堂的冷思考：实证与反思 [J]. 电化教育研究，2013，34（8）：91–97.

[33] 聂风华，钟晓流，宋述强 . 智慧教室：概念特征、系统模型与建设案例 [J]. 现代教育技术，2013，23（7）：5–8.

[34] 黄德群 . 基于高校网络教学平台的混合学习模式应用研究 [J]. 远程教育杂志，2013，31（3）：64–70.

[35] 黎加厚 . 微课的含义与发展 [J]. 中小学信息技术教育，2013（4）：9–12.

[36] 焦建利 . 微课及其应用与影响 [J]. 中小学信息技术教育，2013（4）：13–14.

[37] 徐定华，彭慧 . 建设数字化课程 开展高校课程教学模式创新 [J]. 中国大学教学，2012（8）：23–25.

[38] 张金磊，王颖，张宝辉 . 翻转课堂教学模式研究 [J]. 远程教育杂志，2012，30（4）：46–51.

[39] 胡卫星，田建林 . 智能教室系统的构建与应用模式研究 [J]. 中国电化教育，2011（9）：127–132.

[40] 朱泓 . 高校改革课堂教学模式的研究 [J]. 教育与职业，2011（3）：106–107.

[41] 黄荣怀，马丁，郑兰琴，等 . 基于混合式学习的课程设计理论 [J]. 电化教育研究，2009（1）：9–14.

[42] 朱斌，曹漫祥 .VR 技术及其在现代教学中的应用 [J]. 中国教育信息化，2007（9）：62–64.

[43] 甘永成，王炜．虚拟学习社区多重内涵之解析与研究[J]．现代远程教育研究，2005（5）：10–15，71.

[44] 赵建华，李克东．协作学习及其协作学习模式[J]．中国电化教育，2000（10）：5–6.

[45] 李克东．信息技术环境下基于协作学习的教学设计[J]．电化教育研究，2000（4）：7–13.

[46] 王莹．数字化时代高校课程教学的创新与改革[J]．江苏高教，2019（9）：72–77.

[47] 李维刚，隋晓冰．探究式教学模式在高校教学中的应用[J]．科技创业月刊，2017（6）：86–88.

[48] 河北金融学院课题组，王香兰．高校实践教学模式的创新思路[J]．金融教学与研究，2008（1）：72–73.

[49] 许怀芝．基于VR的沉浸式教学实践探索[D]．扬州：扬州大学，2018.

[50] 黄鑫．基于VR技术的虚拟教学应用研究[D]．武汉：华中师范大学，2005.

[51] 甘永成．虚拟学习社区中的知识建构和集体智慧研究：以知识管理与e–Learning结合的视角[D]．上海：华东师范大学，2004.

[52] 陈会源．基于微视频的翻转课堂教学模式研究[D]．济南：山东师范大学，2015.

[53] 张韵姣．慕课与传统教学模式的比较研究[D]．呼和浩特：内蒙古师范大学，2015.